2007年6月，但斌在东方港湾，公司门前有一句话“与伟大企业共成长”，东方港湾的工作围绕着这八个字展开

2014年5月3日，第二次参加伯克希尔—哈撒韦公司股东大会时，在巴菲特家门口留念。

2014年1月1日在洛杉矶李录先生为芒格先生举行的
90岁生日宴会上，和家人一起与芒格合影留念。

2017年2月19日在茅台调研时，与为茅台做出巨
大贡献的贵州茅台酒厂名誉董事长季克良合影，
并请季老在鸡年茅台酒上签字留念。

2018年1月5日，获得了2017年度两项金长江奖：但斌获得优秀私募基金经理奖；东方港湾获得行业典范私募基金公司奖。

2018年3月11日，赴“中欧之约”华南欢聚会，和同学们交流、分享投资。

2018年4月16日，但斌在东方港湾办公室。保持良
好状态与伟大企业共成长！

2018年4月16日，和东方港湾的部分同事一起合影留念。

2007年4月29日下午，在华尔街象征金融市场蓬勃发展的铜牛像前留影。

2009年9月11日，在云南普洱市澜沧县富邦乡，同一师一校的老师和学生们一起。

2014年5月4日，在奥马哈参加“投资你自己”5公里迷你马拉松赛。

2015年4月24日，在中国证券投资基金业协会，参加私募证券投资基金专业委员会2015年第二次工作会议。中国证券投资基金业协会党委书记、会长洪磊先生和证监会私募部副主任刘健钧先生为我颁发私募证券投资基金专业委员会委员聘书！

生命影响生命，消除贫困，关爱地球。河北围场满族和蒙古族自治县御道口的这位老农养了30多头牛和10匹马！这些牲畜价值大概50多万元，这个村子每家情况略有不同，但靠着政府、小母牛基金项目和自己的努力，都走上了脱贫致富的道路。能感受到老农脸上洋溢着的幸福。2015年8月21日，与小母牛顾问委员会副主席、全国政协委员、清华大学公益慈善研究院院长王名教授一起给老农带去小母牛基金的问候。

2016年12月18日，参加深圳国际马拉松赛，全程用时5小时17分18秒，完赛后留念。深圳是我生活最久的地方，热爱这个充满创新精神和梦想的城市。

2017年10月3日，和东方港湾的同事及家属们，在莎士比亚故居前合影留念。

理想、行动、坚持、超越！2018年5月5日，参加112公里玄奘之路商学院（戈十三）戈壁挑战赛，在最后一天22公里的途中留影！

时间的玫瑰

但斌投资札记

/全新升级版/

但斌 著

Roses of Time

中信出版集团 · 北京

图书在版编目（CIP）数据

时间的玫瑰：全新升级版 / 但斌著 . -- 北京：中信出版社，2018.6（2025.12重印）
ISBN 978-7-5086-8864-0

I. ①时… II. ①但… Ⅲ. ①投资—基本知识 Ⅳ. ① F830.59

中国版本图书馆 CIP 数据核字 (2018) 第 064980 号

时间的玫瑰（全新升级版）

著　　者：但　斌
出版发行：中信出版集团股份有限公司
（北京市朝阳区东三环北路 27 号嘉铭中心　邮编　100020）
承 印 者：北京通州皇家印刷厂

开　　本：880mm×1230mm　1/32　　彩　　插：4 页
印　　张：16　　字　　数：360 千字
版　　次：2018 年 6 月第 1 版　　印　　次：2025 年12月第33次印刷

书　　号：ISBN 978-7-5086-8864-0
定　　价：88.00 元

但斌投资经典语录

最伟大的投资家也会随岁月消逝，但某些投资的原则却亘古不变。

投资不需要高等数学，只需要常识和智慧。

杰出的企业寥若晨星，我们希望所投资的企业像是皇冠上的明珠。

一个人在市场里的输赢结果，实际上是对他人性优劣的奖惩。

投资像孤独的乌龟在与时间竞赛。

有的人从来没有真正坚定过，因为他们从来没有真正思考过。

投资，最难的事是什么？我的阅历告诉我，就是在最艰难的时刻、在正确的方向上坚持！

我们只需要做正确的事情，余下的交由上帝来完成！

时间是最有价值的资产，我们今天所买入的股票不仅仅属于我们自己，它还属于整个家族，我们应该为子孙后代担负起此刻的责任。

如果你懂得用钱而且也愿意肩负重担，金钱就是你改变社会、影响他人、保持心灵自由的工具。

在我自己的国家里，40 年的艰辛岁月告诉我——如果你真的有才华，有广阔的胸襟，愿意努力奋斗，不忌妒他人的财富，不无所事事，不整天抱怨自己的生活，不找理由逃避责任，就有可能改变自己的命运与现状。

巴菲特之所以伟大，不在于他在 75 岁的时候拥有了 450 亿美元的财富，而在于他年轻的时候想明白了许多事情，然后用一生的岁月来坚守。

关键时刻决定一个人未来的是品格！是一个人内心的力量！

目录

| 第四篇 | 找寻巴菲特的足迹——带一双眼睛去美国 |

| 第五篇 | 绽放我们的生命 |

序　一
价值投资的完美践行者

陈守红　格隆汇首席执行官

一

证券市场颇类似巍峨的珠峰，风光无限，但高处不胜寒，越往上攀爬，难度越大。无数人来了又去，鲜有人能长期驻足。至于珠峰顶，则更是绝大多数人的生命禁区，只有极少数人能够享受登顶的荣耀，且还依然活着。

但斌先生无疑是极少数人之一。他身上有很多的标签，诸如理想主义、爱国、价值投资、中国巴菲特等等。在我看来，他能跻身这个少数人圈子，无他，只是因为他是一个堪称完美的价值投资践行者。

价值投资并不难，至少看起来没那么难。所以自从巴菲特的投资理念被引入国内之后，声称自己是价值投资者的人非常、非常、非常多。然而不幸的是，在这些自称价值投资者的人中，赚钱的非常、非常、非常少。关键原因在于，他们并不具有对价值的信仰，他们会在短短一周或者至多一个月内改变对价值股或者行业的看法，他们绝大多数时候只是在打着价值投资的名义做投机而已。

对价值近乎虔诚的信仰，是一个价值投资者最核心的基础要件。

所谓对价值的信仰，简而言之，是无论风雨，都首先坚信价值的存在。

坚信整个人类进步的力量与财富创造力，坚信国家和民族的未来。这种信仰必须深入骨髓。做投资，我们绝大多数时候是在对一个国家、一个民族下注，赚的是一个大趋势的钱。没有美国两百多年不断上升的国运，断没有巴菲特的投资奇迹。正如巴菲特某年一月份在“选择美国”投资峰会（SelectUSA Investment Summit）上的讲话：“尽管我们也经常在海外投资，但美国才是最大的淘金乐土。我知道，我们能成功，很大一部分原因是我们是在美国经营生意。实际上，在美国238年的历史中，那些看空的人谁最终受益了？……获取利润从来不会是一件一帆风顺的事情。有时候我们会对我们的政府有所抱怨，但几乎可以肯定的是，美国的未来会更加光明。”

所以，但斌一再强调“我们更应该对自己的国家有信心”，他会旗帜鲜明地鼓励长期做多中国：“如果你不敢在中国长期投资，到了美国你更不敢……巴菲特所经历的沧桑岁月里面有什么？当然有人类的巨大进步，但也有战争、世界的动荡。至少四次经济危机、两次石油危机，数不胜数的社会动荡。我们看今天的中国，除了一些波折以外，30 年来其经济是一路向上的，如果在今天的中国你都不敢长期投资，你到当年巴菲特时代的美国怎么可能敢？”

换言之，任何一块土地上的价值投资者，首先必须骨子里是一个爱国者，他必须对这块土地爱得深沉，不离不弃。仅此一点，实际就已经过滤掉了 90% 以上自我“标榜”为价值投资者的人。

我对但斌先生的一句话记忆犹新：在我自己的国家里，40 年的艰辛岁月告诉我——如果你真的有才华，有广阔的胸襟，愿意努力奋斗，不忌妒他人的财富，不无所事事，不整天抱怨自己的生活，不找理由逃避责任，就有可能改变自己的命运与现状。

这是一句令人热泪盈眶的诤言，其中饱含的是对家国未来的信心以及对自身的期许。这或许就是但斌在中国做价值投资的路上，虽然也历经曲折，但大方向从未偏差，业绩也始终螺旋攀升的核心原因。

虽然，个人的沉浮在时代的潮流中显得微不足道，经历其间，无法彻底做到举重若轻，但却能够让人明白，生如夏花般绚烂，走如秋叶般淡然，需要的不是聪明或者狡黠，而是近乎笨拙的信仰。是信仰，让我们接受，却从不妥协于现实的重量。

二

但仅有价值信仰是不够的，成败在细节。令人钦佩的是，但斌先生在价值投资的细节把握上也处理得足够好。

从 1896 年开始，陆续有 1584 名登山运动者相继登珠峰，结果有 395 名遇难，其中有些还是运动员，死亡率高达 25% 左右。

为何死亡率如此高？

两个原因：

1. 攀登珠峰，看似简单，珠峰永远都在那里，无论昼夜晨昏。在珠峰大本营宿营的时候，你会发现珠峰几乎触手可及。

2. 攀登珠峰的路上有无数的“坑”：可能是一块松动的岩石，可能是一道窄窄的冰裂缝，可能是一场意外的雪崩，也可能是同伴一次微小的失误引致的滑坠……这些都可能让你丢掉性命。

这与价值投资非常相似，因为价值投资的逻辑堪称完美，貌似执行起来也非常简单。

价值投资有且只有 4 个核心理念，这 4 个核心理念堪称简单、完美：

1. 股票是对公司的部分所有权。

2. 市场只会告诉你价格是什么，而不会告诉你价值是什么。

3. 投资本质上是对未来进行预测，预测结果不可能 100% 正确，因此要有安全边际，安全边际主要源自买得便宜和低预期。

4. 通过长时间的努力可以形成自己的能力圈，能力圈的边界比大小重要。

理念如此简单完美，那为什么这么多人赚不了钱呢？

攀登珠峰，无论从南坡还是北坡上，路线都是固定的。这类似于价值投资的路径，看似简单一致，但攀登路上坑洼无数，哪怕最微小的失误或者陷阱，都可能让你丢掉性命。

所以，完美践行价值投资，除了要有价值信仰，还需要两个非常重要的细节特质：不从众和耐心。

不从众和耐心，这特征基本就直接排除掉了 95% 的“价值”投资者。而在我见过的投资人里，但斌在这两个细节特质上是践行得最彻底的人之一。

不从众非常容易理解。选择价值投资就意味着你要常常站在大众的对立面，你要坚信你是对的，同时在发现自己错的时候快速认错。人在感受到焦虑或者危险的时候，本能做的第一件事就是去靠近另一个人。不从众是反人性的要求，也注定了大多数人无法从事价值投资。

但斌最成功的投资之一是重仓对茅台的长期坚守。2012 年末开始，茅台股价因为塑化剂事件出现大幅下跌，但斌承受了来自投资人及市场的巨大压力，在终于熬过那段风雨后，但斌如是总结：有的人从来没有真正坚定过，因为他们从来没有真正思考过。投资，最难的事是什么？我的阅历告诉我，就是在最艰难的时刻、在正确的方向上坚持！我们只需要做正确的事情，余下的交由上帝来完成！

在最艰难的时刻、在正确的方向上坚持——这几乎代表了价值投资的核心精髓。

人生就得有所坚守。你不能总是流浪。

至于另一个特质——耐心，能跋涉到此处的，基本就已经把这个市场上 99% 的“价值”投资者过滤掉了。

投资圈事关金钱，所以从来都是一个欲望泛滥之地。绝大多数人追求的是要么一把搞定，要么早死早超生，愿意“像孤独的乌龟在与时间竞赛”，愿意过“从前的日色变得慢 / 车，马，邮件都慢 / 一生只够爱一个人”生活的，凤毛麟角。

问题在于，价值恰恰是时间的玫瑰，而不是催熟的草莓。

在 2000 年的一个早上，杰夫·贝佐斯给巴菲特打电话，问巴菲特：“你的投资体系这么简单，为什么你是全世界第二富有的人，别人却不和你做一样的事情？”

巴菲特回答说：“因为没人愿意慢慢地变富。”

三

很欣赏一句话：投资是一场修行。

价值投资本身是一种生命方式。生命诚然让人敬畏，生命的方式更需要维护和坚守。

这个市场，无数人一夜暴富，或一贫如洗。繁华落尽后，剩下的只是故事和江湖传说。十年牛熊梦，夏蝉冬雪，不过轮回一瞥。

坚守住那些你的生命中不应该丢弃和流失的东西，比如对家国的热爱、对时间的尊重、对市场的敬畏、对亲友的忠诚、良知、原则、人格……这些都是时间的玫瑰，会随着岁月的流逝而更加灿烂。

这个世界，看似周遭复杂，各色人等，泥沙俱下，本质上，还是你一个人的世界。你若澄澈，世界就干净。你若简单，世界就不会复杂。你不去苟且，世界就没有暧昧。你没有半推半就，世界就不会为你半黑半白。有些底线是必须坚守的，你失守得越多，人生就沦陷得越多。

真正的坚守，是没有人给予你任何承诺的，就如同价值投资，它极可能是一种苍凉中的无望守候，维系意志的只有一往无前的心。

与但斌兄及所有在价值投资之路上的耕耘者共勉。

序　二
每个人都可以成为时间的玫瑰

林利军　汇添富基金、正心谷创新资本创始人

很有意思，但斌先生《时间的玫瑰》这本书本身就是一朵时间的玫瑰！2007 年初版问世时，在当时的投资界引起轰动，并且深深地影响了一代投资人。

当时我作为汇添富基金的创始人，经常和汇添富的同事们讨论如何在复杂多变的中国资本市场找到可以复制的成功投资方法。讨论中时时援引《时间的玫瑰》中的文字，我们也是但斌所推崇的当时那几颗中国经济“皇冠上的明珠”——茅台、招商银行、万科等企业的长期投资人，获得了很高的长期收益。作为专业投资人，我们非常感恩《时间的玫瑰》一书对于团队理念的有效帮助。在我们确立自己的长期价值投资理念和投资框架并坚持执行之后，十余年来，汇添富长期投资业绩在中国大型专业投资机构中始终保持前列。

后来，经朋友介绍，与但斌相识、交往并且相知。离开汇添富基金，创立正心谷创新资本，从事超长期战略投资和企业运营之后，我每年在复旦大学兼职讲一门研究生课程《投资大师与投

资哲学》。课上讨论投资大师格雷厄姆、巴菲特、费雪等人的投资哲学和方法，并请但斌作为校外专家，每年来给同学们分享他在中国践行价值投资的心路历程，每次都让同学们受益匪浅。这门课成为最受欢迎的选修课之一，但斌也成为最受期待的演讲人之一。

和但斌交往的过程，正是一个逐渐感受到“时间的玫瑰”之美的过程。投资是一个特别有趣的专业，一旦你真正确定了一种投资理念并坚持实践之后，这个理念就开始主导你的生活，它会慢慢渗进你的血液，渐渐塑造你的性格，缓缓融入你的灵魂。但斌就是这样一位被价值投资理念“改造”到极致的人！在他身上，有三种力量让我深深折服：

第一，专注力。面对各种诱惑和挑战，但斌始终专注于深度研究具有强大竞争优势的企业。例如对于茅台、腾讯、好未来等企业，他对它们战略、产品和业务细节的理解把握远远深于一般专业投资人，甚至深于这些企业的高管。正是由于他形成了强大的投资“能力圈”，能够心无旁顾，真正长期坚守拓深自己的“能力圈”，才使他获得了远超一般投资人的强大竞争优势。

在巴菲特的办公室里，挂着一幅美国史上最优秀的棒球手泰德·威廉姆斯（Ted Williams）的照片，照片上写着泰德的一句名言：“上帝把球带到击打区，接下来就得靠你自己了。”但斌也说过类似的话，“我们只需要做正确的事情，剩下的交由上帝来完成”。可见，专注地建立强大的“能力圈”，专注地坚守自己的“能力圈”，是做任何事情获得长期成功的前提。“时间的玫瑰”之美，来自长期专注、极致研究的定力！

第二，洞察力。我很喜欢和但斌聊天，他对问题的判断总是奉行极简主义，直指关键，直指人心，这就是优秀投资者的洞察力！所谓洞察力，是指在复杂的现实中迅速抓住要害、预见未来的能力。正是在长期的深度思考、小心求证、大胆判断再反思复盘的过程中，但斌形成了非常强大的洞察力。例如，2016年冬天，我曾经和但斌讨论茅台，他说，2017年，将是茅台历史上最好的一年，企业业绩和资本市场的表现都证明了其强大的洞察力。同样，他对于中国经济和中国企业家精神的判断也简单、透彻、有力。“时间的玫瑰”之美，依赖于深度思考、透彻洞察的脑力！

第三，自省力。真正的价值投资者一定是勇于自省、善于自省的高手。巴菲特的年报中就充满了自省。例如他在2017年报中一开始就讲到1993年用4.34亿美元的股票收购Dexter Shoe公司，很快公司就破产的惨痛故事。在其50年的投资总结中，巴菲特也坦白，现在30万美元一股的伯克希尔–哈撒韦其实一开始也是个错误。但斌也是如此，他总是谈到自己投资过程中的错误，对于早期几次错误的深度反省造就了专业投资人但斌，后期错误及其持续反省造就了一流投资人但斌。我隆重推荐大家深度阅读这本书里的反省内容，从中可以看到一流投资人的成长成熟之路。“时间的玫瑰”之美，结晶于不断反省、持续进步的心力！

这三种力量，本身也是时间的玫瑰——真正优秀的投资人，要在每日平凡、烦琐的投资工作中，不断提升专注力、洞察力和自省力。随着时间的推移，这三种力量将成就人性的高品质，成就可持续的投资成功。这方面，但斌是一个楷模。正如他所说的：

“一个人在市场里的输赢结果，实际是对他人性优劣的奖惩！”

高品质的人，才能在生活的平凡和纷扰中享受到人生的美好。正如伟大的科学家、政治家富兰克林所说：“很多人25岁就死了，75岁才埋。”英国文学家王尔德也说：“生活是世上最罕见的事情，大多数人只是存在，仅此而已。”像“时间的玫瑰”那样去生活，不仅真正活过，而且将活得越来越精彩！

10年之后，《时间的玫瑰》再次绽放，这一次历经牛熊考验，更加美丽芬芳。相信未来10年、20年、30年、50年、100年、200年，其坚信的长期价值投资哲学将历经时间检验，“时间的玫瑰”将越来越美！

序　三
投资比拼的是穿越重重迷雾看到未来的能力

周明波　深圳东方港湾投资管理股份有限公司总经理

回望和但斌一路走过的17载，他之于我亦师亦友，我试着从一个旁观者的角度，描述我眼中的但斌。只有了解了作者，才能更好地理解他这本表述内心的札记。

但斌是真诚善良的理想主义者，他相信国家的未来是美好的，选择的事业道路和做事方式是宽广坦荡的，他非常乐意把他对未来的希望，把他对投资的理解说出来，这种坚持传递认识的过程，释放出正能量，实实在在地鼓舞他的读者与听众，比如本书中“舷窗下的中国”一节，又如他在2017年冬天给大家的祝福“选好企业，做好人”，纯粹而真实。

但斌是格局宏大的观察者与思想者，这种思考面向人类社会，面向科技文化的未来发展。他做到了史蒂夫·乔布斯所说的“stay hungry，stay foolish”（求之若渴，虚心若愚），站在知识爆发的年代，他没有恐惧于时代脚步的飞速前行，仿若一个少年，怀抱满腔的好奇，不懈地去理解，去跟随把握，求知的欲望越燃越炽烈。在这个年代，40岁便是知识的代际分界，人与时代开始产生脱节，而他依然保持十分积极的与时俱进的状态，着实令人敬佩。

对宏大格局的深刻思考，反映在他的投资选择中，给予了他前瞻能力，也为他的大脑根植了信念，能够很早重仓介入，并长期持有站在21世纪产业的风口浪尖上的互联网领导企业。宏大的视野使他能够专注于重大的机会抉择，过滤平庸的选择，忽略次要的枝节，专注于长期最大化，而非局部最优，这也正是《时间的玫瑰》隐喻所指，也使他能够穿越由市场环境大幅震荡带来的人心的重重疑惧，坚定自己的选择。最广为人知的是他对贵州茅台的坚持，初版中他对茅台的合理价值做过简单测算，中间的假设部分，包括长期而言53°飞天茅台的价格提升幅度，茅台酒为社会所能接受的量的十年增长，若缺乏对历史的了解和社会文化发展的理解，其实是很难十几年来一直坚持自己的选择的。他常说“投资比拼的是穿越重重迷雾，看到未来的能力”，换个表述“因为看到，所以才做到”，诚如斯言。

但斌是坚定的，这种坚定的力量源泉，除了内心善良和对未来的信念，部分还来自传统本初的道德观念。东方港湾有句誓言，“如果客户亏钱，一定是因为我们的技术能力还有缺陷，而绝不因为是我们的道德出现了问题”。举凡碰到挫折困难，但斌也必然与大家站在一起，而不是解释逃避。他也是我心中母慈子孝的榜样，一直照顾身边的人，纾难解困。

数年前，他开始跑步，每天都坚持数公里，我曾以为是随着马拉松兴起的一时之好，但是这几年他坚持了下来，也丝毫看不出会停下的迹象，或许这就是他性格的最好注解。认定的道路，他会一直跑下去。

再版序
致所有读者

40年改革开放成就的城市灯光映衬着此刻戊戌年深圳的轮廓，几千年中国的历史轮回中，我生活的这座城市的变迁代表了我们中华民族曾经历的苦难、彷徨、奋斗与辉煌……祝福我的祖国，希望这来之不易的一切，会永远持续下去，越来越好。很庆幸我们生活在同一个时代并且相遇，更庆幸你们给予了我们关注的眼光和足够的信任。为了这份关注、信任与责任，我们极力用遥远的目光关注未来，并细心聆听这片广袤土地上发生的人和事。我们极力将我们的思索付诸实践，并让自己坚定，希望这份远见、视野、信仰与执着也是你们需要的。

我们和我们的国家一样，从艰难的岁月中走来，生生不息的世界伴随着欢欣与泪水。艰苦的日子还会发生吗？一定会的，所有的事情都不会一帆风顺，包括我们的投资。即便全世界最伟大的投资家沃伦·巴菲特先生经营的伯克希尔–哈撒韦公司也曾遭受过数次严重打击。1973—1974年经济衰退期间，伯克希尔公司的股票价格从每股90美元跌至每股40美元；1987年的股灾中，股票价格从每股大约4000美元跌至3000美元；1990—1991年的海湾战争期间，伯克希尔的股价再次遭到重创，从每股 8900 美元急剧跌至 5500 美元；1998—2000 年期间，伯克希尔的股价从每股大约 80000 美元跌至 40800 美元。这就是被人们称为“拼命想要得到的一件礼物”的伯克希尔股票本身所发生的故事。有什么人能避免这一切发生？长长的岁月告诉我们，没有谁能像上帝一样在宇宙的星盘上拨弄星辰，没有任何人有这个能力。所以，我们更愿意乐观地看待未来，清醒地认识危机的发生，并和我们的信念保持一致。

人类的本性具有追求自由、繁荣、安全与富足的愿望。一个国家的繁荣与发展，一定源自工业、商业与科学技术等领域艰苦卓绝的努力，与那些靠勤劳与智慧换取财富的强者一起，我们不仅能富足自己，也能缔造一个伟大国家的未来。在我们眼力所及的世界里，世界末日不会这么快降临，经济会萧条但不会崩溃。万物繁茂，周而复始。人们追求幸福生活的努力与股票市场，长远来看，总是一个向上的过程，这是我们长久生存与卓越回报的保证。

原来没想到过要出《时间的玫瑰》，只是一个出版界的朋友看到我写的“带一双眼睛去美国”有些感触，受其友情之邀，才将这些不成体系有些零散的投资札记集结成册。但这个过程也有点诚惶诚恐……后来想想，虽然算不上太成熟，但其内容毕竟也是自己学习思考的一个过程和阶段性成果。与众多逻辑严谨的投资类书比较，这种自由体随笔式的思考，少了些枯燥，它来源于具体的投资实践与生活感悟，从这个角度看，也许有它一定的价值和意义。在我而言，这也许是与他人分享的最好方式。当然，这个过程也付出了许多辛苦和努力，为此，感谢我的妻子默默给予的爱和支持，感谢我的家人，她们给我带来了坚持和信念的力量。

岁月如流，《时间的玫瑰》初版问世十年，改变了一些人对投资的理解。

送人玫瑰，手留余香！资本市场从来都是慷慨的，但它只善待那些拥有智慧和善于利用他人智慧的人。幸福有时候是会传递的……希望书中玫瑰更芬芳！

《时间的玫瑰》新版，我们保留了老版与各位分享的方式，感悟了更多企业和我个人十年以来发生的变化。本书内容并不构成买卖股票的建议。十年时间既长又短，人类还要存续很久远的岁月，而伴随其间的是我们的国家、整个世界以及许多企业的巨大变迁……我试图在一个节点将我们对很多问题的思考，无论是对行业与企业的观察，还是对工作和生命的理解，都奉献给大家。我希望让《时间的玫瑰》随着时间静静流淌，也希望您能感受到她的魅力——投资考验的是我们思考的极限——一种蕴含在心灵深处的力量。

虽然诚惶诚恐，但还是庆幸通过《时间的玫瑰》认识了更多朋友，而很多人可能也仅仅是出于爱心而购买了。新版《时间的玫瑰》版税收入依然会捐赠给慈善机构。感谢你的阅读！谢谢！

自　序
用心灵歌唱

人的一生太短暂，有时候我们只能听从内心的呼唤，做现在力所能及的事情。我感受的人生，像璀璨的花朵，风吹雨淋，盛开后随即凋零。

更多的时候，我喜欢寂静的田野、秋天里撒满落叶的萧飒的树林，和夜幕低垂、一轮明月高挂的港湾。

做投资的人，应该非常专注。但有时候也许不该只是自己孤独地前行。一种思想、一种精神、一种信仰，也需要我们通过公开的奋斗来宣讲。

我努力在寂静的黑夜中行走，但我也想用心灵歌唱。

宁静存在于我的内心，它是永恒不变的精神状态，永远不会被外界的纷扰所摧毁，但我也怕只在宁静中追寻生命意义和心灵源泉，却没有留下记录，可能会有深深的遗憾……

所以我努力在涌动着灵感的思想溪流中甄别，在自由驰骋的思想里寻觅，尝试着将自己的痛苦、欢乐、忧伤与向往，将精神世界里那些稍纵即逝的火花用札记、演讲、访谈等形式凝固下来。但愿我们的眼光足够深远，不会辜负上帝赐予我们的灵性、美德和坚毅，实现我们对美好的追求。

第一篇
时间的玫瑰

巴菲特之所以伟大，不在于他在 75 岁的时候拥有了 450 亿美元的财富，而在于他年轻的时候想明白了许多事情，然后用一生的岁月来坚守。

中国私人财富管理[①]

在经济高速发展、社会资产全面膨胀的中国，如何进行投资，如何有效管理自己的财富，逐渐成为很多中国人关注的问题。成功的投资，可以改变自己的命运，也可以延续家族的财富。从这个角度讲，每一个投资者，甚至每一个人，都应该认识到投资和财富管理在这个伟大时代中的巨大价值。

历史上的资产收益率

让我们看看过去200年来各类资产的收益率（图1）。这是《投资者的未来》一书上的图片，剔除通货膨胀的影响，1802年投资1美元在黄金、票据、债券、股票上的收益分别是1.39美元、301

① 2007年3月4日在中国宏观经济预测春季年会上的演讲。

美元、1072 美元、579485 美元，我们可以看到同样的投资放在不同的资产上，结果非常不一样。从该书作者杰里米·西格尔教授给我们的这个图中，我们还可以看到通货膨胀的累积效应是巨大的，在前 130 年当中美元的购买力没有太多变化，但是在过去的 70 年，1930 年的 1 美元到 2000 年就只有 0.07 美元的购买力了。假如说一个家族用 200 年的时间积累财富，前 130 年积累了 1 亿美元的财富，后 70 年如果处理不好就缩水到只有 700 万美元了。中国有句话说富不过三代，到第三代如果是纨绔子弟，钱也没有了。有的人说我挣到钱了，但是下一代不一定就可以挣到钱，钱是长腿的，你挣的不一定就永远是你的。

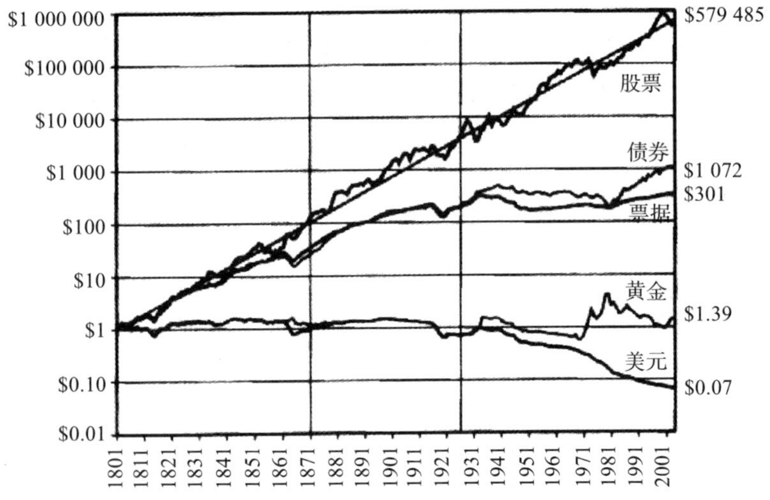

图 1　1802—2003 年实际总收益率指数

股票市场的风险

当然，有很多人会说：我知道股票赚钱多，但风险也够大。让我们看看杰里米·西格尔教授还告诉了我们什么。图 2 展示了 1802—2003 年所有 1 年、5 年、10 年、20 年和 30 年期的股票、债券和票据剔除通货膨胀因素后的平均收益率风险（以标准差来衡量），从中我们可以看到，随着持有期增加到 15 年和 20 年，股票风险落到了固定收益资产之后。经过 30 年，股票风险是债券和票据风险的 3/4。

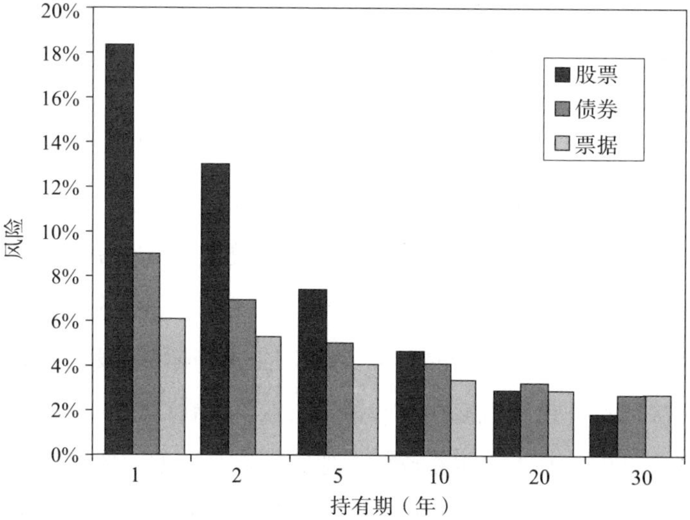

图 2　除去通货膨胀因素后的平均年收益率风险

随着股票持有期的增加，平均股票收益率风险下降的速度接近固定收益资产收益率下降的 2 倍。美国股票收益率高并非特例，世界股票平均实际收益率和美国的差别也不大。国际性的研究也加强而非削弱了股票长期投资的优异和稳定的属性。

荷兰格罗宁根大学的经济史学家安格斯·麦迪逊教授曾指出，在19世纪，1820年以前，中国GDP占全球的1/3，1820年时，美国的GDP只占3%。但之后过了180年，美国的GDP占了全球的1/3，中国的GDP仅占4.5%。从1980年开始，中国对全球GDP的贡献已经开始恢复，目前已经恢复到15%。这位历史经济学家估计，20年或30年之后，中国对全球GDP的贡献有可能恢复到25%。从这里可以看出，哪怕你生活在一个由弱变强的国家，即便开始的过程中你的家族积累了很多的财富，但当国家鼎盛的时候，这个钱也有可能变没。财富管理不仅仅是拿一笔钱做股票这样简单，它还有很多比人生更丰富的东西。

我们这一代可能很容易打理我们的财富，但是如果我们的后代没有能力怎么办呢？我们只需要教给他们一样技巧，就是买城堡、土地、庄园、写字楼、商铺等等，英国传统贵族多能守业，因为他们大多会将财富投资在较易管理的稳定增长的物业上。这些我们可以看到的保值的固定资产，是一类很好的投资对象。德国历史上有一位铁血宰相叫俾斯麦，他不仅在政治上有远见，在管理自己的财富上也很有成就，他的投资是买德国的森林，能轮伐的森林。土地是经济发展的函数，经济发展了，其成果最终一定要反映到地价上，整个经济发展一定会在固定资产中得到不断体现。

推动企业上涨的根本原因

从财富管理的角度看，有人喜欢买房子，有人喜欢收藏古玩、艺术品等。但这都不是我们的专长，我们的长处在股票投资。股票投资也有许多种方法，有中线、短线。我们做投资，主要是从长期的角度来思考，比如茅台，短期看，股价的波动和业绩不一致，但长期看是成正相关的。沃尔玛过去的股价走势，在 1972 年到 1977 年这 5 年间追求这点小波动还有点价值，但是放在历史的长河中是没有任何意义的。1987 年股灾前一天你买入，第二天就跌了 20%，就是这一跌，放在历史的长河中又能怎样呢？追求短期波动也是没有意义的！那到底是什么推动沃尔玛在过去 30 年上涨了 1343 倍呢？我们的理解：一个是业务规模，以 1996—2005 年为例，沃尔玛从 3054 家店增加到 6141 家；另一个是内生性增长，同店纯利从 100 万美元增加到 179 万美元，所以导致沃尔玛股价上涨这么多倍的根本原因，是业务规模和企业内生性增长，不是我们说的“庄家”，而是企业本身。

寻找伟大企业的轨迹

从美国过去 50 年统计的情况看，那些伟大企业都是我们耳熟能详的企业，比如说菲利浦·莫里斯、施贵宝、宝洁、可口可乐、百事可乐、惠氏制药等，关键是看你能不能拿得住。时间是投资的函数，投资在这些伟大的企业里面，时间越长，越有好的回报。

我们每天都在寻找那些值得投资的企业，都在寻找伟大的企业。我们可以看到，过去50年当中容易出现伟大企业的行业主要是消费品、制药、石油采掘；在过去20年当中，是生物化学、服务、连锁零售、金融服务、房地产、保险；在过去10年当中，还有电子器件等。但是我们目前比较确认的就是消费品、制药、石油采掘、房地产、金融服务、连锁零售、保险、银行等行业。在我们的观念当中，能不能拿到好的股票是投资胜负的关键。

那些能经得起时光考验的企业，会有多么不一样的未来！

当然还有更难的——耐心持有。1896年5月26日第一次发布的道琼斯指数，由12只大股票组成。如果那时有一位老爷爷将家里的1.2万美元平均投资在这12家企业当中，就算只剩下GE（通用电气）一家，按15%的年回报率计算，今天也有47亿多美元，绝对是富甲一方。而事实是，这110年，其中两家公司被私有化（对投资而言这未必是坏事），只有一家几乎掌控了美国整个烟草业，也就是美国烟草，因1911年反托拉斯诉讼被拆解为美国烟草公司（后更名为富俊公司）、雷诺烟草公司、利吉特 & 迈尔斯公司以及英美烟草公司，你只要持有12家企业中的任何一家的股票，都可以拥有很大一笔财富，更不用说考虑风险因素后选择进行组合投资。

事后看是这样，但如果真坚持了，这110年一个家族要经历什么样的折磨呢？1914—1918年，第一次世界大战，股市下跌惨烈，只好关闭了5个月；1929—1933年股市跌了89%，这个家族能不能忍受得住？当然还有珍珠港事件、朝鲜战争、肯尼迪遇刺等，让财富投资穿越上百年的时间是非常困难的。你知道赚钱，但是你能够忍受吗？所以投资最难的是坚持。我们每个月都给客户做一个投资通讯，2007年1月31日正好我在写1月通讯的时候，上证指数下跌了162点，可能比2月27日大盘跌得少了一点，但是我认为有同样的冲击力。那一刻我在想，抛售股票的念头不知又充斥在了多少人的脑海里，但历史告诉我们，持有并珍藏那些能经得起时光考验的企业会有多么不一样的未来！时间可以改变一切，每一代的财富传承者一定会面临比那一刻更艰难的时光。能否以镇静和平静面对亏损带来的巨大痛苦，是每一位严肃投资者和财富继承者的责任，想得清楚才能走得更远。实际上投资不是人与人之间的比赛，是自己跟自己比，自己跟自己的内心比，自己跟自己的远见比。

选择一条人迹更少的路

The Road Not Taken	未择之路
Two roads diverged in a yellow wood,	黄色的树林里分出两条路
And sorry I could not travel both	可惜我不能同时去涉足
And be one traveler, long I stood	我在那路口久久伫立
And looked down one as far as I could	向着一条路极目望去
To where it bent in the undergrowth.	直到它消失在丛林深处

Then took the other, as just as fair,	但我却选择了另外一条路
And having perhaps the better claim,	它荒草萋萋，十分幽寂
Because it was grassy and wanted wear;	显得更诱人，更美丽
Though as for that the passing there	虽然在这两条小路上
Had worn them really about the same.	都很少留下旅人的足迹

And both that morning equally lay	虽然那天清晨落叶满地
In leaves no step had trodden black.	两条路都未经脚步污染
Oh, I kept the first for another day!	呵，留下一条路等改日再见！
Yet knowing how way leads on to way,	但我知道路径延绵无尽头
I doubted if I should ever come back.	恐怕我难以再返回

I shall be telling this with a sigh	也许多少年后在某个地方
Somewhere ages and ages hence：	我将轻声叹息将往事回顾
Two roads diverged in a wood, and I——	一片树林里分出两条路——
I took the one less traveled by,	而我选择了人迹更少的一条
And that has made all the difference.	从此决定了我一生的道路

这首诗的大意是：森林里分了两条路，他认为这条路很好，那条路也很好，想走这条也想走那条，但是很难选择。我想人生也是一样的，在重大的历史时刻你一定要选对路。有的人说一半做长线，一半做短线，这就好像金庸笔下的周伯通左右手互搏，理论上说能做到吗？有可能，但实际是非常非常困难的。实际上你

只有一条路可选，要么做短线，要么做长线。正像诗歌中所描述的：一片树林里分出两条路——/ 而我选择了人迹更少的一条 / 从此决定了我一生的道路。做长线，我的理解是你选择了一条人迹更少的路，抵御世间纷繁复杂的状况是非常难的。我见过几位在香港管理家族财富的人，我问他们，你们持有的有没有先辈留下来的汇丰银行的股票？或者是否见过曾有家族拥有这样的远见？他们说没有。在香港买过汇丰银行的股票，能够一直持有，历经岁月沧桑、繁荣萧条并享受到巨大盈利的人还是非常之少见。所以时间是最有价值的资产，要为长期而买进！我们今天买入的资产不仅仅是我们自己的，还是整个“家族”的，当然这个家族是打引号的，你可以设立一个家族信托回馈社会。巴菲特一生重仓过 13 只股票，7 只股票赚了 270 亿美元。如果从现在开始，我们一生当中只能买卖 20 次，超过 20 次就被拉出去枪毙，那么你每一次的选择都会很慎重，会想这个企业能不能穿越整个周期。这说起来很容易，但是做起来是非常困难的。这需要内在的很深刻的东西。

历史的光芒也许可以照亮中国的未来之路

我们许多投资者生在中国，却对自己的国家深怀疑虑。中国的经济基础和企业治理结构是否一定能产生伟大的企业？中国能否产生像美国那样的好企业，这是在中国进行长期投资的基石。按我们的人生阅历以及对中国的理解，我们相信：历史的光芒也许可以照亮中国的未来之路。

30 年的改革，中国 GDP 占全球的比重已由约 4% 提高到 6%，拿破仑所说的中国睡狮正在醒来。按一般的判断，实际上有一个共识：在未来 20~30 年的时间里，中国如果没有大的动荡，经济规模会超过美国，再次成为世界上最大的经济体。在这样的国家投资，应该有胜出的概率。而且中国人从不缺乏创造和积累财富的能力。谈起财富，这是当代大部分人的精神寄托。中国人还是很讲实际的，就是希望挣钱。所以创造积累财富的愿望非常强烈。中国很多人都知道巴菲特，为什么？有钱！世界第二富豪！我的同事去巴菲特生活的小镇上开股东大会，发现出租车司机不知道被喻为“奥马哈圣人”的巴菲特是谁！如果巴菲特出生在中国的某一个地方，我相信方圆几十公里应该是无人不知、无人不晓。我们从来都不担心中国人创造和积累财富的能力，唯一需要的是去完善制度和法律体系。在中国不断走向进步的大背景下，我们学习到的知识告诉我们，无论市场景气还是低迷，上涨还是下跌，长期持有优质企业的股票一定会有卓越的回报。

中国股票市场包产到户的历史意义

另外，我们还要强调的一点就是，中国股票市场正在发生类似 1978 年包产到户的变革。1978 年，原来公社的一亩地一年打 200 斤粮食，承包给农民后打了 1000 斤，就是因为积极性调动了起来。那么现在中国的股票市场呢？这个市场里原来的游戏规则是，要想获得财富，最好浑水摸鱼，企业搞得越坏越有机会。但是现在只需要把这个企业做大做强，就会非常有成就，也有现实的收益。一个上市地产公司的高管曾给我打电话，让我给他推荐一个涨 50 倍的股票，我说你只需要买你自己公司的股票。我给他举例说，假如你花 500 万、1000 万买股票，你现在只需要寻找愿意以 8 倍 PE（市盈率）卖给你地的小房地产企业主，宏观调控已让他们活得很艰难了，如果可能你可以采取以地换股的方式交易。二级市场看到你以这么低的价格买来好的资产，股票价格就会上涨，你涨高之后老百姓、企业（包括卖给你地的企业主）人人都赚钱，你现在要做的事，就是把社会上能够拿到的优质资源放到一个企业里面，不断地膨胀。你现在 100 多亿元的市值，做到 6000 多亿元，就有 50 倍的回报了。但是这取决于你怎么做这个企业。所以，中国的市场实际上面临着一个非常具有历史意义的里程碑般的时刻。

如果这个推论成立，中国资本市场在未来 10—15 年会发生什么事情呢？我想会有很多企业的发展超出我们的想象。再说房地产调控，目前的调控我的理解是国家实际上在帮助央企、龙头型企业消除其竞争对手。另外，行业龙头企业的诞生，一定是在行业处于困境的情况下，如果都赚钱了，谁也不会破产不会转卖。之前有些企业虽然资金很紧张，但因为形势好，还在拼命地扩张，当政策来了之后它们做不了，只能把这个市场让给一流企业。所以，我们可以看到，在这个过程中，会出现很大的企业，超出我们的想象。在这样一个未来二三十年，有可能逐渐成为世界第一经济体的国家里面，我认为是金融投资的黄金时期。

千万不要让华尔街跳楼的戏言发生在我们的身上

顺着这个逻辑，我们现在说贫富不均，实际上再过 10—15 年一定会更不均，因为财富一定会向有智慧、有远见、愿意负责任的人手里聚集。以中国台湾的情况为例，1985 年的时候三个家庭都有 1 亿新台币，到了 1989 年，如果第一个家庭将钱放在银行里面，基本上变成 1 亿多一点；第二个家庭如果买了台北市中心最好的房子，涨了 12 倍，就是 12 亿新台币；第三个家庭如果买了人寿保险，我不是说让大家都去买保险，我只是举例，4 年的时间涨了 130 倍，就是 130 亿新台币。所以你的钱放在不同的企业、不同的地方，产生的效果非常不一样。比如说买茅台赚钱的，一定是少数的专业投资者，如果说招商银行赚钱了，那肯定是惠及大众的，因为一般人不敢买茅台，价格太高，但是招商银行的股票是属于大众的。在一个泡沫膨胀的时期，当你去尝试做资产估值的时候，很可能会丧失很多的机会，但是即便如此，我觉得还是应该很理智地判断。当年台湾股市上涨的大背景是货币升值，台币对美元从 40 ： 1 上升到 24 ： 1，当然人民币从 8.3 ： 1 升值到 4.1 ： 1 也是有可能的。另外，台湾当时资产膨胀的情况和我们现在面临的一样。还有就是散户全面参与，背景极其相似。但即便如此，我觉得还是应该审慎为上，最好选择那些能经得起时光考验的企业。

当然还有更重要的，假如我们真的处在我们所认为的黄金时代，或者说我们认为这种情况发生的概率很大的话，千万不要让华尔街跳楼的戏言发生在我们的身上。有一个华尔街的投资家在一只股票上赚了几百倍，然后很郁闷，跳楼自杀了，为什么呢？因为他只买了100股，愧对了这个时代。我跟很多的投资专家交流，他们老是担心市场调整等等，但又都认同黄金时代这样一种说法。如果真是处在这样的时代，我认为就买股不动，动也是要换一个你认为更好的股票。我的考虑是没有第二种选择。

你到底要拿什么样的资产伴随一生？

我们做投资，一般都是在三四十岁才真正开始积累一定的财富。当你迈出这人生第一步的时候，到底要拿什么样的资产伴随我们一生？我们希望或者认同的价值理念是这样的：右手拿的箱子里面装的是你们家的房契、不动产、古玩、字画、珍珠、玛瑙，左手箱子里面装的是好公司的股权证，但是千万不要走两步就把这个箱子打开换些新的再装进去。你只需要在人生投资迈出第一步的时候，很慎重地选择，然后持有它，保护好这两个箱子，伴随你一生就足够了。

我相信多看一本书，多读一篇文章，多看一份报告，多思考一些问题，这里面就有财富，就有多一点改变我们、我们的家庭甚至是我们从事的投资事业的可能性。

在我自己的国家里，40年的艰辛岁月告诉我，如果你真的有才华，有广阔的胸襟，愿意努力奋斗，不忌妒他人的财富，不无所事事，不整天抱怨自己的生活，不找理由逃避责任，我们就有可能改变自己的命运与现状。资本市场是慷慨的，但它只惠及拥有智慧和善于利用他人智慧的人。

时间的玫瑰[①]

“时间的玫瑰”是北岛一部文集的名字，这个名字很有诗意，用它来演绎投资我觉得也十分吻合——我们的人生短暂，就像玫瑰，花开一季，匆匆凋谢。因此，我们应该如何进行投资就显得尤为重要。它让我们认真去思考：我们一生积累的财富将会随着时间的飞快流逝而不断贬值，还是更加富足？我们要如何用这短暂的一生，去赢取投资事业的绽放？

发现伟大的企业，坚持价值投资

从某种意义上说，投资就是用时间和生命来换取财富。巴菲特之所以伟大，不在于他在 75 岁的时候拥有了 450 亿美元的财富，而

---

① 2006 年 4 月 8 日在第一届私募基金与价值投资论坛上的演讲。

在于他年轻的时候想明白了许多事情，然后用一生的岁月来坚守。最伟大的投资家会随着岁月消失，但某些投资的原则却亘古不变。我们如果越年轻的时候想得越明白，可能以后的财富就会越多。

从投资的角度看，对任何一个人而言，时间都是最有价值的资产。在香港买过汇丰银行股票的人很多，但是能够一直持有、历经岁月沧桑、繁荣萧条并享受到巨大盈利的人非常少见。投资要想胜出，我们就必须思考，到底是什么因素让汇丰在这沧桑岁月演变当中走得这么远，发展这么好？我们希望投资像皇冠上的珍珠一样的企业，而这样的企业必定能经受岁月的洗礼。

在思想上，格雷厄姆与费雪已经为我们指明了价值投资的方向；而巴菲特则已经将这些理论实践了几十年，并取得了辉煌的业绩。在中国，我们也完全可以实践这种理论，在其指引下分享价值投资所带来的丰厚收益。

投资要有长远的眼光

每一个人都能理解价值投资的方法，但能够做到像巴菲特一样却是非常不容易的事。曾经有个从加拿大回来的朋友说：我在美国敢长期投资，在中国不敢。我说，如果你不敢在中国长期投资，到了美国你更不敢。为什么？假设 1956 年巴菲特募集 10.5 万美元，成立合伙人公司的时候，你有幸在这 10 万美元当中占了 1 万美元，到 1962 年越战开始，你觉得马上就要打仗，赶快把钱拿了回来，假设这 6 年间巴菲特帮你赚了 6 倍。到 1964 年巴菲特收购伯克希尔公司，你发现即便打仗期间巴菲特还是做得很好。当然，你可能总结的原因主要是仗是在越南打的，即便死的美国人越来越多，反战的力量越来越强，但战争不会打到美国本土，巴菲特的投资不会受到影响，所以，这次你可以给他下个重注，比如买入100万美元的伯克希尔股票。但你又将赶上1973—1974年仅次于1929—1932年的大萧条期，道琼斯指数由1051点下跌45%至577点，“顶尖50”下跌率达70%~90%。伯克希尔公司的股票价格从每股90美元跌至每股40美元。这时候你是否能坚守自己的投资?！即便能坚持，你也还要再经受以色列与阿拉伯的“赎罪日战争”，以及由此导致的石油禁运，石油价格由6美元上涨到23美元。如果还能坚持，你还要面对打核战的可能，如果打核战（通常认为“冷战”伴随苏联解体结束，之前核战争理论上随时可能发生），美国就不会像越战那样本土不受到攻击，巴菲特的投资一定会面临极大的风险。

按我们一般的理解，上述任何一个原因都可能导致你决定卖出伯克希尔股票。假如你跟随巴菲特的投资之路到此结束，那么相比持有到今天，收益恐怕相差十万八千里。其实，当伯克希尔公司的股东也不是一帆风顺的。除去在1973—1974年的经济衰退期间受到的严重打击，在1987年的股灾中，伯克希尔的股票价格从每股大约4000美元跌至3000美元；1990—1991年的海湾战争期间，股票价格从每股8900美元急剧跌至5500美元；1998—2000年期间，伯克希尔公司宣布收购通用再保险公司（General Re）之后，股价从1998年每股大约80000美元跌至2000年初的

40800 美元。

投资，有时候是与运气相连的，特别是长期投资，最终的成功某种意义上取决于国运。如果巴菲特的投资不是从 1956 年开始的，而且是从 1900 开始到 1956 年结束的话，可能他就不是一个十分出色的投资家，因为这个时期经历了第一次世界大战、第二次世界大战，以及 1929—1933 年的“大萧条”，其间波动不但大，而且直到 1956 年 3 月 12 日，道琼斯指数才突破 500 点大关。巴菲特先生是幸运的，他从 1956 年开始投资，过去的 50 多年美国处在一个非常高速增长的过程中。当然，更幸运的是，巴菲特先生虽然在 1956 年开始投资，他并没有从他父辈的那个时代——1956 年以前美国 50 多年曲折的证券发展史中，得出不能长期投资的结论，而是做出了一个相反的判断。我相信如果有文献记载，那个时代绝大多数人总结的投资经验一定是，股票是不可以长期投资的。运气是为有思想和行动力的人准备的，巴菲特先生赢得了这份厚礼。

所以在我看来，投资比什么呢？比谁看得远。你只有具备真正的眼光才会坚定，如果没有真正长远的眼光，你很难坚定。当然也还要有运气。

正确的思考方式

我们一直认为，投资有点像孤独的乌龟在跟时间竞赛。说到投资，大家都想到兔子跑得快，可以赚到很多钱，但在我们的理念中，我们不希望成为兔子（尽管它跑得快），我们希望成为乌龟。北方有句土话“千年的王八,万年的龟”。兔子跑得快，但是它只能活三年，乌龟爬得慢，但是它可以活千年、万年，它会一直爬下去，遇到风险就把头缩回来，没有风险再向前爬。我们希望可以做到这样。

当然，长期投资最难的实际上是会遇到一些意想不到的事情，甚至是一些即便你想到但也必须经历的磨难。我打一个简单的比方，比如说禽流感又爆发了，你的投资能不能坚持？这是非常难的。我们在顺境的时候很容易坚持，真正难的是碰到大的自然灾害或者大动荡的时候。我内心非常敬佩巴菲特，为什么呢？因为巴菲特很年轻的时候就能够把这样深邃、影响人类生活的各种事件想清楚，并贯穿到自己的投资事业中坚守如一，这是多么困难的事！

投资中会有许多非常态的事件影响甚至伴随我们，这就是风险。但对风险思考的角度不同，会带来相反的投资结果。风险会时常出现在你的投资生涯当中，所以我们也只能祈求上天赐予我们做出正确决策的智慧，做我们应该做的事情。比如说我们选择茅台，不知道是否一定会涨，但是我们选择的是一种正确的思考和行为方式，什么时候涨不知道，甚至也不重要。

所以，要想让投资更成功，我们必须学着控制自己的思考方式。当兔子的人都是希望活得精彩的，有几个人想当缩头乌龟？没有人想当乌龟，但投资就是要跟永恒的时间相抗衡。假设我们现在开始进行一个投资比赛，比赛终点是地球爆炸的那一刻，你认为哪一种选择会胜出？

穿越时间的河流与伟大企业共成长[①]

我是 25 岁从业，现在到了 50 岁，25 岁、30 岁、35 岁、40 岁、45 岁、50 岁，我觉得每隔 5 年我对投资的理解都非常不一样。

投资比的是谁看得远、看得准，谁敢重仓、能坚持

我们做投资最关键的一点是什么？我觉得就是要知道你现在站在世界的哪一个位置。这个看法为什么很重要？因为投资就是比谁看得远、看得准，谁敢重仓、能坚持。这都是源于对未来的展望。大家差不多都有一个共识，就是现在还是不错的。

但是在过去，比方说 2007 年，我在读中欧 EMBA（高级管

---

① 2017 年 11 月 8 日，在由格隆汇全力打造、腾讯 Fintech 全程独家冠名、香港交易所全程支持的“决战港股”海外投资嘉年华深圳峰会上的演讲。

理人员工商管理硕士）的时候，有一个很著名的教授给我们上课，罗列了一堆经济数据后，给了一个非常悲观的结论。当时我向这个教授提问：“教授，按您的分析和逻辑，中国有没有未来？”他斩钉截铁地说：“没有！”如果一个很著名的教授，在2007年的时候告诉你中国没有未来，我们班90%是做企业的，那我们是不是要把自己的企业卖掉，把房子卖掉，移民？

如果那时你卖掉企业和房子，离开中国，十年后的今天你是否会非常遗憾？

在最难的时候，你对国运的看法很重要。

大家可以看下图3，虚线开始的地方是2008年，我们知道2008年发生过两件大事，一件事是北京奥运会，另一件事就是席卷全球的金融危机。很多人担心，2018年，10年过去了，是不是又到了发生经济危机的时刻？你在2008年发生经济危机的时候对中国是什么样的看法，决定了你未来很长时期的道路。在2008年发生经济危机的时候温总理说，2008年是中国经济有史以来最难的一年。2009年他又说，中国经济是本世纪以来最艰难的一年。每年都很难，但年年难过年年过，年年过得都不错。我们回过头来看，过去的十年是中国历史上发展最黄金的一段时光。你在2007年、2008年全球金融危机的时候，在最难的时候，对中国的看法很重要。所有的投资都取决于你的眼光。

美国从1970年起到2008年的38年中，GDP增长的绝对值长期稳居第一，但中国在2008年超过了美国，这一反转的趋势在2008年后更为显著。

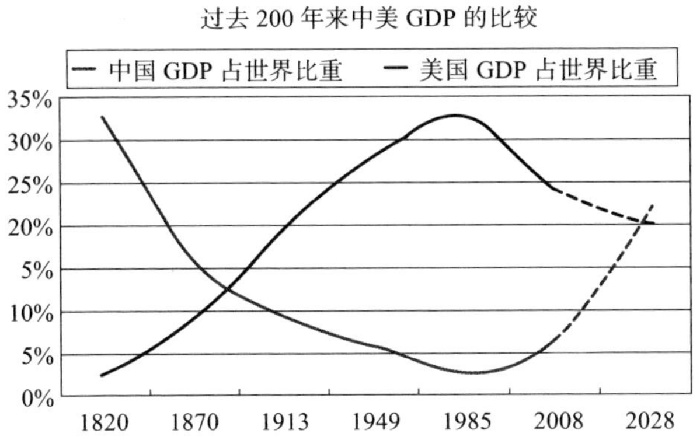

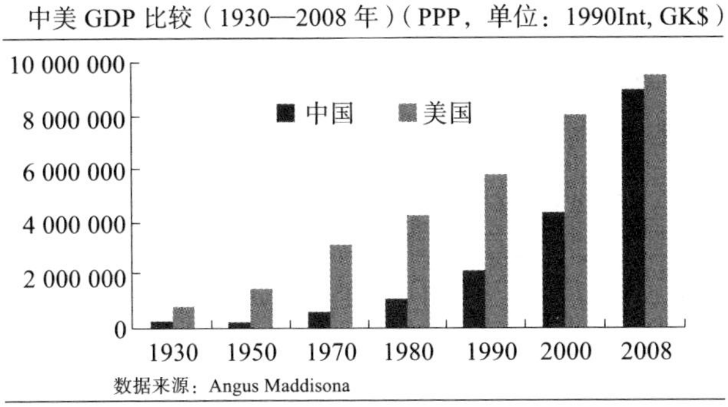

2008 年中国 GDP 规模冲过了 4 万亿美元大关。

数十年来，中国 GDP 年增长的绝对数第一次超过美国的 5020 亿美元，是美国 2008 年 GDP 增长的 1.43 倍。

历史上，每一次真正重大的危机，总伴随着一些庞大帝国的衰退和一些新兴强国的崛起。

2008 年后，中美的差异将逐渐缩小，逐渐回归更为平衡的轨道

图 3　中美 GDP 比较

现在中国的人均GDP是9000多美元，相当于美国20世纪70年代的水平。在现在这个大背景下，预计中国到2035年会成为中等强国，到2050年会成为发达国家。比较中美两国GDP，到2025年中国会成为全世界最大的经济体，到2050年中国经济规模会是美国的两倍。而且在有记载的历史当中，中国90%的时间都是全世界最大的经济体。我们看到中国长期向上，你是不是有坚定的信念，相信这个结果呢？投资事后看都容易，但事中、事前都非常难。我们看美国从1820—1990年，以及“9·11”事件之后发生的变迁。大家可以看到，实际上，1913年在美国经济表现出最强劲的一个上升势头时，美国发生了经济危机，摩根用一己之力拯救了美国。那时摩根说了一句很有名的话：做空美国会破产的！这跟我们在2008年经历的非常像，在预示中国真正崛起的时刻也发生了经济危机。

你对中国和世界长远未来的看法决定了你长期的收益。实际上我们中国甚至全世界投资人今天面临的时代，比巴菲特刚开始投资的时代要和平得多、繁荣得多。所以如果没有一个正确的价值观，是很难获得长期成功的。做投资是很难的。我们中国是有光明的未来的，目前我们面临的环境是超越摩根和巴菲特，应该是横跨了他们两人的时代，甚至将迎接第三个新时代。巴菲特1956年刚刚开始管理私募基金的时候，处在美国经济占全世界的比重不断上升的过程中，但是现在是一个下降过程。如果能做类比的话，我们这一代中国投资人面临着摩根和巴菲特两个时代，到2049年新中国成立一百年时中国会成为发达国家，我们面临的是比他们更好的时代。资本市场本身都是充满起伏的，包括巴菲特时代。很多人说如果自己在巴菲特开始投资的年代投资，也能成为巴菲特，这其实是很难的。

巴菲特开始管理私募基金不久就遇到了越战（1955—1975 年）。其间还经历了 1962 年古巴导弹危机，1963 年肯尼迪总统遇刺，1965 年约翰逊政府直接派军队参战。1975 年，美国在蒙受超过 5.8 万人丧生、30 多万人受伤、耗资 4000 多亿美元的巨大损失后撤出越南。还有长达 17 年的美国滞胀期和两次石油危机。道琼斯工业指数：1964 年 12 月 31 日，874.12 点；1981 年 12 月 31 日，875.00 点。17 年美股只涨了一个点不到，中间还经历过几次非常大的起伏，所以说投资本身并不容易。

巴菲特之所以伟大，不在于他 75 岁时拥有 450 亿美元的财富，而在于他很年轻的时候想明白了许多道理，然后用一生的岁月来坚守。如果中国经济是长期上升的话，我们会看到有些中国公司会表现非常出色。中国很多人都希望投资教育企业，龙头企业是好未来，它是我们这几年投资组合中按比例对我们贡献收益最多的。中国能够承载这种社会财富的增长最好、最活跃的企业都因为我们不是注册制，选择在美国或者中国香港上市，这是比较遗憾的。如果中国借鉴美国崛起之路，中国的公司是有机会借助资本市场实现更快的成长的。

图 4 是 2017 年 9 月我在哈佛商学院学习的时候，曾任里根政府国防部长特别顾问的哈佛大学肯尼迪政府学院首任院长格雷厄姆·艾利森教授做的，他用这个图比较中美两国：为什么中国有未

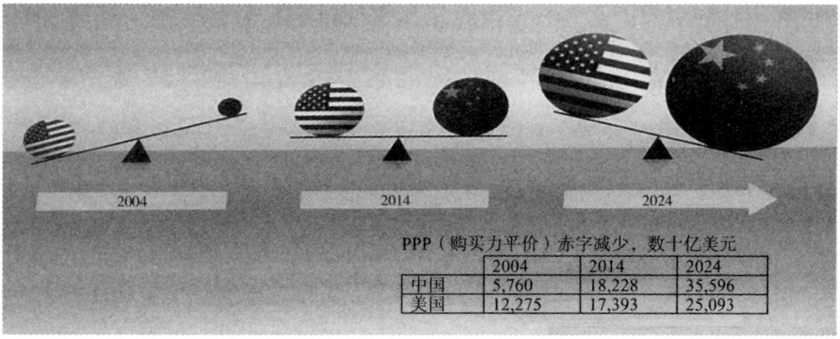

图 4　谁在平衡谁？

注：该图由曾任里根政府美国国防部长特别顾问的哈佛大学肯尼迪政府学院首任院长格雷厄姆·艾利森教授制作。

信息来源：国际货币基金组织、经济学人智库。

来？为什么今天的中国投资人很幸运？按购买力平价计算，在 2004 年的时候美国是一个大球，中国是一个小球，2014 年中美两国经济基本平衡了，但到 2024 年中国会变成大球，美国会变成小球。

大家可以想象再过 10 年，如果中国有 6~8 艘航空母舰，有 200 或 500 架歼 –20，有 2000 枚或 5000 枚核导弹，那就是真正崛起了。

艾利森教授还谈了效率问题，哈佛旁有条河叫查尔斯河，上面有座桥已经维修了十几年了还没修好。教授跟我们说，你们明年来的时候保证这座桥还是没有修好。我把这个例子跟一个台湾朋友聊，他说太对了，不仅是美国，欧洲也一样。他有个朋友是德国人，家乡有一座桥，1970 年立项准备修，一直到 2001 年才修好。艾利森教授在课堂上给我们放了一个视频，北京三元桥的维修，一共用了 48 个小时。在美国、欧洲，几十年修不好一座桥，在中国，复杂得多的桥 48 个小时就能修好，这就是中国的效率。

如果中国这么有效率，历史天平会向中国倾斜的。

行业龙头会有所表现

如果中国未来的经济发展比美国还好，到底有哪些行业会受益呢?

我们把时间拉长一点，比方说从1978—2006年，这个时期美国发展不错的行业，估计在中国崛起的过程中，应该也是不错的，比如像化妆品、医药品、软饮料、烟草、软件、计算机等，现在有不少人嫉妒、讽刺带挖苦地说，中国崛起要靠茅台吗?中国崛起当然不能只靠茅台，我们还有华为、大疆、腾讯、阿里巴巴等企业，就像美国的崛起一样，一定是全面地崛起。

大家可以看菲利普·莫里斯，它生产万宝路香烟，股价涨了60多年，公司存续了200多年。美国的崛起不仅有Google（谷歌）、苹果、微软、亚马逊、Facebook（脸谱网），还有可口可乐、麦当劳、肯德基、星巴克、菲利普·莫里斯等传统企业。

我记得我1989年第一次吃肯德基的时候感觉很幸福，但是现在吃还感觉很幸福吗?我们年轻的时候吸万宝路香烟感觉很幸福，现在不会了，现在吸中华。星巴克刚来中国的时候，女孩子坐在星巴克里感觉很小资，但现在可能你觉得坐在茶馆里更舒服。

所以真正的崛起，肯定是全面的崛起，在崛起过程中，所有的龙头行业都会有所表现，在美国是这样，我相信在中国也是一样。我们中国有传统文化孕育出来的企业，比如涪陵榨菜、海天味业、茅台，有人问我茅台能不能长久，我想说文化的东西是很难改变的，风俗、宗教、文化的变化频率是100~1000年。这些代表民族文化习性的东西，总的来说会有一些比较好的表现。

实际上投资是一个不断学习的过程，我们的基金在2008年金融危机时有一个很大的回撤。2009年我选了一个行业投资，就是化妆品行业。当时化妆品行业只有一家上市公司——上海家化。买入上海家化帮助我们从2008年的泥潭中走了出来。我们应该投资这些能够持续创造财富的公司和行业。

另外我也想跟大家分享一下更深层的东西，在中国改革开放39年的过程当中，很多人并不认同摩根在1913年说过的那句话：做空美国会破产。中国39年改革开放中，一代一代的富人很多赚到钱后第一选择是移民，靠投资成为富豪的，第一代靠抽签表，之后靠国债期货。我的一个朋友1995年靠国债期货赚了2000万，就选择了移民，他在中国养成了投机习惯，在美国就继续投机，结果失败了，前两年又回来了。他们为什么移民？

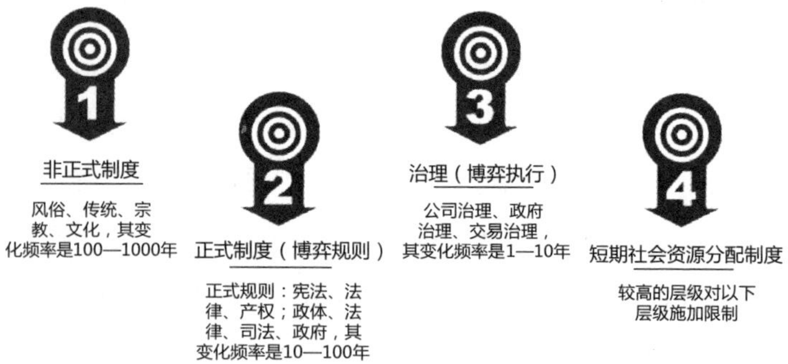

图5　威廉姆森的4个制度层级

这些人有些担心，但我认为这些人的担心大概率情况下是多余的。真正决定一个国家长远未来的是风俗、习惯、传统、宗教与文化，其变化周期是100年到1000年。

中国为什么有未来？下面这个图，是中国能突破中等收入陷阱成为发达国家的一个核心点。

图6　拥挤的人群

资料来源：新浪网。

我是1992年8月到深圳的，那时股票发行风波事件刚刚过去一周。大家看到图片中这个女孩子吗？我觉得这个女孩子是中国突破中等收入陷阱成为发达国家的秘密，为什么？

如果一个女孩子走在街上，一个男士突然从后面抱住你，她就会马上“啪”一个巴掌打过去，然后报警。但图片上这个女孩子为什么会这样？为什么她抱着别人，别人紧紧地抱着她，而她很痛苦地看着我们？女孩子身上体现的就是对财富的渴望。对财富的渴望是中国不断崛起的原因之一。这种东西是几千年的风俗习惯，是传统宗教文化潜移默化的结果。中国历史上战争很频繁，但是只要有几十年的太平岁月，中国就会积聚起很多的财富。改革开放到现在是 39 年，中国马上将超越美国成为全世界最大的经济体，稳定 100 年甚至更长远的岁月，中国人创造出的财富是非常巨大的，所以说在中国做投资和财富管理是一件非常幸运的事。

做投资，风控很重要，选择好的企业

但是在一个长期上升的经济体当中，这个市场本身也是波澜起伏的，中间会发生金融危机。我从业 25 年，每隔几年都要经历一次超过 50% 的跌幅，甚至有时会持续 3~5 年。

我们说中国改革开放这么多年，很多人是用错误的理念赚了很多钱。在中国改革开放的过程当中，房地产市场从来没有像股票市场这样，出现房价下跌 50%、地价下跌 20%，而且持续 3~5 年的情况。

打个比方，2008 年，如果房价跌 50%，地价跌 20% 或 30%，持续到 2013 年，许家印会破产，王健林会破产。但做投资的都经历过，2015 年，股票市场下跌超过 50%，而且一直持续低迷到现在。所以做投资，风控很重要，需要不断认清现实，不断学习。

当然有一种办法是能穿越这种变化的，那就是选择好的企业。我十一期间在伦敦的时候碰到了福耀玻璃的董事长曹德旺先生。如果你在 1993 年顶部的时候买入福耀玻璃，至今回报是 47 倍；如果很幸运是1994年底部的时候买福耀玻璃，至今回报是167倍。当然，如果你在1994年底部的时候买入云南白药，至今回报是570倍。

表1　1993年与1994年在市场高位和低位时买入优质公司的回报率

代码	公司	上市日期	1993年顶部至今倍数	1994年底部至今倍数
600653	申华控股	1990-12-19	3.0	10.1
600655	豫园商城	1992-09-02	4.6	15.7
600601	方正科技	1990-12-19	5.6	13.2
000001	平安银行	1991-04-03	11.4	20.3
600651	飞乐音响	1990-12-19	12.9	19.0
000028	国药一致	1993-08-09	27.3	107.7
600660	福耀玻璃	1993-06-10	47.3	167.1
600690	青岛海尔	1993-11-19	37.1	139.4
000002	万科A	1991-01-29	60.4	151.7
000538	云南白药	1993-12-15	146.3	570.7

注：数据更新至2017年6月2日。

当然还有网易，网易自2001年互联网泡沫之后，股价上涨超过2600倍。

我个人觉得投资是比谁看得远、能坚持。实际上我在2001年的时候就认为互联网行业未来会成为一个主流行业，所以我动员一位朋友拿了100万美元去买三个公司——搜狐、网易、新浪，只要剩下一家公司，就赢了。朋友的钱打到了美林证券，为她服务的客户经理告诫我的朋友千万别买这三个公司，说这三个公司会破产。

我那个朋友一听就害怕了，就没买。但段永平先生大概买了200万美元，赚了200倍，变成了4亿美元。这很多了吧？但他也很遗憾，如果不卖，现在就变成52亿美元了。后来，2006年4月当我再次建议这位朋友买入腾讯的时候，她义无反顾地以12元港币买入并持有至今。

另外，投资最难的地方在于，卖了一只股票，用更高的价位买回来。

很多人问投资难在哪里？比方说，你花100万美元买了网易，被一点市场噪声或一个危机影响，赚9倍就卖掉了，准备等跌了再买回来。但这个公司没跌，甚至涨到12块钱、15块钱、20块钱，从此以后这个公司跟你就没有关系了。

深圳有一帮非常出色的投资人，我觉得他们是真正深度的价值投资者。他们投入所有的钱在一只股票上，不是买100股，而是花几亿、几十亿去买，这是真正深度的价值投资者。但即便是他们，对企业的研究很透彻，遇到上面这种问题也是很难处理的，这是关乎人性的考验。如果卖了一只股票，后面要用更高的价位买回来，哪怕是经过长时间锤炼的投资人处理起来都很困难。

战胜 AlphaGo 靠什么？还是要靠分析企业

怎样才能赚到10倍、100倍、2000倍？哪一种投资哲学才能帮你赚到10倍、100倍、2000倍的钱？

我个人认为，未来投资体系的变化是两种，一种是量化。我的一个前同事，师从美国一位诺贝尔奖获得者，他们目前也在做投资，她告诉我他们从来没有输过，而且只接亿元（美元）以上的客户。你怎么跟诺贝尔奖获得者的团队去拼？

还有一种，买了网易，不动行不行？钱会往有眼光的人手里集中，谁更有智慧，这个钱就会往谁这集中，AlphaGo 会帮助你洞察企业。

未来真正能够长存的，能够战胜 AlphaGo 等的是什么？分析企业。

在我们的价值体系和哲学思考中，我们认为，只有从企业本身出发，才能真正赚到钱，这也是我们东方港湾成立以来一直在学习和坚持的东西。

东方港湾是 2004 年成立的，当时前后成立的私募基金大概有 12 家。它们有的一开始就发行了基金。我们是专户理财，直到 2007 年，我们才发行了第一只基金。但总体来说，我们选择的这些公司，经过了时间的沉淀，绽放了它们的魅力，现在都很出色，股价也都在创新高。在中国践行价值投资，这个过程也充满了酸甜苦辣。

表 2　东方港湾国内投资业绩

过往 14 年，东方港湾在 A 股创造的 24.57% 的复合收益率投资案例：贵州茅台、云南白药、万华化学、上海家化等。

时间	本期收益率	上证指数同期收益	OHIM 净值	上证指数净值
2004	45%	–15%	1.45	0.85
2005	38%	–8%	2.00	0.78
2006	233%	130%	6.66	1.79
2007	98%	97%	13.20	3.51
2008	–61%	–65%	5.11	1.22
2009	72%	80%	8.77	2.19
2010	17%	–14%	10.22	1.88
2011	–13%	–22%	8.91	1.47
2012	–2%	3%	8.76	1.52

（续表）

2013	–3%	–7%	8.49	1.41
2014	40%	53%	11.92	2.16
2015	28%	9%	15.25	2.36
2016	–5.0%	–12.5%	14.49	2.07
2017/10/27	59.0%	10.09%	23.03	2.28
复合收益率			25.48%	5.92%

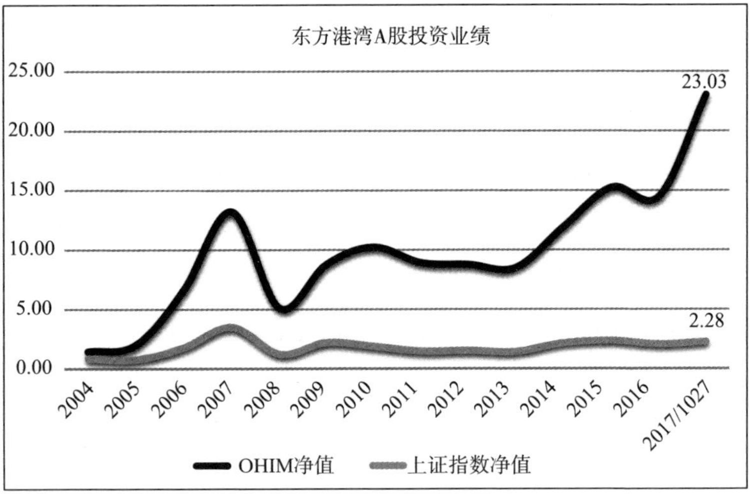

图 7　东方港湾：创造长期优秀回报

注：2007 年以前为公司最大专户回报率；2007 年以后按平安·东方港湾马拉松信托业绩统计；2017 年以后为汉景港湾 1 号业绩。

数据为东方港湾内部测算结果，具体净值数据以公告为准。

在 2008 年的时候，我们机械学习巴菲特的价值投资理念，无论碰到经济危机还是行业危机，像 2012 年、2013 年白酒危机的时候，我们一股茅台都没有卖出过，反而还在持续买入。

但教训太惨痛了！ 2007 年的时候我们管理的资金规模是 33

亿元左右，到了2008年连赎回带亏损变成了8个亿。2012年、2013年白酒危机期间茅台股价跌了61%，我们组合中其他股票的上涨弥补了茅台的损失，所以收益率在–3%～–2%。

2015年危机还没有发生的时候，当年6月18日我在达晨创投基金年会上曾有一个主题发言，我说“A股有可能会发生类似1987年的股灾”，杠杆加泡沫最容易引发股灾。汲取前几次的教训，碰到可能发生系统性风险的时候我们选择把其他的股全都卖掉，只留茅台和平安。

但是当危机真正发生的时候，我们把平安全部都卖掉，茅台也

表3　东方港湾海外投资业绩

过往14年，东方港湾在海外市场创造了23.32%的复合收益率。

投资案例：腾讯控股、白云山、同仁堂、奇虎360、特斯拉、Facebook、好未来等。

时间	本期收益率	恒生指数	纳斯达克	OHIM净值	恒指 净值	纳指 净值
2004	53.74%	13.15%	8.59%	1.5	1.1	1.1
2005	19.04%	4.54%	1.37%	1.8	1.2	1.1
2006	116.33%	34.20%	9.52%	4.0	1.6	1.2
2007	63.20%	39.31%	9.81%	6.5	2.2	1.3
2008	–55.34%	–48.27%	–40.54%	2.9	1.1	0.8
2009	114.66%	52.02%	43.89%	6.2	1.7	1.1
2010	15.59%	5.32%	16.91%	7.2	1.8	1.3
2011	–23.28%	–19.97%	–1.80%	5.5	1.5	1.3
2012	9.12%	22.91%	15.91%	6.0	1.8	1.5
2013	99.06%	2.87%	38.32%	11.9	1.9	2.1
2014	10.43%	–2.85%	8.89%	13.2	1.8	2.3
2015	–3.64%	–7.16%	5.73%	12.7	1.7	2.4
2016	–10.0%	0.0%	7.0%	11.4	1.7	2.6
2017/10/31	60.3%	28.4%	25.0%	18.3	2.1	3.2
复合收益率				23.40%	5.48%	8.49%

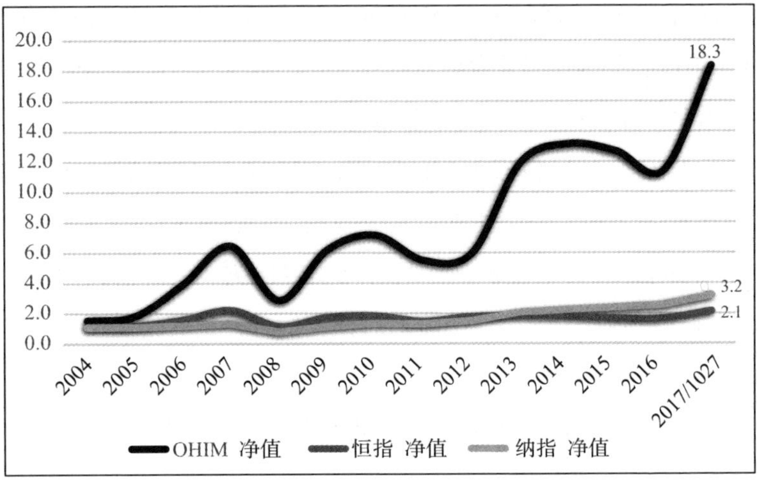

图 8　东方港湾：创造长期优秀回报

注：2016 年以前业绩为海外最大专户收益率，由摩根士丹利提供，经安永会计师事务所审计。

2016 年以后业绩为公司持牌基金东方港湾海外投资基金业绩。

数据为东方港湾内部测算结果，具体净值数据以公告为准。

卖了 90%。很多人在网上质疑我们，但是我们做基金的，跟巴菲特的商业模式相比，差异很大。比方说你的基金是 0.8 的止损线，如果跌破止损线，再涨起来也跟你没关系了，因为已经清盘了。

做基金投资的，如果有一个很大的回撤，比如 60% 的回撤，想弥补这个回撤非常困难，需要很长的时间。今年，我们业绩本身还是不错的，但也在洞朗事件时做了适当的卖出决定，国内部分卖出了除茅台和腾讯以外的所有股票，后来又买了回来。

我们海外过去十三年的复合收益率是 23.40%，国内是 25.48%。东方港湾成立以来，一直在做海外投资。但是我们在 2016 年犯了一个错误，我们有 9 只基金去参与海外的私有化，在 30 多家宣布私有化的公司中选择了 4 家董事会已经通过了私有化方案的公司，想套利 10% ~ 15%。但 2016 年 6 月份起证监会就不让这些公司回来了，所以我们有了一个 10% 的回撤。

你去投机的话，不是这次死就是下次死

我自己总结了一下，很多人投机是能赚钱的，但我每次投机都失败，屡试不爽。但是如果你从企业出发，你的投资基本是没问题的。很多中国人是靠错误的理念赚了很多钱，包括房地产，像我们股票也是一样。如果你认为中国 A 股是政策市场，那 2015 年你会输的很惨。

在 2015 年第一轮下挫的一个周末出了很多利好消息，我有一个老同事给我一个朋友打电话，他 5000 点已经跑了，他说这是我们这个年龄最后一次发大财的机会，如果你认为政策很重要，跑了以后你会不会买进去？

那时候他的 4 个亿又买进去了，还融了两倍的资金，大概 8 个亿，就没了。

我从业了 25 年，各路英雄好汉都见过，但真正能够长存的，像芒格现在已经 93 岁，巴菲特现在 88 岁，像他们一样唯一能够真正干到 100 岁还能干的就是从企业出发的投资。你去投机的话，不是这次死就是下次死，反正早晚得死。

腾讯和茅台：要和企业家站在一样的角度，甚至比他们站得更高

我们以腾讯和茅台这两个公司为例，看看我们到底是怎么去思考企业的。

国酒茅台像“液体黄金”般珍贵，是中华民族的文化图腾之一。
茅台镇独特的微生物环境和珍贵的老酒资源，是茅台难以被复制和跨越的竞争壁垒。
2004年6月，茅台市值112亿，而单凭飞天茅台的5年基酒库存价值就已超过200亿。

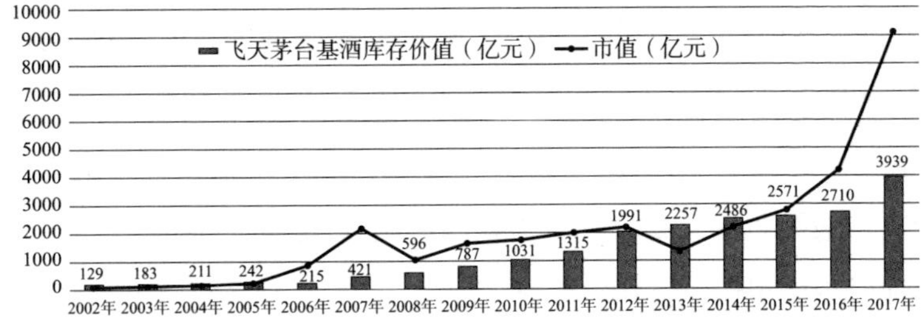

图9　出厂价口径飞天茅台5年基酒库存价值

比如茅台，商业模式非常简单。改变文化是很困难的一件事。中国只要白酒文化不变，赤水河的水在流淌，当地小红粱还在生长，茅台就像液体金山。水和粮食酿造，毛利率在90%～92%，净利率50%。大家都知道这个很赚钱，但如果你想仿造的话就会把你抓起来。它比金山还值钱，是永不枯竭的金山。茅台在历史上只有两次市值比库存价值低，一次是2003、2004年的时候，库存酒的价值200亿元，市值112亿元；另一次是2012、2013年白酒危机的时候。

茅台供不应求的根本原因是中国的富强，是中产阶层的崛起！茅台的发展壮大，是中国走向富强最具民族文化代表性的标

志之一。茅台的发展壮大，包括股票市值不断壮大，与腾讯、华为、百度、阿里巴巴等中国科技企业的发展壮大，不是矛与盾的关系，更不是二选一的关系！你需要有正确的价值观才能长期坚持，如果基于一个错误的价值观，你的投资是不可能长久的。

2017 年初的时候中国平安的姚波总、张学武总等几位领导请我吃饭，当时茅台大概 340 元，我建议他们关注茅台，如果配置 1000 亿元，我说 5 年收益率至少 50%，多了会一倍以上。10 月 11 日姚波总等领导又请我吃饭，茅台已经到了 550 元。可惜了，如果中国平安真配置了茅台，浮动利润约为 617 亿元，接近于 2016 年中国平安全年 690 亿元的利润。当然我们只是假设，还要有人在那个价格卖给你。但那天吃饭时，我说 550 元的价格还可以继续关注。中国的好东西都让外国人买走了，中国的社保基金、保险基金、养老基金就应该持有民族企业中的瑰宝。你看沪股通、深港通，不管涨跌，持续买入的公司都是中国最核心的资产、最

茅台酒差异化需求的开发空间巨大，例如茅台姓氏酒，百家姓如果前 50 每个姓氏全国每年发售 20 吨酒，就是 1000 吨的增量，这比 12 生肖的可开发空间还大。

图 10　定制开发酒不断挖掘消费需求，供不应求状况将长期存在

好的公司。

大钱是讲究确定性的，为什么我有这么强的信心，建议中国平安这些保险长期资金像外资一样关注茅台？茅台目前处于戴维斯双击阶段，也就是量的增长和价格的提升阶段。如果它今年的销量是 2.68 万吨，未来提高到 8 万吨的话，还有近 3 倍空间；如果它今年的销量是 3 万吨，即便终极产能是 6 万吨，也有两倍空间。如果今年茅台的净利润为 270 亿元，那乘以 4 大约是 1080 亿元利润，乘以 6 就是 1620 亿元，给 20 倍 PE（市盈率），分别是 2.16 万亿元市值与 3.24 万亿元市值；给 25 倍 PE，则分别是 2.7 万亿元与 4.05 万亿元。量是有天花板的，价格是保守的，未来茅台提价空间绝对不止一倍。

一个好的企业是需要不断挖掘的。今年以来茅台的生肖酒表现挺好，年初的时候我跟茅台的领导说，你们能不能出个春夏秋冬系列酒，他们说准备要出百家姓酒，如果前 50 个姓每年发售 20 吨，那就是 1000 吨的增量，538 个姓就要 10760 吨。所以说什么是好的企业？一个好的企业拥有好的品牌，就会创造需求。

买到好的企业、好的价格才能赚钱。

我们 2007 年发行的第一只基金茅台仓位很重，但到 2017 年时 2 月到期时只赚了一倍，如下图，如果你在 2007 年高点买茅台，直到 2016 年才开始赚钱，9 年时间过去了，比抗战 8 年还多了 1 年，而茅台中间还经历了两次 60% 多的下跌，所以投资是非常难的。哪怕是中国最好的公司，如果你的投资不恰当，也是有很大的风险。当然除非你能一直在最恰当的位置买进卖出，我们在座

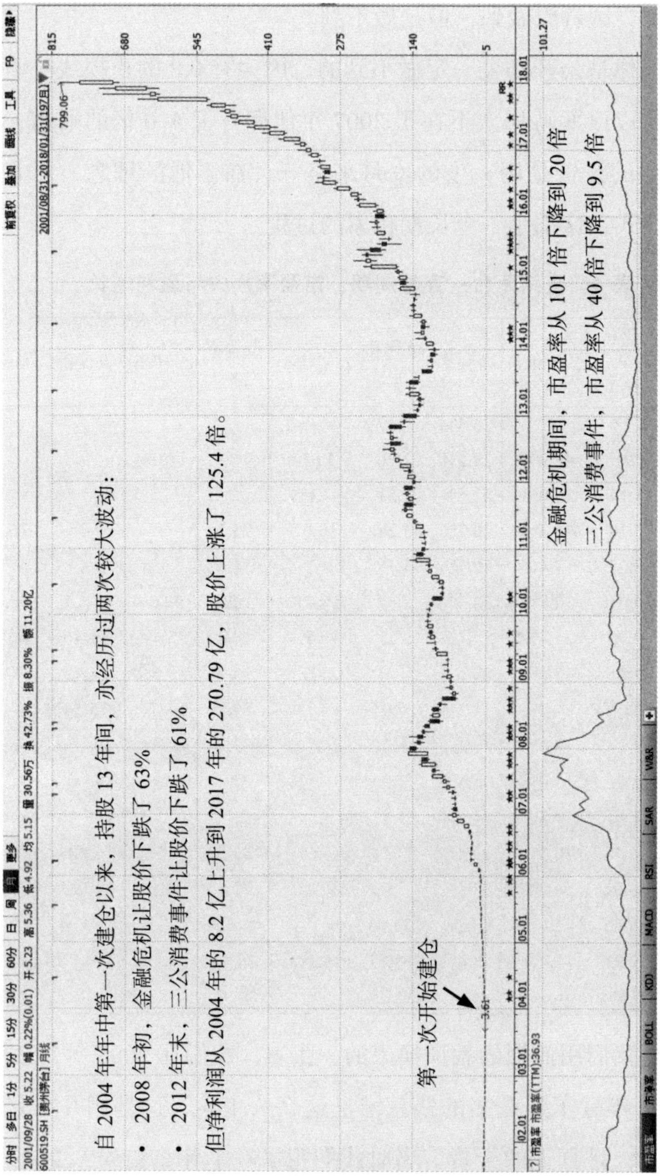

图11 持股的13年间，虽经两次较大波动，仍上涨了125.4倍

的各位都尝试着想做到，但是做不到。

如果你是公开基金一定做不到的，因为有 0.8 的止损线一直压着你。所以巴菲特伟大不在于 2007 年他拥有了 470 亿的财富，而是在于他的投资是用一生的岁月来坚守，在于他的理念，还有他的运作方式，这都是一个长期积累的过程。

表 4 贵州茅台：穿越周期、市盈率损失与盈利增长

	营业总收入（亿）	△ (Sales)	净利率	净利润（亿）	△ (NIM)	市盈率（×）	△ (P/E)	收盘价	总市值
1998	6.28		23.4%	1.47					
1999	8.91	41.9%	24.2%	2.16	3.6%				
2000	11.14	25.0%	22.5%	2.51	-7.1%				
2001	16.18	45.2%	20.3%	3.28	-10.0%	23.3		7.35	76.3
2002	18.35	13.4%	20.5%	3.77	1.3%	15.0	-35.7%	5.43	56.4
2003	24.01	30.8%	24.4%	5.87	19.0%	10.6	-29.0%	6	62.3
2004	30.10	25.4%	27.3%	8.21	11.6%	14.4	35.4%	11.36	117.9
2005	39.31	30.6%	28.5%	11.19	4.4%	15.9	10.6%	17.12	177.7
2006	49.03	24.7%	31.5%	15.45	10.7%	50.8	219.6%	75.54	784.2
2007	72.37	47.6%	39.1%	28.31	24.1%	73.0	43.8%	199.04	2066.4
2008	82.42	13.9%	46.1%	37.99	17.8%	25.9	-64.6%	94.6	982.1
2009	96.70	17.3%	44.6%	43.12	-3.3%	35.9	38.7%	148.96	1546.5
2010	116.33	20.3%	43.4%	50.51	-2.6%	33.5	-6.7%	162.83	1690.5
2011	184.02	58.2%	47.6%	87.63	9.7%	22.5	-32.6%	190.31	1975.8
2012	264.55	43.8%	50.3%	133.08	5.7%	16.3	-27.5%	179.04	2170.0
2013	310.71	17.4%	48.7%	151.37	-3.2%	8.8	-46.0%	113.59	1332.8
2007-13	329.3%			434.7%		-87.9%			-35.5%

这是我们用血泪的教训换来的一张表，我们在 2008 年与 2012 年、2013 年亏了那么多的钱总结了这么一张表，这是用几十亿代价换来的，是真正的干货。当时我们犯了一个什么错误？2007 年

的时候茅台的利润是28亿，在2013年是151亿，利润增加了四倍多，但是市盈率一直在跌，静态市盈率从73倍跌倒了8.8倍，就是赚了这么多钱，还弥补不了市盈率的损失，为什么A股投资人大部分是亏损的，普遍估值过高是非常重要的原因之一，所以说投资是一件非常难的事情。

另外一家企业是腾讯。

我觉得马化腾给我们上了一堂很好的金融课。你要是能跟马化腾称兄道弟，能不能在腾讯上赚到大钱？不一定。为什么？据说腾讯上市之后，马化腾的爸爸就卖掉了手中腾讯的股票。我有一个朋友，有一次在和我吃饭时说，他在2004年买了几千万的腾讯。他的太太和马化腾的太太是很好的朋友，交流时马化腾的太太一直不太看好腾讯。因此，我的朋友早早地以几块钱的价格卖掉了。公开信息显示，金融危机期间马化腾先生也曾经和外资大行对赌，失去了好多腾讯的股票，而且一路减持至今。但每次减持，腾讯都大涨。

2006年4月我在乐百氏创始人之一的杨杰强的账户里，以12元左右的价格买了腾讯，2001年我错失了网易，对腾讯就没有犹豫。2007年在中欧商学院读书的时候，我和同学交流投资，举例说应该买腾讯，但我们班有个腾讯的高管反而卖了腾讯的股票，今年他说少赚了8个亿。

我们投资比的是什么？比谁看得远，看得准。

如果你是在仰视这些企业家，很难赚到钱，作为投资人你一定要独立思考。思想没有禁区，一定要和企业家站在一样的角度，甚至比他站得更高才能赚钱。如果我们认为人类的未来是 VR、人工智能、大数据、无人驾驶和云计算等引领，美国企业会买亚马逊、买微软、买谷歌；中国企业中我会买腾讯和阿里巴巴。

总体来说，投资就是从企业出发，跟随这个时代来发展，然后取得更好的成绩。

2018 年的市场环境

我认为 2018 年会继续 2017 年两极分化的情况，当然很多人现在寄希望于切换，从我们在海外投资 13 年的经验来看，海外投资者基本上围绕蓝筹股在交易，一般的专业机构都围绕着前 100 只股票交易。在美国，五大公司占了纳斯达克总市值的 42%。美国从 2008 年到现在已经有 9 年牛市了，但是如果你没买这五大公司，总的来说是非常难赚到钱的。

中国的 A 股市场已经 27 年了，应该到了分水岭，从供给关系的角度来看，如果每年有 400 家企业上市，10 年就是 4000 家，加上已上市的 3000 多家，一共有 7000 多家，差不多等同于新三板。我相信 A 股市场规模不断增加的时候，这个市场会发生很大的变化。2018 年最确定的是中国资本市场将加入 MSCI 指数，我们在 A 股市场的交易文化已经在发生很大的变化，特别是今年，我相信明年也一样。

现在 A 股市场总的来说是存量博弈，唯一的变量是海外资金。海外资金买的是中国最核心的资产。从韩国、中国台湾市场加入

MSCI 指数的情况看，基本上都有三到五年的蓝筹股牛市。这些钱进入中国的时候，买的就是蓝筹股企业。在中国做价值投资确实是非常难的，前几年的疯狂炒作让大家失去了对好公司的洞察和分享。

总的来说，2018 年蓝筹股还是会获得足够的关注度，而且这可能是永久的现象。

另外我们判断 2018 年是承前启后的一年。1992 年，让中国政治、经济、社会、文化有很大的变化，2018 年中国的政治、经济、社会、文化也会有很大的变化。中国资本市场的发展要靠这些伟大的企业，而且更重要的是，就全世界来看，不仅仅是中国，真正的商业模式已经在发生很深刻的变化，财富源向大企业手里集中。如果真的看好 AI、云计算、大数据、无人驾驶等，未来谁拥有数据谁就拥有未来。

第二篇
投资札记

投资最难的是什么？我希望用我的文字，记录下我投资经历中的经验与教训，以及对投资事业的理解与感受，我希望这些略显零散的札记，能让阅读它的投资者有所启发和借鉴。

投资札记之一：偶然的投资人生

除非是神仙，绝大多数优秀的投资人，都有过失败的教训，他们的技艺增长与宝贵经验是靠白花花的银子换来的。我也不例外，一路走来，总共有早期 4 次以及东方港湾成立以来犯过的 3 次错误，合计 7 次重大挫折，让我受益匪浅。

偶然的投资人生

我的前半生充满偶然与奇迹，如果不是岁月巨大的变迁，我想无论如何我也走不上投资这条道路，它对我来说太偶然了。为什么说偶然？因为我大学学的是体育专业，正常的生活轨迹应该是在高校当体育教师或者是从事与体育相关的事业。至少我在读书的时候，从来没想过与股票、投资有什么关系，但这一切又仿佛早已注定，准确地说，是生活的自然法则选择了我去从事投资事业。

1990年大学毕业，无处可去的我，只好到开封化肥厂供水车间当一名钳工。我们钳工班6个人，主要的任务就是修理工厂的进出水泵，进水泵工作环境尚可，但维修出水泵就要像消防员一样穿上防护装置，下到几十米深、污泥齐腰的地方，工作环境相当艰苦。还好工人师傅们非常照顾我，常让我干最轻的活，他们的乐观也感染着我。但有时候，当我一个人劳累之后躺在出水泵房的水泥地上，看着南去的白云，心里就在想：难道我一辈子就在这里度过吗?

还好有一位开明的父亲和不少愿意帮助我的朋友，通过我的初中好友、北大毕业的白俊杰的介绍，1991年南下到了广州，找到了当时在陶铸女儿陶斯亮手下工作的一位北大毕业的朋友应华江。这位朋友义气慷慨，当年我们这十几号来自祖国四面八方的同命人，都聚集在他那距广州军区不远的房子里，他不仅管吃管住，还帮我们找工作，真不容易。在广州三个月，工作没少找，但学体育的好像没有地方要，焦急的时刻，正好在艰难岁月中共过患难的朋友郭燕军先生从北京打来电话，让我去北京帮他打理公司。到北京工作差不多一年的时间，他又派我到深圳帮他打理他的电脑公司。

1992年8月底我终于在深圳落脚。刚来的时候，正好1992年8月的股票风潮刚过，听朋友言语间讨论，才知道什么是原始股与股票，才知道股票这个东西能挣钱。也是偶然，就在我刚到深圳不久，共患过难的社科院陶永谊博士等几位朋友也来到深圳，他们没地方住，就和我一起住在北京朋友郭大哥位于桑达新村的房子里。他们几个正好在深圳新兰德投资咨询公司搞股票培训，有这个便利我就开始学习股票投资，还开了个股票户口用来交易。

1993 年 2 月，北京朋友要撤离深圳，我也就进入陶博士承包的深圳新兰德投资咨询公司培训部担任证券分析师，开始了正式的投资生涯。

现在很能理解大时代背景下人生的起伏与波澜。如果没有历史机缘，我绝不会走上投资这条道路；如果没有北京朋友郭大哥的帮助，我可能不会到深圳；如果没有陶博士，我可能只是业余从事投资；如果没有一次次的挫折与总结，我也不会走上价值投资之路。我的投资人生充满奇遇，一个环节的选择，都可能导致不同的道路与不一样的人生。

早期四次重要挫折

1993 年 2 月北京朋友郭大哥要撤离深圳，他拿出 50 万元人民币让我帮他做股票。从 1993 年的 2 月到 9 月，当我把股票市值做到了 70 多万元，有了一个很好的回报以后，其他一些朋友觉得能挣钱，就也拿一些钱来。那时候本金加上盈利，差不多有 250 万。可就在此刻我犯了第一个致命的投资错误。1993 年 9 月牛市接近尾声，恰好得到一个著名股评家的消息说深深房有大机会，就投入了所有资金，结果本金也亏了一半。直到 1994 年 10 月，经过 11 个月才弥补亏损，小有盈利。

1995 年做多国债期货是我遭受的最大挫折。当时内地很多机构都在做国债期货，我向所在营业部的老总建议能不能也做国债期货，他说可以。那时正好有同一个大户室的朋友贷款做股票，本金 100 多万，还剩下 10 万，钱都快亏光了，俩人合计着做期货吧，我们跟着多头一路做多，赚了很多钱。

1995 年 3 月 23 日，已经退出市场的我，第二天早上又决定再做一把多头，结果遇上因万国证券总裁管金生砸盘的“3 · 27”事件，我被强行交割，协议平仓，结果不管之前赚了多少钱都吐了回去。

后来，我们又投过华工科技这样的企业，由于对这个行业不了解，对这个企业也没有研究透，结果投入的资金亏了一半。

再后来投顾雏军的格林柯尔，也是一次危险的投资经历。虽然最后死里逃生了，却给了我一次深刻的教训。当时两元港币左右买格林柯尔的时候，公司老总称每年能出口 10 万吨制冷剂，但是当我们去海关调查时，发现根本没有这么多。我们及时卖出了股票，稍后股价跌到最低 0.5 元左右，现在已退市。

在早期投资生涯中遭遇的这些失败经历，给了我宝贵的经验教训：（1）不要轻信；（2）要遵守操作纪律；（3）重视行业的选择；（4）重视实地调研。

第一次经验告诉我：不能听消息！第二次经验告诉我：如果有明确的投资计划，严格遵守操作纪律，就不会损失如此惨重。第三次经验告诉我：选择什么样类型的企业来投资是一个很严肃的问题。如果对企业研究不透，又下了重注，最后就会造成毁灭性的影响。第四次经验告诉我：评估管理团队，深入细致地实地调研，能够让我们真正了解企业的经营情况，规避投资风险。

正是这一次又一次的亏损与磨难，以及其他一些人生机缘，让我走上了价值投资的道路。

冬天播下的种子静待春天发芽
——投资经历的重要转折期 2000—2003 年

1992 年底开始股票投资的时候，我和大多数人一样最先使用的是台湾版的乾龙软件，因此也就开始学着画线，做技术分析以及波浪理论研究，后来常用宏汇分析软件，做一些市场的周期性分析与研究。

回顾已走过的 15 年投资之路，2000 年之前的八九年时间基本上用在了关注市场涨跌的技术分析之上，当然也因此项“技艺”有机会进入到君安研究所负责市场分析方面的工作。当时《君安财经快讯》与《国泰君安财经快讯》的第一篇文章常常由我来主笔，并经常在《中国证券报》上发表市场分析文章，甚至还开过一段时间的专栏。2000 年 8 月《B 股——十年磨一剑》与《新千年一月 股市大逆转》等准确预测市场的文章，以及支持公司领导做出正确的战略选择，而获得国泰君安董事会颁发的国泰君安证券投资研究奖励基金一等奖（这好像是迄今为止以国泰君安董事会名义颁发过的唯一一次奖励，为此非常感谢当时在任的姚刚总裁与金建栋董事长，感谢他们对我工作的认可与鼓励，更感激他们在我离开国泰君安时的盛情挽留）。

当年，我相信技术分析的眼光可以极为远大。我相信波浪原理能够预先揭示出与下一个时期社会进步或退步有关的重要因素。为此还写过《技术分析的眼光兼评中国历史》一文，下面是其中的一段描述：“如果以波浪理论来白描中国历史，按记载的历史，1 浪的起点为夏（约公元前 21 世纪 ~ 约前 16 世纪），1 浪经过商（约公元前 16 世纪 ~ 约前 1066 年）、西周（约公元前 1066 年 ~ 前 771 年）、东周（公元前 770 年 ~ 前 256 年）、春秋时期（公元前 770 年 ~ 前 476 年）、战国时期（公元前 475 年 ~ 前 221 年），顶点应该在秦朝（公元前 221 年 ~ 前 206 年）统一中国与西汉（公元前 206 年 ~ 公元 23 年）和东汉（公元 25 年 ~220 年）时达到；2 浪调整经历了三国（魏 220 年 ~265 年，蜀 221 年 ~263 年，吴 222 年 ~280 年）、西晋（265 年 ~316 年）、东晋（317 年 ~420 年）、十六国（304 年 ~439 年）、南北朝（420 年 ~581 年）；3 浪顶点为隋朝（581 年 ~618 年）、唐朝（618 年 ~907 年），此刻，东方文明盛极一时；之后 4 浪调整历经了五代十国（907 年 ~979 年）、宋朝（960 年 ~1279 年）、辽（907 年 ~1125 年）、西夏（1038 年 ~1227 年）、金（1115 年 ~1234 年）、元朝（1279 年 ~1368 年）；5 浪顶点可能在明朝（1368 年 ~1644 年）到达，1 → 2 → 3 → 4 → 5 构成了中华民族第（1）波文明史。从中国第（1）波文明结束开始，也由于新大陆的发现，文明的中心逐渐西移，中国开始了漫长的第（2）波浪调整时期，并日益感受到强大的世界历史的挑战。第（2）波浪经历了清朝（1644 年 ~1911 年）、中华民国（1912 年 ~1949 年），历时约 360 年。

“线性历史观告诉我们：一系列价值坐标出现在线性历史观中，进步是文明、创新、发展，相反是野蛮、落后、停滞和衰退。从理论功能看，以发展为核心的线性历史观是事实和价值有机统一的分析框架，任何国家和民族的存在样态及其独特价值，都要受到线性历史观的框衡和责询。波浪理论认为人类历史是自然法则的一部分并呈螺旋上升，今天的此刻——上下五千年的中国历史，与中国现代的民族—国家建构息息相关的是它的冲动、梦想和超越自身的努力。巍峨的殿宇楼阁、逶迤连绵的长城和烽火台，静谧地矗立在中国的地平线上，中华民族巨人般的（3）浪 3 的步伐正在向前迈进。”

看着这些用青春激情写下的勾勒中国历史的文章，还能感受到“当年被称为欺骗之术的嘲笑”，当年绝大多数研究员不认同技术分析。其实，我理解的技术分析，并没有到“人生的歧途”这么极端。一位香港朋友曾送我一本香港版的《安东尼·波顿教你选股》，这位采用逆向投资策略的欧洲首席基金经理人，曾在 25 年的时间里管理富达旗舰基金，也就是富达特别基金，年均回报 19.9%。即便规模扩大了 1000 倍，达到 36 亿英镑，这位被誉为“欧洲林奇”的人依然出色，而且尽管声誉卓绝，年纪渐增，依然在从事投资事业。

在因倚重深入的基本面分析来缔造始终如一业绩而闻名于世的富达公司里，安东尼·波顿依然“以股价走势图来辅助传统的基本面分析”。波顿说，如果你想胜过其他人，那么，你必须拥有跟别人不一样的东西。不知他拥有的看图表的能力是否是其中之一。巴菲特在研究过10年图表后，再也不感兴趣了……你可以像巴菲特那样，也可以像安东尼·波顿先生那样，你选择谁，完全在你自己。

巴菲特和索罗斯的投资方法也有巨大的区别。索罗斯的方法是基于变革寻找社会漏洞，这可能与他少年时的经历有关。他幼年直至少年都生活在匈牙利。当时匈牙利的很多犹太人认为德国不会入侵，但他的父亲很有远见，认为德国入侵是迟早的事情。于是整个家族换了身份、变卖了房产，德国入侵后全家移居到美国。少年的索罗斯，经历了如此极端的社会变化，人生观与价值观不可能不产生变化。我们说“三岁看老”。巴菲特出生在美国中部一个保守的中产阶级家庭，他的父亲是议员。他身上有很多土生土长的美国人的特点，如乐观、积极、理想主义。我觉得理想主义对投资很重要，特别是对长期投资。只有成为一个理想主义者，才有信仰，有信仰才会坚定，碰到大的挫折甚至社会巨大的变迁时，才能坚持下来。所以，选择什么样的投资方法，完全是基于自我的本性与人性。你可以从自己的经历中寻找到适合自己人生轨迹的投资之路。

在我看来，技术分析其实是一种直觉艺术，制定战略需要大量的数据，纵览全球股市发展史，这一过程是属于个人的，为了取胜不仅要拥有智慧，更要有不屈不挠的精神。幸运的是，我是一个愿意思考和学习的人，在当时全国最好的证券研究所工作的这一段经历，使我在“我的技术分析专业”之外，对企业分析有了基本的理解和判断。酸涩的青果之味，随着秋收的到来，会转为甜美之果。在2000年底到大鹏证券从事资产管理业务以后，仿佛深藏在心里的“价值投资”方法被渐渐唤醒。经过2001年中国香港与海外市场的自我洗礼以及在大鹏资产管理公司负责股票组合投资的实践，终于使我有了巨大的转变，就像巴菲特也是在画了10年图表以后，才渐悟投资之道。

2000—2003年是我投资生涯中最关键的三年，秋冬转春夏，改变这一切的是时间，是我们自己的思考。2003年始，转眼15年多时间又过去了，脑海里盈满了属于秋天的成熟气息，希望这是真正成熟的果实，值得用心去品尝一辈子。

走上真正的投资之路——选最好的企业

在20世纪90年代，内地券商的主流手法是操纵股价。在君安证券时，我对券商坐庄等行为就很不认同。后来到大鹏证券资产管理部担任首席投资经理时，我曾向当时的领导徐森林先生和公司领导建议买入茅台和五粮液，他们认为盘子太大，收益率不会高，可能还覆盖不了资金成本。真遗憾，当时茅台市值只有80亿、五粮液市值195亿，后来大鹏证券因做庄五矿发展、广电网络、国投原宜等股票而倒闭，进一步印证了我的想法：不符合常识的事情必然会垮台。何谓“不符合常识”？假如一个庄家每次都赢，理论上它可以把所有人的钱都赢走。但这是一个不可能延续的游戏，所以南方、大鹏都失败了。之后，更多的券商也倒闭了。

我真正转向价值投资是21世纪初投资香港股票这段时期。

2000—2001年，美国纳斯达克市场发生股灾，股指从5000多点一路跌到1000多点，当时凭着技术分析的功底，我认为一个历史性的大机会来了。问题是投资什么。我们所熟悉的在美国上市的中国企业，就是互联网公司。那时候，身边的人，比如我女儿，已经开始接受网上教育，我觉得互联网很可能会成为一个类似电信一样的大行业公司。于是，我让朋友潘卉女士拿了100万美元去香港找美林证券高级财务顾问关键先生开户，准备买在美国上市的中国互联网股票。但关键先生认为这些公司会破产，建议她不要买，建议她买医药股默克，结果她选择买入默克。其实当时如果按我们事先确定好的计划买入网易、新浪、搜狐，现在就变成了几千万美元。

错过了买入互联网股票的最好机会，后来我们卖掉默克，索性直接投资在香港上市的内地公司，如同仁堂科技、宁沪高速、沪杭甬、深高速等，买入的价格靠业绩增长及分红，几年内收回成本应该没有问题。当时，除了它们股价很低之外，像同仁堂科技4元、宁沪高速1.4元、沪杭甬1.8元多、深高速1.5元，我们也是通过仔细分析企业的基本面后才买进的，结果深高速赚得略少点，只有两倍多，其他股票都赚了四五倍。这次我们很安全地赚到了一些钱。

这段在香港的投资经历也促使我更积极地思考，并坚定了我的投资理念——要选最好的企业投资。

东方港湾成立以来遇到的三次挫折

学会坚持，只要心中有一念尚存。学会在奔跑中多倾听自己灵魂的声音。

早年和君安证券的总裁杨骏总聊天的时候，他说，“君安轻易不换操盘手，因为经验往往是用血泪的代价换取的”。机构投资和个人投资还是有很大不同，东方港湾成立14年，几次大的挫折，成为我们宝贵的财富。金融企业只要稳稳地走，不出状况与意外，50年后一定是大企业。希望这些不断积累的机构运作中的经验、教训和智慧，能让我们走得更远。

东方港湾成立于2004年3月23日，正好处于2001—2005年的熊市当中，相当于“冬天里卖冰棍”，好在有一些信任我们的朋友，虽然在熊市中开始，但2004—2007年顺风顺水，投资理念对，又在熊市中买了许多好的企业，国内买了茅台、云南白药、烟台万华、张裕，海外买了招商局国际、同仁堂科技、港交所、腾讯等，国内4年收益率1300%；海外650%，年换手率只有7%。我们完全按照价值投资的思路投资，2007年也获得了“十佳私募证券基金管理机构”的荣誉，算得上是当年私募基金行业的翘楚。但有点遗憾的是，没有在公司刚成立的时候就发行公开的私募基金产品。

东方港湾第一只基金产品平安东方港湾马拉松，开始于东方港湾成立4年后的2007年2月28日，截止于2017年2月27日，10年到期清盘，净值201.55，收益率101.55%。（如果能持续到2017年末，基金净值应该在4元上下，10年和11年的长期收益率就很不同。）东方港湾成立以来经历的两次挫折在这只产品上体现得非常充分。2007 年 10 月 31 日，产品净值达到过 202.66，收益率 102.66%。基金组合的构成主要是茅台、烟台万华、万科、招商银行、中国平安、华侨城、招商地产等，但随着 2008 年席卷全球的金融危机的影响，我们遭遇了公司成立以来的一次滑铁卢。在几乎最高位的时候，我曾想卖出将本金还给客人，留下利润坚持，但当时我的搭档不同意，这样就全力以赴地经历了 2008 年的惊涛骇浪。到 2008 年 11 月 28 日的时候，我们的净值已从 202.66 变成 67.51，除了应对赎回，仓位未减的情况下，下跌 66.68%，单位累计净值增长率变成了 –32.49%。芒格说不见 40 岁以下的年轻人，在我们 40 岁“春风得意”的时候恰恰犯了最致命的错误——高估了不卖以及对行业理解的偏差。

当时茅台最高时的动态市盈率是 101 倍，回头看静态是 73 倍，危机期间茅台动态市盈率从 101 倍下降到 20 倍。而杠杆类商业模式的金融与地产，遇到席卷全球的危机，仿佛要破产似的，跌幅更大，从此我们对杠杆类商业模式的企业与周期性行业极为谨慎，买了也只进行阶段性投资。人背运了喝口凉水都塞牙，2008—2009 年除去遇到事业挫折，父亲 2009 年得了癌症，不幸在 2009 年 12 月 7 日凌晨三点零一分，走完了他普通而平凡的一生。当然在最艰难的岁月里，我也从来没有丧失信念与信心，相信自己依然具有洞察力，有继续发现好企业的能力。

2009 年，除去保持茅台的头寸，一股没卖外，由于发现了上海家化，我们卖出了地产与银行的持仓，买入了上海家化，包括茅台等的回升，让我们的净值在 2013 年 5 月 15 日恢复到了 162.00，单位累计净值增长率变成了 62%。

东方港湾成立后的第二次挫折，则是在 2012 年与 2013 年分别遇到了白酒塑化剂危机与三公事件，茅台两年合计下跌 61%，虽然我们的净值两年分别只下降 2% 与 3%，但这是因为基金组合中其他股票的上涨弥补了茅台的损失。这期间茅台动态市盈率也从 40 倍下降到 9.5 倍（静态 8.8 倍）。塑化剂事件发生时，我正好在去南极的船上，等回国坐飞机降落在北京首都机场，一打开手机，就接到茅台樊宁屏总的电话，她和茅台总工王莉希望和我聊聊，支持艰苦岁月中的茅台。在入住酒店的大堂茶馆里，我问王莉总塑化剂到底是如何造成的？她说茅台的质量检测是非常严的，他们每一袋粮食都抽检，在质量上要求极其严格，所用的设备、材料都是世界上最好的……茅台是用 100 多种不同年份的酒勾兑而成，下班后有些酒残存在塑料管里，这可能是原因（现在改成了不锈钢管）。从常识上也可以理解，我坚信塑化剂不是有意之举，因为完全没有必要，这一定是个意外。风雨飘摇的日子里，我坚定地站在茅台一边、义无反顾地支持茅台，后来到茅台，王莉总还特意向其他高管介绍：“但斌总在茅台最艰难的日子里和我们站在一起……”

而比塑化剂危机更艰难的岁月是我说的“茅台上甘岭战役”。2012 年白酒塑化剂危机之后，就是 2013 年三公事件对茅台的影响，茅台在风声鹤唳的行业背景下，市盈率最低降到 8 倍多，而我来钱就买，不停地“扔手榴弹”，那个时候有人说我，天天说茅台是夜过坟场吹口哨，自我壮胆，但我说这未必不是茅台给兄弟们送礼，此刻天上掉馅饼。有网友说：“这一次，我不但绝不放手！这一次，我还要子弹手榴弹激光弹各种弹统统打光，与但总一起并肩战斗，直到时间的玫瑰在上甘岭上炫丽绽放……经过这次洗礼并坚守住了的，茅台会用未来10年的辉煌助其成长为内心淡定、宠辱不惊的真正投资者！茅台注定会成为投资史上一部经典的教科书！”

茅台上市17年成就了一代价值投资者，而2012年与2013年这两年是对价值投资者的磨砺。坚持真理，坚信你相信的“东西”，这本身就不容易！特别是在中国的资本市场。有网友说：“但总应当选2013年中国好股东!!! ”我想经过这次洗礼并坚守住了的我，应该当之无愧！今天的此刻，在向战役中没有当逃兵，一起坚守的“战友”致敬之余，我想为了对投资人负责，在行业遇到危机的时刻，还是应该谨慎处之。

东方港湾成立后遇到的第三次挫折，则是在2015年逃顶之后犯下的。2015年6月18日，我在深交所大厦举办的达晨基金2015年会上，做了一个主题发言“A股很可能会经历一波类似1987年的股灾”。在2015年股灾来临之前，我们卖掉了除茅台与中国平安以外的所有股票，股灾来临的时候，中国平安全部卖掉，仓位里只保留了10%仓位的茅台，220元卖掉大部分茅台，股灾后，才在260元-280元又买了回来。

当然应该和一个优秀企业一起成长，特别在估值合理的时候，但从另一个角度讲，私募基金管理有特殊的地方。比如个人投资茅台，短期浮亏厉害也没太大关系，企业好，跌了可以再涨上去。巴菲特有保险公司的浮存金，是长线资金，成本很低，也可以不卖，甚至在股灾发生时继续买。但基金在面对危机时，如不在高位兑现利润，很难坚持。在大跌的过程中，基金持有人会影响基金经理：股价跌得越厉害，就越想赎回基金。基金经理在底部本可以买到更多的股份，但恰恰相反，基金在底部会遭到更严酷的赎回和质疑。还有 0.80 元清盘线的威胁，即便再好的企业，遇到系统性风险，跌 20%，就有可能让基金清盘。2015 年就是这种极端情况，茅台从 290 元最低跌到过 166 元，跌幅达 42.75%。如果不及时处理，即便买入或持有股灾期间最好的企业，也可能导致基金被系统性风险所伤害。

东方港湾总结了 2008 年经济危机和白酒行业危机的教训，在 2015 年股灾中的表现还是比较出色，避过了大的灾难。但在 5000 点逃顶之后，我判断人民币短期有贬值压力，我们其中 9 只基金通过 QDII（合格境内机构投资者）将人民币换成了美元，美元收益率低，当时也不看好市场，就想套利参与海外中概股私有化，通俗地说就是中国概念股在美股退市，重新登陆 A 股的投资，一般退市前有 10%~15% 的套利空间。我们从 30 多家已经宣布私有化的公司中选择了奇虎 360、YY、陌陌，世纪互联四家公司。那时，在海外的中国互联网公司，如百度、腾讯、阿里，一般给予 25~35 倍估值，中小型公司给予 20~30 倍估值，相比 A 股创业板平均近 100 倍的市盈率，差距甚大。而在国内，同类型公司的市值、融资能力远超美股中概股，优质的中概股一旦回归，受到追捧几无悬念。但风云突变，国内战略新兴板悬停之后，2016 年 6 月中国证监会新政出台，中概股回归预期消失，除奇虎360下跌少些，其他股价应声下跌了30%以上。当时我们参与海外私有化的9只产品受到损失，其中4只跌破了平仓线，基金面临清盘，我跟几个股东商量担起这个责任，为客户负责，必须自己掏钱把净值弥补到平仓线之上，不让基金清盘。但股东意见不统一，而我比较坚持，于是自己掏了几千万，把4只产品补到了平仓线0.8元，基金保住了。现在截至2018年2月23日，金钥匙1号、金钥匙2号累计净值已经分别达到1.459、1.573，汉景港湾3号、汉景港湾4号累计净值分别达到1.299、1.296，中间进行了一次分红。2017年分别分红金钥匙1号0.289，金钥匙2号0.389，汉景港湾3号0.182，汉景港湾4号0.1773。

关键时刻决定一个人未来的是品格，是源自一个人内心的力量！在行业危机和市场危机来临的时候，万一我们出了问题，我们必须站在客户的角度考虑妥善解决问题，这是唯一的选择和处理办法。经历了这些事情，获得了宝贵的经验教训，也许别人投机会成功，但我每次都失败，我认为私有化套利本身也是投机，对我而言，再次证明，任何时刻都要坚守价值投资，坚决不能投机。同时我们还获得了一笔更加珍贵的财富——关键时刻的责任和担当。

东方港湾的投资准则

东方港湾的投资与思考方式

学习与培养一种正确的哲学与思考方式，无论对于个人，还是对于一个组织，都是至关重要的。正如巴菲特的合伙人芒格所言："你能全面彻底地吸收几种（正确的）观念，生活会与以前大不相同。""人们往往低估了一些简单却优秀的想法的重要性。"人们想成功，必须学会控制他们的思考方式。据我们多年投资活动与观察，许多失败的投资者一直被似是而非的观念困扰着，无法理清自己的思维。投资哲学是投资活动的灵魂，没有哲学指导的投资犹如一座没有神灵的庙宇！

我们曾参与过期货、债券、股票等多个市场的交易，也研究过国际上主要的投资思想与流派，但直到近几年才坚定了核心投资理念，正如凯恩斯说的："困难的是摆脱旧思想的束缚，而不是新思想的运用。"国际金融投资历史，主要有技术分析流派和基本面分析流派。技术派注重市场价格的研究，以道氏理论、波浪理论、市场有效理论为代表，而基本面分析派以巴菲特的两位老师格雷厄姆和费雪为代表。从商业角度看，技术派的宗师们鲜有商业成功的；而基本面分析派的大师们都取得了不凡的商业成绩，这其中的巴菲特把价值投资理论与现代商业逻辑结合得最为完美，堪称现代投资的典范。

东方港湾公司信奉的工作哲学是"永远向第一名学习"，"想成功，与成功者为伍"（To be winner，work with winners）（巴菲特语录）。结合我们多年的实践，研究巴菲特的成功历程，我们深信尽管证券市场千变万化，其中必有其自然规律，核心的投资原则是亘古不变的，正如《圣经》中所言："发生过的事还要发生，做过的事还要再做，太阳底下一件新事都没有。"同时，在哲学的范畴里，我们相信最简单的方法可能是最有效的，“发现优秀企业，趁低购买，长期持有（BUY AND HOLD IT）”的策略是目前为止被证明是最有效的投资方法！“成长型价值投资法”是我们罗盘上指向北极的唯一指针。

东方港湾的信念与使命

东方，尤其是中国，经历了几千年的磨难，自40年前邓小平先生确立改革开放的革命性政策后，正在不屈不挠地崛起，我们坚信我们这个勤劳智慧的民族必将成为文化经济的强国，必将涌现出一批优秀的企业家和卓越的企业。投资需要信仰，我们坚信：中国经济的未来一定会更辉煌，中国社会的未来一定会更美好，投资中国一定会有丰厚的回报！

东方港湾的使命是“追随投资智慧，传播价值投资思想，让我们的投资就像安全的港湾”。对大部分甚至绝大部分投资者而言，证券投资既没有给他们带来财富，也没有带来快乐，我们希望传播正确的思想与科学的方法，让投资成为投资者生命中快乐的一部分。同时，我们也深知社会责任，当我们将社会有限的资产投资于最有前途的企业与事业时，事实上我们在从事社会资源配置的工作，当我们能优化部分社会资源配置时，也是我们应尽的社会责任和使命！

东方港湾崇尚的乌龟精神

龟兔赛跑的寓言尽人皆知，我们崇尚的乌龟精神有两层含义。

乌龟精神一：乌龟能耐得住寂寞，慢慢地爬，稳稳地前进，最终会走得更远。

乌龟精神二：俚语有称胆小鬼为“缩头乌龟”，尽管是贬义词，但乌龟有坚固外壳，每当听到风吹草动，便迅速将头缩进壳内，规避风险。乌龟的风险意识与本能是值得我们投资时学习的。

广义而言，投资犹如一生的马拉松比赛，想要得奖，首先得要跑完全程，投资者其实没有固定的比赛对象，真正的投资者更像“孤独的乌龟与时间竞赛”。

东方港湾的工作目标与投资风格

我们的经营宗旨是：与伟大企业共成长、专注长期股权投资管理。

“专注”，是因为我们深知我们的竞争优势圈，因为专业才更具价值，正如IBM公司的托马斯·沃森爵士所言：“我不是天才，但某几点上我很精明，所以我固守其中。”

“长期”，对投资而言，时间是最宝贵的资产，正如日本股神邱永汉先生所说的那样：投资回报相当于“忍耐费”。

我们的工作目标：追求长期而稳健的增长

年轻的时候（这是相对而言，其实目前我们仍觉活力不减，青春焕发），我们曾经追求快速致富，结果是欲速则不达。真希望早点明白爱因斯坦说的那句话就好了，“除金字塔、长城外，世界第八大奇迹是——复利”。投资回报能长期稳定增长，结果可是了不得的事，复利是金融行业的 TNT 炸药，复利具有爆炸性特征。

为了实现这一目标，我们采用的风格为：坚定的长期和相对的集中的投资。

真正优秀的企业必须经得住时间的考验，俗语说“路遥知马力，日久见人心”，时间是优秀企业家和企业的朋友，我们只能用最好的耐心与奉献最宝贵的时间来获取丰厚的投资回报。短期的波动对我们意义不大，除非给我们增加购买更多股权的机会。对于市场波动，很少有人能长期准确预测，这些东西对投资者来说是代价昂贵的消遣。

那为什么又要“相对的集中”呢？我们选择企业时，有可能做出错误的决定，为了规避非系统风险，我们投资于几家相互不太关联的优秀企业，同时我们深知，真正卓越的企业犹如钻石般稀少，杰出的企业寥若晨星，所以我们采取了“相对的集中”策略。

英国经济学家凯恩斯于 1934 年 8 月 15 日给他的合伙人的一封信中写道：“随着时间的流逝，我越来越确信，正确的投资方法是将大笔的钱投入到有所了解的企业以及完全信任的管理人员中。认为一个人可以通过将资金分散在大量他一无所知或毫无信心的企业中就可以限制风险，完全是错误的……一个人的知识和经验绝对是有限的，因此在特定的时间里，很少有超过两三个企业，我认为值得完全信任。”据我们所知，凯恩斯是难得的一位学术研究与投资事业同时成功的人。

如何选择企业

在投资的时候，我们既不是市场分析专家，也不是宏观分析师，更不是证券分析师，我们把自己看成企业分析师（假如你允许我们这样称呼的话）。因为我们相信，长期而言“股票绝不可能表现得比企业更好”，选择杰出企业是我们成功的关键。我们曾用一句英文来概括考察企业的八个方面“I met a huge magic Figure”：

I——Industry，代表行业。

m——market，代表市场。

e——entrepreneur，代表企业家。

t ——technology，代表技术。

h——human resource，代表人力资源。

m——management，代表经营管理。

c——culture，代表企业文化。

F——Finance，代表财务状况。

简而言之，我们希望选择的企业符合几项标准：

1. 有长期稳定的经营历史；

2. 有高度的竞争壁垒，甚至是垄断型企业，最好是非政府管制型垄断；

3. 管理者理性、诚信，以股东利益为重；

4. 财务稳健，负债不高而净资产收益率高，自由现金流充裕；

5. 我们能够理解的，能够把握的企业。

作为投资人，应该更多地研究企业经营，简单称为“产、供、销”几方面，只有经营得好的企业，才有投资价值。

我们如何评估价值（何时买进卖出）

当我们选择了优秀的企业后，正如我们挑选了钻石后，下一步至关重要的是以什么价格购买。

学术上，企业内在价值严格的定义是："一家企业在其余下的寿命中可以产生的现金的折现值。"对于内在价值的计算应该是这个世界上"好说不好做"的经典案例。内在价值是估计值，而不是精确值，它随利率变化和企业未来现金流的预测修正而改变。难怪某年股东会议上，伯克希尔的股东问询巴菲特如何计算企业价值时，芒格插话说："我从未见他在办公室用计算器计算企业价值。"而巴菲特幽默地说："有些事情是要私下做的。"尽管内在价值难估，但有条线索是可以跟踪的，长期而言，内在价值变化的百分比通常与企业账面价值变化的百分比成正比。实际上评估企业的价格有许多方法，例如市盈率法（P/E）、市净率法（P/N）、成长率—市盈率法（P/E/G）、现金流折现法等等。但有件事是可以确定的，企业估值需要定性配合定量，科学与艺术相结合，可以估测一家企业的合理投资价值区域。既然连投资大师巴菲特在谈论估值时都闪烁其词了，那么也请大家别怪罪我们不能把精确的估值方法公布于世了！

寻得价格合理的卓越的企业，自然会买进，那么何时卖出呢？理论上讲，好企业最好长期持有，但以下三种情况我们也会选择卖出：

1. 好企业被市场高估太多了。

2. 好企业开始衰退期。

3. 当我们发现更好的企业，更换旧的投资。

我们的风险规避措施

金融投资的秘诀是：你不会全对！所以要不要风险控制是原则问题，正如汽车不可缺少刹车一样，如何控制风险则是技术问题。

第一，对投资而言，最好的风险控制方法是事前的深入调查与研究，知道哪些有风险，我们就别走过去。

第二，假如我们选错企业或者选择的企业出了差错怎么办？我们通过适度分散投资来规避风险，每家企业投入的资金我们有比例限制，要不然我们何不将所有的钱都投到一家企业上去呢？这样我们大家都不需要那么辛苦又能赚大钱了。

第三，假如我们企业的价值评估错了怎么办？正如前面所言，企业估值是极复杂的活儿，我们只能尽可能合理估值。如我们确实买高了怎么办？因为我们是长线投资者，时间可以帮我们减轻痛苦。因为对长期投资而言，买卖股票时相对内在价值有什么样的溢价或折扣，时间越长，重要性就越低。对价格而言，我们宁愿以高一点的价格买杰出企业，而不愿以低的价格买差的企业。

第四，出现股灾怎么办？理论上讲，投资市场的波段操作是收益最大化的，低位你总能买进，高位你总能卖出，请留意我们强调“总能”，而不是偶尔一次，千万别把运气误以为是能力。我们相信彼得·林奇所说的话：“在《福布斯》400位富豪排行中，没有一位靠预测市场起家的。”我们也不会精确预测市场，正所谓

“世事难料”，何时战争，何时股灾我们不得而知，既然我们不知何时地震，我们最好平时做好防震措施。我们信奉《圣经》中诺亚的原则：重要的是建造方舟，而不是预测风暴。

我们的商业模式

“绝对回报法”是我们的商业准则：只有在我们的投资者或客户实现盈利后，我们才收取部分投资管理费。我们想成功，必须先让我们的投资者或客户成功。我们确立的商业模式迫使我们“先天下之忧而忧”，但不一定“后天下之乐而乐”，因为在投资盈利之前，我们首先享受了调查研究、评估价值和“眼睁睁地看着”挣钱的全过程的乐趣。我们既享受部分结果，更享受全部过程。投资事业给我们带来生命快乐和生命价值，我们热爱而陶醉于我们的工作。我们也希望更多人享受过程与结果的快乐！

我们的承诺与不承诺

我们承诺我们“与伟大企业共成长、专注长期股权投资管理”；

我们承诺我们会向世界上最优秀的投资大师学习，寻找最优秀的上市公司，然后尽可能以合理的价格购买股权；

我们承诺我们会公开我们的投资思路。

因为投资肯定有风险，所以：

1. 我们不承诺一定会有盈利，尽管长期而言，我们充满信心；

2. 我们不承诺我们会炒作短线与市场热点；

3. 我们不承诺我们会快速致富；

4. 我们不承诺投资的每个企业都告知投资者，因为这是商业机密。

最后，我们认为投资是经济领域看似很简单，又最复杂的专业工作，因为它涵盖商业领域的全部方面。既需要诸如财务数据等方面的定量分析——“器”的层面，又需要经济社会乃至人类发展的宏观层面的哲学思考——“道”的层面；既要研究经济商业的客观规律，更需要研究人类自身内在的感性和理性的主观规律。投资趋于成功的过程，便是认识的深化，思想的提炼和行为的历练的过程，是人类理性战胜感性，文明超越原始的演进和升华！

投资札记之二：选股没有秘密

我们选择企业的标准是：长期稳定的经营历史；高度的竞争壁垒，甚至是垄断型企业，最好是非政府管制型垄断；管理者理性、诚信，以股东利益为重；财务稳健；负债不高而净资产收益率高，自由现金流充裕；我们能够理解和把握的企业。

选股没有独门绝技

看武侠小说，大侠似乎一定要拥有什么独门绝技，才能横行天下，那么投资选股有什么独门绝技让我们受益终身吗？

在我理解，投资选股其实没有什么秘密，也没有任何一门绝技让你傲视天下，那些“皇冠上的明珠”一样的企业就在你的面前，比如说可口可乐，很多人都喝；吉列，男人都刮胡子；麦当劳，很多人都在吃；茅台好，全中国人都知道。这些都是很简单的例子。选择股票的标准，书上都有，很简单，至于我们如何从这些企业中挑选出中国上市企业里的明珠，要结合中国的国情。比如有人对茅台有异议，认为茅台不可能像可口可乐那样增长，但是在长达10~15年的阶段内，茅台这样的企业是有可能获得非常好的回报的。又比如说招商银行，至少在我们看来，目前它确实是中国金融业中最好的企业之一。而且过去100年已经证明，一个银行如果有很好的文化和制度，企业的竞争力能够长期维持，银行业是容易做大的行业，如此，我们就挑了这个行业中我们认为最好的企业来投资。我们是顺着这个逻辑在走，不依靠什么独门绝技。

通常我们主动投资一家公司，看好的是其产品及市场竞争力，欣赏的是公司管理团队，并以合理的价格买入。

选对行业

首先要考虑的问题是选对行业。以1992—2006年美国某些行业的赢利能力看，选对行业决定了投资资本收益率的高低，而且从行业的角度能解释大约40%的赢利能力。再者，你所选企业所属的行业能否长期生存下去。比如银行业，以英国为例，100年前行业比重占15.5%，100年后占16.5%，这种行业是可以长存的。1900年，英国铁路业占49%，100年以后只占0.34%；纺织业当时占5%，百年后变成零。如果选择一个行业，100年前占20%，100年后这个行业变得比重很小或消失了，那么这种投资就容易失败。有些行业变化很快，比如说高科技企业，它的发展周期很短，在这种行业当中投资就非常困难。另外，最好是弱周期性的，就是说经济好的时候，它有不错的销售，碰到差的环境时，它还有很好的回报。投资这种行业中的企业，胜算应该更大。

行业的发展趋势也决定了企业的成长性。从目前中国经济所处的阶段来看，中国某些行业和企业的成长性都很好。比如说招商银行、万科、平安保险等，至少从财务报表看，增长都十分迅猛，更重要的是，当前这个阶段这些企业能够持续增长，这一点很关键。

选对企业

1. 所选企业必须有一个广阔的市场，有足够的广度和宽度。比如消费品行业，周期很长。如果中国经济持续发展二三十年，那么消费品特别是奢侈品的周期就会有二三十年。而且，越是高档的奢侈品，它的增长就会越快。

2. 要能够抵御通货膨胀。投资的企业的产品一定要能够提价。能否提价，这是竞争能否胜出的关键。很多世界级的老品牌都会定期提价。如果提不了价，你的投资可能会有很大的风险。茅台一般几年就会提一次价，20 世纪 70 年代卖六七元一瓶，2007 年中的市场零售价是 600 元上下，30 年时间涨了约 80~100 倍。贮存 15 年的茅台酒 3000 多元一瓶，80 年的大概 8 万多一瓶，这种企业容易长期生存。

3. 某种意义上是“不死的企业”。一千多家企业摆在你的面前，你需要判断哪些企业能够长存下去，或者尽量地长存下去。当然，所有生命都有生命周期，不会有企业不死，但是我们挑选的企业最好是能够穿越足够长的时间。这是非常重要的一个标准。假设茅台能够存在100年，我们就买它。一方面它存在的概率很大，另一方面它最近10年能高速增长。这就是最好的投资对象，长期看没有风险，短期看增长很快。

4. 企业要有足够的净利润，最好是轻资产型的。比如说茅台，原料基本上是用当地的高粱加赤水河水酿造，成本大约每吨9万元，现在每吨要卖71.6万元，加上老酒，平均每吨80万元。企业不需要持续投入很大的资本，又有不断的现金流来，这就是一个好企业的标准。

5. 企业是行业中的龙头，有很高的行业壁垒。这种企业护城河足够宽，产品的垄断性足够强，是长期竞争之后生存下来的强势企业，比如沃尔玛、可口可乐。它们都拥有别人无法复制和替代的独特技术和核心竞争力。

6. 企业有很好的ROE（净资产回报率）和ROE上升的能力。ROE是衡量企业赢利能力的一个重要指标，我们选择的企业应该是没有负债的，现金流均为正值，比如贵州茅台这样的公司，别说负债没有，账目上都是预收账款，有巨额的真实收益。当然，处于扩张期、需要大量现金的企业，比如万科和招商银行，需要另行分析。从字面上解释，ROE是股东投入所获取的回报。

7. 在波特的五力模型中，所有威胁都很小的企业。如果能经受行业对手、客户、供应商、潜在进入者和替代产品5种竞争力量的考验，在充分竞争的行业中也会有出色的企业可供选择。

选对团队

巴菲特挑企业，挑管理层，就像在给他女儿挑老公，可见他对企业团队的重视程度。一个好的企业，必须要有一个好的管理团队、好的领袖、好的文化，能够让企业文化不断地传承下去。企业领导层必须诚信，具有专业能力，勤奋，战略正确，并愿意为股东创造价值。

企业如人，个人的优秀品质，比如天真、质朴、待人真诚，也应是好企业所具备的。好的企业必须拥有一些质朴的东西，一些理想主义的东西；相反，老谋深算的企业总存在着问题。

这些品质体现了企业的透明度，好的企业不怕给大家看，不好的企业则惧怕透明。

选对价格

尽量从低点买入，但是，这通常是可遇不可求的。比如我们前面提到的沃尔玛，沃尔玛的收入由 1971 年的 7800 万美元，增长到 2006 年的 2600 亿美元；纯利由 290 万美元增长到 90 亿美元。股价自 1972 年上市以来，34 年时间涨了 1343 倍，我们要在其中等一个低点，是很困难的。所以在我看来，在上述 4 个选股标准中，选对价格这一点是最为次要的。因为对于长期投资来说，如果一个企业足够伟大卓越，就拥有了足够抵抗风险的能力，高 PE 也能够变为低 PE。

在中国未来 20 年当中，房地产业找一些龙头企业，银行业找一些龙头企业，保险业找一些龙头企业，消费品业找一些龙头企业，金融服务业找一些龙头企业，垄断行业找一些龙头企业，做一个组合，持续投资，我认为这样胜出的概率应该非常大。

2007 年 7 月 1 日

本文不构成投资建议，投资有风险、须谨慎！

2018年的感悟

真正的伟大公司，一定是分享的、公众的，当然行业随着时代也有变迁，比如互联网行业对银行的冲击，都会改变竞争的生态环境。但新时代中的龙头企业，如腾讯、阿里巴巴以及纳斯达克的五大金刚——Facebook、亚马逊、Google、苹果、微软等企业又都是大众能参与分享的，属于整个人类的财富。

招商银行的未来

没有事物是永恒的，招商银行也一样无法确定自己的未来。但有一点是肯定的，只要有人类存在，银行业就会一直发展下去。某种意义上，“银行业的未来就是人类社会的未来”（见亨利·英格勒、詹姆斯·埃森格《银行业的未来》）。

过去 100 年，银行业变得越来越重要。按照 2005 年晨星公司的数据，在 2005 年按资产排名的 10 家最大的公司中，其中有 8 家是金融集团企业。2006 年中国上市公司资产最多的 10 家公司中，有 9 家是金融企业。过往的常识也告诉我们，银行业有着与生俱来的优势，投资顶尖的银行会有丰厚的回报。

对我们而言，最重要的就是判断国内哪一家银行是最优秀的，找到冠军，也就等于成功了一半。

以我们的角度来看，无疑招商银行是其中的佼佼者。银行业是靠信用和信誉生存发展的行业，源于招商局悠久历史文化的招商银行，有一种在中国我们能直接感受到的力量。而招商局旗下的招商局国际、招商银行、招商地产、招商证券、赤湾、中集以及早前的平安保险等，都是在各自领域中名列前茅的企业，一家好不说明问题，但如果一个企业群中绝大多数都出色，就很能说明问题了。

招行作为国内最先实现业务转型的商业银行，得益于扎实的个人客户基础、先进的IT平台和优质的客户服务，在国内个人业务和中间业务中品牌优势显著。国外成熟市场中间业务的占比为30%~40%，花旗银行80%的利润来自中间业务，恒生银行为40.26%，法国兴业银行达到43.62%，而招行为国内最高，10.1%左右。在最信任银行的排名上，中国中高端商务人士最青睐中国银行、招商银行和工商银行，其次才是汇丰、花旗、渣打这三家老牌外资银行。对于银行提供的理财产品，高端人士最为看重这家银行的信誉，其次是理财产品能否带来高收益以及理财人员的专业化程度，最后才是风险和高质量的服务。

对未来中间业务贡献最大的是信用卡业务，麦肯锡提供的数据也支持这种分析与判断。从全球来看，信用卡业务日益成为银行的核心业务和主要利润来源之一。花旗银行和摩根大通等是目前主导美国信用卡业务的金融服务巨头，目前花旗银行的信用卡业务收益已占纯利润的1/3。而美国另一家主业集中于信用卡业务的公司——美国运通公司（American Express Company）发行的“运通卡”利润已占公司全部利润的70%。2006年，招行信用卡发卡量比2005年翻了一番，超过前三年的总和。招行流通卡占发卡总量的70%以上，其中每个月使用一次信用卡的持卡人占到45%~50%。2003—2006年间，招行信用卡刷卡消费额每年都要翻一番，2006年当年超过了前三年的总和，创造了单月消费额超过80亿元人民币的纪录。据统计，招行白金卡客户月均消费2.5万元，金卡客户和普通卡客户的月均消费分别为3000元和600元，每卡平均月消费金额近1200元人民币；招行信用卡客户中，超过35%的人月收入达到8000元人民币；乐于透支消费的21~30岁的年轻人占据了持卡人总数的62.7%，其中绝大部分人都是大专以上学历。目前，招行信用卡的呆账率不到1%，低于国际同业4%~6%的平均水平。

美国第一资讯国际公司2007年初公布的一份调查报告称，国际金融机构对中国电子支付方式的前景表示乐观。参与调查的152家银行高级管理人员中，85%的受访者看好中国信用卡市场前景。目前，有超过10亿张银行卡在中国市场上流通，仅2006年，中国就发行了超过2亿张新卡，其中约5000万张信用卡，信用卡数量上升了39%，而招商银行2006年发行了1034万张信用卡，占据了信用卡市场20%的份额，这种趋势支持了招商银行的领先地位。“快速的发展和优异的成绩，使招行信用卡成为颇具影响力的金融品牌，近年来在VISA（维萨）、MasterCard（万事达）、胡润财富调查机构等各类权威调查中屡获‘最佳双币卡成长奖’、‘最受欢迎信用卡'、'最佳信用卡营销案例'、'最佳服务精神奖'等殊荣"。（见马蔚华《以国际智慧抒写中国精彩》）目前中国银行的此类业务盈亏平衡，而招行2006年信用卡业务已赢利约一亿元人民币。麦肯锡估计，到2013年，中国的消费者信用卡利润可能达16亿美元。

金融业综合经营是大势所趋。某种意义上银行业是一种周期性行业，"逃脱周期性陷阱的唯一办法是拥有多样化的收入流，如果业务的一部分出现不合理变动……我们只需简单地把资源转向竞争环境比较合理并能产生稳定收入的业务领域即可"。中国银行业的混业经营路途艰难、遥远，最终招行的竞争力可能取决于涉及银行、保险和资产管理等多方面的业务能力，招行具备实现综合经营的潜质。虽然"招商银证通"业务受到影响，但招行与招商证券密切合作的"招商受托理财计划"较好地展现了招行强大的个人银行业务和市场营销能力。2005年12月13日，招行收购招商基金管理有限公司30.1%股权在证监会已获批。招行上市前曾通过新江南公司间接持有招商、长城两家证券公司和多家基金管理公司股权，为了更好地突出主业形象，招行在上市前已将上述股权剥离。目前招行正在选择与美国保险公司合作，重新打造一个核心品牌。不过，招行也存在扩张不足的风险。我曾向一位担任招行支行行长的朋友请教——招行怎样才能成为中国的汇丰？他回答说：首先要脱离招商局，规模扩张和溢价融资是银行业的主要投资要点。目前招商局集团及其下属子公司共持有招行21.47%的股份，如果不断溢价融资，将持续摊薄招商局股权，而对不愿放弃控股权的企业，少融资走内生性增长的道路也许是最佳选择，但这样可能会贻误最好的并购与发展机遇。

不过，从控股权的角度我们可以简单判断一下招商银行值多少钱。截至 2007 年 8 月 3 日，招行市值 4411.13 亿元人民币，相当于 4411.13/7.565=583 亿美元。假设中国能成为全面市场经济国家，外国资本能相对宽松地收购中国的金融企业，一个国外的金融集团只要拿出 120 亿美元，就能控股中国第六大、未来 20 年在中国可能发展最好、赢利能力最强的商业银行。这个价格至少在我看来是非常低廉的。

当然，从另外的角度来看，如果 2007 年比 2006 年利润增长一倍，从 PB（平均市净率）的角度看短期可能招行被高估了。简单推算：2006 年扣除非经常性损益后的纯利是 70.12 亿元人民币；2006 年股东权益是 550.98 亿元，如果 2007 年相比 2006 年纯利增长一倍达到 140.24 亿元，并且不派发当期股息，那么股东权益达到 550.98 亿 +140.24 亿 =691.22 亿元；按照 A 股 2007 年 8 月 3 日收市价格 33 元计算，总市值是 4411.13 亿元，那么 PB 就是 4411.13/691.22=6.38 倍。

汇丰控股过去 10 年的 PB——最低 1.7 倍、最高 3.6 倍，我没有更全的数据，不知道处于腾飞期的汇丰市净率是多少。目前的中国备受世界瞩目，而我们中国经济的强劲增长有可能在未来相当长时间内得到延续。在这样一个大背景下，如何估值中国的商业银行及其在每次金融危机中的表现，对每一个从事投资的人而言，都是严肃的挑战。

当然，对“力创股市蓝筹，打造百年招银”的银行家来说，上述估值的问题也许不会困扰他们，他们肩负的是重建中国金融生态环境，解决沉重历史问题，推动金融体系转型，推进商业银行信息化、资本化与国际化等更为重要的历史重任，他们需要努力工作以迎接不断来临的严峻挑战，而这也正是我们希望看到的——面对困难，高瞻远瞩、永不懈怠、永远努力的招商银行！

2007 年 8 月 3 日

本文不构成投资建议，投资有风险、须谨慎！

2018年的感悟

2008 年持有的招商银行股票从最高 43.63 元，下跌到最低的 10.68 元，跌幅达 75.52%。而曾是全球第一大银行的花旗银行，从 2007 年高点的 35 美元左右，在美国发生次贷危机之后，最低时只有 1.6 美元，跌幅达 95.43%，市值不到 2006 年底时 2740 亿美元的 5%。商业银行应始终坚持审慎稳健经营并坚守其核心业务，但银行本质上属于“杆杠类”的商业模式，经营风险能力的高低决定了企业的未来，但每次金融危机的承担者都是银行，一旦经济有大的波动，银行业往往受到的冲击比较大。而互联网时代，银行业同样面临着巨大的冲击，比如支付和信用卡业务，由于微信与支付宝的发展，银行的部分业务有被替代的可能。

另外，这 10 年间的另一大趋势是直接融资的兴起，资本市场尤其在 2014 年开始阻碍实体经济转型。更多的企业绕过商业银行，在资本市场上通过债券和股权筹措资金，银行的对公业务长期受压制。在所有上市银行中，招行当属最早以“零售银行”为战略方向的企业。经过这10年的耕耘，2017年中报显示，招行零售客户规模达到9733万，在股份行中客户规模居于首位，远高于排名第二、零售客户数为7257万的中信银行。9月，招行零售客户数正式突破一亿大关，位居行业首位。2017年三季报显示，前三季度，招商银行零售金融业务实现营业收入752.66亿元，占总营业收入的48.26%。招行也因此成了两市的全国性银行中市盈率与市净率最高的个股，显示了资本市场对招行龙头地位和成长前景的肯定。

这10年，尽管面临着来自微信和支付宝的竞争，但招商银行在众多上市银行中，是最开放、最先拥抱互联网技术的公司。招行在行业内首次推出“微信银行”，在国内也是首家运用区块链技术以及智能投顾的公司。新技术在财富管理、消费金融和零售贷款等零售领域，逐渐加强了招行的护城河。

参加平安保险2007年中期业绩公布及分析师午餐会引起的联想

2007年8月17日10点15分坐上去往香港中环的船。从海上回望深圳，高楼大厦鳞次栉比，其繁华程度远超对面的香港天水围。想当年，追求幸福生活的偷渡者正是从蛇口下海，经过眼前的这片海域游往屯门，而如今这已成为一个时代的记忆。如果是晴朗的夜晚，在香港天水围从深圳湾遥望深圳，你也许会对这个不停产生巨大变化的城市充满惊奇与眷恋。

11点15分到中环码头，本想一路走一路看香港的景致与人文，香港的路牌非常清楚，城市设计极为人性化，问路一般人们都会很热情地帮助你，但耐不住朋友谢先生的盛情，只能坐车让他送我到港岛的香格里拉酒店。到5楼B厅，正好遇到在平安保险相熟的朋友，未登记她就帮我拿了一个同声翻译器，步入会场落座。不久陆续有人到，与2004年参加股东大会情形完全不一样的是，我们这一桌大陆来的投资者占了一半还多，不像早年孤零零仿佛就我一个外人。中国的金融业，相比贸易、三来一补的企业以及做实业的，应该是开放较晚的。以研究报告为例，目前我们很少能读到境外大行的中文研究报告。随着中国经济规模与股票市场市值的增长，相信不远的将来，我们也会像日本的投资者经常读境外大行的日语报告一样，读到专门用中文书写的重量级研究报告。当然，这样国内的股票研究机构，将面临直接而严峻的挑战，充分竞争总是会给最终产品的使用者带来收益。

12点20分，平安保险的高管主席台就座，主席台上除马明哲外，其他全是喝过洋墨水的。平安保险高管构成应该是马明哲先生深思熟虑的结果，一方面可以提高管理的水平，另一方面也可以防止道德方面的风险。马明哲先生应该是中国金融界比较早地放眼看世界的人，当然，他能在平安贯彻他的想法并坚持实践，也与他对中国官僚文化的领悟与把握密不可分。他身处中国巨变的大背景下，20多年不倒，能如此游刃有余又保有理想，非常不容易，让人极为敬佩！

平安2007年中期业绩公布及分析师午餐会于12点30分开始，

非常准时，马明哲先生用流利的英语发言。我的一个君安同事，早年和马明哲先生是一个车队的，据他说，还是他将马明哲先生招进车队开车的。如果属实，也可以从另一个侧面证明马明哲先生是多么的了不起。马明哲先生能从一个司机成长为中国最具国际视野的保险公司的董事局主席，所面临的挑战、付出的艰苦努力，是一般人难以想象的。每次听到平安保险的司歌——诚实、信任、进取、成就，我们的心愿永远不变。让每一个早晨与平安相见，人生拥有温馨的家园，让每一颗心灵与平安相连，用生命书写辉煌的诗篇……越过了多少风风雨雨，踏平了多少坎坎坷坷，群星已汇成灿烂星座，明天的拼搏是永恒执着。啊，相聚在今天，啊，群星正闪烁……我都很有感觉，歌词中的某些句子也许正是马明哲先生的人生追求与写照。马明哲先生也让我想起从未接受过正规高等教育，但并未妨碍他执掌世界上规模第三大的金融巨头汇丰的前任董事局主席庞约翰先生。我在清华大学听过一次他的 EMBA 班演讲——从轮船的服务生开始他灿烂的职业生涯。持续努力学习，保有梦想，永不放弃，命运的惠顾，这可能就是人类中极少数人如此有成就的原因。绝大多数人遇到逆境挣扎一番，不行就会颓废，只有有信念、有追求、有梦想的人才能有新的生命、新的开始，才有人格魅力让我们敬仰。

这个会在香港召开的同时，也在浦东香格里拉酒店上海厅进行同步视频会议。提问环节，我们可以看到香港与上海两地人员的差别，以前没有机会让我们比较：提问题的角度、方式、着装、修养、幽默程度等，随着更多的“海龟”股回游中国，这方面的交流一定会与日俱增。

今天香港这边有意思的是快到下午两点，我们这桌的香港人几乎走光。股市连续大跌，让他们魂不守舍。这次会议安排在12点30分~14点召开，不知是否与美国次级抵押贷款引发的全球股市危机有关。听香港的朋友讲，这样的下跌肯定会让做窝轮、透支与垃圾股交易的倒下一批。遇到这样的事，透支盘容易引发连续止损交易，对面临不断赎回的各类基金的挑战显而易见，由此引发的信贷紧缩，将冲击各类依赖低息贷款的活动，包括私人股本并购和对冲基金的举债交易战略。不过，这都是金融岁月不可避免的一部分，相信不久又会成为历史，人类有很强的创新与修复危机的能力，危机总会过去，我深信！而对没有用金融杠杆的投资者来说，持有最优质的企业与稳定的心态或许就是渡过难关的保障。

14点10分从金钟开始往深圳走，上地铁下地铁，一个小时左右的时间就到了2007年8月15日开通的深圳福田口岸。据说益田路地下的枢纽工程搞好后，深港两地旅客一地两检，坐上高速列车仅需30分钟即可互达市中心。从深圳到香港，从香港到深圳，你可以感受到这世界变化真快。深圳人可随时使用e通道赴港旅游消费。让深圳户籍人口自由赴港，等于把深圳变成香港的后院，全中国尖端的企业家和科技人才目前已会聚在深圳，手持电子卡用e通道随时赴港休闲、购物、投资、置业，建立人际网络，一有机会便可透过专才、优才或投资移民等计划，正式融入香港，香港的竞争优势将和深圳结合起来。

深圳今夜的灯火与中国 660 个城市一样璀璨。也许 20 年后，港深一体真的会成为全世界最大、最富裕的城市之一，那时候我的祖国又会成为什么样呢？愿上天祝福我们！

2007 年 8 月 17 日 ~18 日

本文不构成投资建议，投资有风险、须谨慎！

2018年的感悟

2008 年中国平安经历了富通事件，当年也对公司造成了致命打击，持有的中国平安股票从 149.28 元，最低跌到 19.90 元，跌幅达 86.67%。但总体而言，这 10 年，中国平安还是保持了 20% 的增长速度。2017 年度中国平安凭借持续稳健的业绩增长，在《财富》杂志世界 500 强排行榜上名列第 39 位，蝉联中国保险企业第一的位子。同时，在全球金融企业排名中，中国平安名列第 8 位。2017 年营业收入高达 8908 亿元，利润 891 亿元。

在过去的几年中，平安的寿险业务增长最为迅速。寿险业务内含价值的年均复合增长率为 26.9%，2017 年寿险业务内含价值同比增长 35%，得益于新业务价值 32.2% 的快速增长。偿二代的实施促进了保险企业对新单的追逐，代理人团队的快速扩张正是对这种“追逐”的诠释。同时，由于平安集团在全金融领域进行布局，通过交叉销售为集团带来了可观的增长，截至 2017 年 12 月 31 日集团个人客户中有 4723 万同时持有多家子公司的合同，在整体客户中占比 28.5%，这也是其他险企所不具备的优势。平安的财险业务 2017 年同比增速 21.4%，在车险业务完成了 14.8%

的稳定增长的同时，非机动车险业务近 60% 的增长为财险业务带来新的增长动力。平安银行业务也在 2017 年迎来了重大转变，平安银行 2015 年开始发展零售业务的过程中，因急于扩张不良率持续上升，导致公司近年来一直难以赢利，拨备准备金的持续增加，导致公司近年利润一直没有显著增长。随着公司不断优化业务模式，通过科技手段，控制零售业务风险，降低不良率，提高利润。平安银行 2017 年拨贷比达到了 2.57%，超过监管要求的 2.5%，标志着平安银行零售业务的成功转型。

在几大核心业务良性发展的同时，平安集团也在新的领域持续发展，例如陆金所、平安好医生。多元的金融领域发展为平安构建了一个庞大的网络。腾讯、阿里、谷歌这些大公司为什么能够很好地进入新的商业领域，而且迅速壮大，原因就是它们的业务建立了非常强大的连接，当这种连接越来越庞大、越来越复杂，各种创新业务就源源不断地涌现出来了。平安靠保险，很快就积累了千万用户，他们有投资理财的需求，平安银行、平安证券应运而生，人们现在更关注健康，涌现出了平安好医生，伴随互联网金融兴起，陆金所随之诞生。当平安通过一个端口让消费者连接到所有的金融领域后，人们就离不开它了。

虽然时隔 10 年，从保险密度和保险深度等指标对标国际中等收入国家，国内保险业仍然还有巨大的发展空间，各大险企在此过程中也一边扩大渠道规模，一边优化自身产品结构，保障型险种的黄金时期才刚刚开始，中国平安依然是行业的龙头。

关于茅台事件的理解

2007年5月31日，一位朋友给我留言："茅台在投资界已经深深地贴上了您但总的标签，但是这段时间有关茅台的传言纷纷，真希望能看到您的文章，为我们答疑解惑。"

我想说明的是，长期持有茅台的朋友很多，如林园、盈信创投公司、百山创业公司，还有我的老同事陈戈的基金等，所以不能说"贴上了但总的标签"。当然，我们与前述三者可能最重大的区别在于：在这几年中，我们一直在持续地买进它，至今依然如此。但同时我也想说，不仅仅是茅台，我们在招行、万科、招商地产、华侨城与烟台万华等股票的投资上也是如此，只不过，我们最愿意拿茅台说事儿。为什么？因为它一直以来都是中国市场价格最高的股票之一，无论熊市还是牛市。熊市的时候，给朋友推荐，他们说：你怎么给我推荐价格这么高的股票？牛市的时候，除去说价格高，他们还会说茅台跑不过垃圾股。你问他们茅台是不是好股票？他们说是！但如果让他们自己决定，可能永远都会找出不同的理由不买这样的好股票。这就有点儿像巴菲特的股票，在他长达几十年的投资生涯中，每年都会有职业投资人比他当年的业绩出色得多，但他几乎每年都赚，累积下来，就是不得了的回报。有多少人敢以几百、几千、几万、几十万美元的价格买伯克希尔–哈撒韦公司的股票呢？每年都赚、稳稳地赚，赚得少不怕，这是商业；大起大落，赚得多跌得快，过瘾，但这是赌博！我们在股票市场积累财富，到底是想按商业逻辑还是按赌博的逻辑行事呢？这其实是个很严肃的问题，甚至是一个哲学问题。

至于为什么我们这样看好茅台？因为它像液体黄金一样珍贵！金山还有挖光的一天。只要中国人的白酒文化不变，用当地红高粱加赤水河水酿造的成本极低的茅台酒，就能像永动机一样源源不断地提供现金流，更何况它目前正处于高速成长、扩张的历史时期。此刻，正在茅台开 2007 年股东大会的钟兆民先生给我发了一条短信："季克良在会议上正式宣布，发现两平方公里的新地方可再生产两万吨酒。"这又会让茅台酒有一个飞跃的发展。不是担心茅台酒生产多了卖不出去，而是担心没有足够多的酒卖。

茅台在商业领域有足够宽的护城河，经营壁垒足够高，这保证了茅台垄断性的企业特点。这样的企业就像经营码头、机场和高速公路的企业，一旦平台搭好，傻子都会经营。所以，茅台不像充分竞争性行业里的企业，一个领导就能决定企业的生死。

当然，我们在选择企业的时候，早早地就考虑到了要选择有坚强的商业壁垒的企业，但同时我们也不会放松对企业管理团队的考察与跟踪，实际上，每年例行的股东会为什么要去？就是要观察高管之间的互动，哪怕相互之间的一个眼神、一个动作、一句话，都需要你用心洞察。

至今，我的办公室里还放着茅台股改大会时 7 位高管给我签名的一瓶酒，这是见证茅台历史时刻的唯一一瓶酒，今天，想起它有些遗憾。中国有多少优秀的企业家，闪念之间，就告别了本应大展宏图的舞台。此刻，在昆明，我想起了玉溪的红塔集团……中国的改革、资本市场的改革还需要更快，不是吗?!

2007 年 5 月 31 日

本文不构成投资建议，投资有风险、须谨慎!

2018年的感悟

文中提及的企业 2008 年都经历了大幅的下跌，以万华为代表的周期性企业的大起大落，也让我们经常处于喜悦与困扰之中。反思之后，目前我们唯一长期坚持的就是茅台。而文中提及的招商地产，其总经理林少斌先生已身陷囹圄；贵州茅台的季克良先生、招商银行的马蔚华先生、华侨城的任克雷先生皆已光荣退休；见证茅台历史的在那瓶酒上签字的 7 个人中，乔洪和谭定华先生被判了刑；将中国日化企业带出一片天地的上海家化掌门人葛文耀先生，也因平安的入主而退休；最意外的是将万科带上巅峰的王石先生，2017 年因为“野蛮人”的入侵而失去了执掌万科的权力，此事长久的影响多少年以后我们可能才会体味，不免唏嘘。而烟台万华（改名万华化学）由于实行了比较彻底的改制，以丁建生先生为核心的团队依然执掌万华，并将万华带上了新的高度。十年时间物是人非，虽然江山代有人才出，但不同行业领军人物退出历史舞台，其影响还是非常的不同。其中不免有像上海家化一般，随着葛老的离去而一蹶不振；也有像招商银行一样，在李建红接手后，依然傲立在中国零售银行的巅峰。但经历起起伏伏、人事更迭仍然屹立不倒，不断创出新的历史辉煌的，依然当数贵州茅台。巴菲特说，在投资中寻找优秀的船长，不如寻找坚固的船。过去10年，在众多优秀的企业中，茅台这艘船一路领航，而今天茅台由李保芳先生掌舵，相信这种优势依然会在下个10年保持下去。

怎样评估茅台的价值?

我非常不愿意向人推荐股票，包括亲近的家人与友人。他们问我推荐什么股票，我总是回答不太知道。对不了解的企业，我也确实不知道。我们的精力就是投射在我们感兴趣的企业上。所以，我只能说投资了什么。当然，在这点上，要学习巴菲特先生也不容易，你要有决绝的心态与不愿分享的态度，哪怕就此冷淡一些亲情与社会关系。

当然，我是愿意分享投资智慧的人，但我希望投资者最好是在兼容并蓄中，寻找自己认同的一些观念和想法，进而对自己的投资有帮助。在我的价值观中，我相信个人的智慧无论多么卓越，放在人类与自然的大背景下，也会显得微不足道。所以，我不会对任何一个人的观点毫不思考便采纳，即使他有权威与权势。我只信奉思想的选择权在自由思想的个人，所以，我从未有替他人思想与决策的想法。自由思想、自由决策，是地球上仅存的智慧生物，也就是人类最珍贵的财富。我相信投资者的智慧，当然，思维的选择也是一个勤奋思考的过程。想不劳而获，掠取财富的想法和愿望，上帝也不会帮助你实现。这里我想交流的是一种理念和方法，甚至是一种思考方式，而不是买卖什么、如何买卖。

请珍视你自己的理智、智慧、思想、洞察力和判断力！

2007年11月4日，一位友人问我怎样评估茅台的价值？

我反问了一句："茅台在国民革命战争末期是0.8元~1元/斤。30年前是7元/斤，80年代初国家放开白酒价格，茅台酒是8元/斤。1986年零售价为8元加120张侨汇券；1987年用侨汇券核成零售价为128元；1988年国家核准的零售价为140元；2001年8月提价18%后的出厂价格为218元；2003年10月出厂价提高23%，为268元；2006年2月10日出厂价提高15%，为308元；2007年3月1日出厂价提高16%，为358元；2007年三季度零售价已经突破600元，有些地方已接近700元。过去30年茅台酒价格上涨了80到100倍，你认为未来30年茅台酒价还能上涨80到100倍吗？"她说："不可能涨这么多！"我又问："那涨50倍有可能吗？"看她迟疑的样子，我知道她有点儿怀疑这种可能性。"那20倍呢？"她说她回答不了这个问题。

我给了她一个提示与答案。

据说，750毫升的"法国路易十三"在法国的零售价格低于法国最低工资标准。季克良说按茅台的定价原则，"要让打工族也能一年喝上一瓶茅台"。我们可以此为依据，参照北京市最低工资标准的涨幅，来判断茅台酒今后可能的价格轨迹。

我们以茅台酒现价600元为例：

第一，按照季克良所阐述的，能够让大城市最低工资标准的人群承受的原则：

1. 按同比8%的价格提升幅度（低于北京最低工资标准上涨

幅度）计算，$600\times(1+8\%)^{30}=6037$（10 倍）。

2. 按同比 10% 的价格提升幅度（大致等同于北京最低工资标准上涨幅度）计算，$600\times(1+10\%)^{30}=10470$（17 倍）。

工资是否按照 10% 的既有速度调升，这可能和 GDP 增长速度有关系，也应该和 CPI（消费者价格指数）有关系。以 30 年的角度来看这个比率，需要考察 GDP 和 CPI 的幅度。经济是否能够按照 10% 的速度增长 30 年，是工资涨幅的关键因素。如果茅台的定价增速参考工资幅度，那么经济增速就是最终决定因素了。这个从逻辑上看也并不矛盾。当然到了经济高度发展的阶段，茅台的整个品牌和运作，似乎已经可以一定程度上脱离经济本身的增速，有自身的发展策略。当然，考虑工资变化，还要考虑中国是否面临"刘易斯拐点"（劳动力过剩走向短缺的转折点）。过去 30 年中国经济发展长期处于劳动力过剩阶段，一旦面临刘易斯拐点，劳动力成本与工资上升将是经济发展的必然结果。

第二，如定价原则不再遵循上述逻辑，更着重向奢侈品牌发展：

1. 按同比 12% 的价格调升幅度计算，$600\times(1+12\%)^{30}=17976$（30 倍）。

2. 按同比 15% 的价格调升幅度计算，$600\times(1+15\%)^{30}=39727$（66 倍）。

如果茅台不再坚持既有的定价策略，更多参考实质的通胀水平（涵盖房价等更广义的物价水平），以类似 15% 的较高速度提升价格也是有可能的。

评估茅台价值需要综合考量，此处我们只是从酒的价格出发来考虑一个侧面的问题，不考虑出现极端通胀的情况（例如“二战”后德国出现过的极端高涨的通胀水平）。

过往 30 年不到的时间里，中国经济的发展模式，从计划体制向市场化转变，极大地释放了生产力，创造财富的速度是极其惊人的，消费承受能力的提升也是同等量级。未来的中国经济发展，更大可能是目前市场化的深化，但是经济发展的基数已具备一定规模，产业到达一个阶段，是否与此前的经济增速保持一致，也是另一种思考角度。

不过，当我问上文提及的朋友“你认为未来 30 年相比过去 30 年，通胀率是更高还是更低”时，她不再犹豫，她说：“一定会更高。”这也是一种思考角度。

我们也可以采用某种形式的贴现现金流（DCF）方法，最核心的问题是：根据茅台的经营情况，对其未来 10 年的复合增长率提出合理假设，基于新增产能的投产，估算茅台酒出厂价格的合理提价幅度。

利润的复合增长速度的推导如下：

（1）产量的提升

茅台酒厂在 2006 年之前每年新建产能 1000 吨，2006 年开始每年新建产能 2000 吨。茅台酒 2007 年全年销量预计为 9600 吨，2008~2010 年此三年从酒成熟度考虑，每年新增量应该至少 1000 吨，而 2006~2010 年产能建设的 10000 吨，在 2015 年释放成产量，那么 2015~2017 年的估计总产量为 22000 吨。

表 5　茅台酒产能释放时间表

年份	新建项目	释放年份	当年总产量（吨）
2001	1000 吨茅台酒改造	2006	7000
2002	1000 吨茅台酒改造	2007	8000
2003	700 吨项目	2008	9500
2004	700 吨项目	2009	11000
2005	1000 吨项目	2010	12000
2006	2000 吨项目	2011	13000
2007	2000 吨项目	2012	15000
2008	2000 吨项目	2013	17000
2009	2000 吨项目	2014	19000
2010	2000 吨项目	2015	21000

备注：由于生产效率会高出实际产能，预计 2017 年的实际产量会是 22000~23000 吨。

（2）价格的上涨

表 6　53° 贵州茅台 2001~2008 年涨价历程

时间	调整后出厂价（元 / 瓶）	提价幅度（元 / 瓶）
2001 年 8 月	218	40
2003 年 10 月	258	40
2006 年 2 月	308	50
2007 年 3 月	358	50
2008 年 1 月	438	80

2001—2007 年出厂价的年均增幅在 11.65%—9.3%，略高于北京等城市居民最低工资的年增长幅度。

考虑到农产品和家庭生活整体成本的上涨速度，在未来时间中有加速迹象，城市居民最低工资的年增长幅度，有希望上升至 12%以上。茅台酒在未来 10 年中维持 12%以上的年价格涨幅，有很大机会。

（3）销售收入的净利率

由于茅台酒的价格提升速度，会超过原料成本和各项费用的上涨速度，以及考虑年份酒的销售占比提升，2008 年的所得税率下降，广告费有可能的税前抵扣等带来的影响，未来的净利率仍有上升的空间，假定为从 2007 年的 35%左右上升至 45%。

利润的复合增速

$$\sqrt[10]{(\frac{22000}{9600})\times(1+12\%)^{10}\times(\frac{45\%}{35\%})}-1=24.78\%$$

$$\sqrt[10]{\left(\frac{22000}{9600}\right)\times(1+10\%)^{10}\times\left(\frac{45\%}{35\%}\right)}-1=22.6\%$$

$$\sqrt[10]{(\frac{22000}{9600})\times(1+8\%)^{10}\times(\frac{45\%}{35\%})}-1=20.32\%$$

（价格增速调整为 10% 后的盈余增速）

我们推断 2008—2017 年茅台复合增长率是 22.6%，按照 2007 年 2.45 元左右的盈利估计，期末价值（terminal value）取 2017 年每股盈利的 25 倍，贴现率为 8%，茅台每年派发当年净利的 30% 作为红利，在上述假设下，茅台的合理价值为 233 元。如果假定国内通胀水平处于 3%~4%，茅台的涨价幅度是通胀的 2 倍，即保持 8% 左右的涨价速度，那么利润的复合增速在 20%，期末市盈率取 20 倍，那么对应的价值是 154 元。需要注意的是，模型中关键参数的合理调整，就会导致估值结果的较大变动。另外我们也没有考虑茅台有更多产能的情况，有次我去开股东会，请教茅台最多产能达多少吨？高管说："茅台镇所有的地拿来酿酒，能酿 10 万吨，比较确定的是约 5 万吨。"

当然，还有其他一些估值方法评估茅台的价值。价值投资是一个具有巨大包容的投资流派，拥有鲜明的原则和底线不代表呆板和缺乏创新，打开我们的“天灵盖”思考投资很重要，同时审慎对待估值更有利投资。我们只是提供一种理念、一种思考的逻辑和一种分析思路，请让我们具有成熟的心智取向和宽厚的包容精神。

2007 年 11 月

本文不构成投资建议，投资有风险、须谨慎！

2018年的感悟

10 年后的今天看我们 10 年前对茅台的预估，我们预估茅台的市值大致为 4435 亿元，而实际上茅台的市值高达 9000 亿元。当时假设的盈利复合增长率是 22.6%，但实际上茅台过去 10 年的盈利实际复合增长是 24.74%，加上 2017 年末市场给予了茅台对应 2017 年利润 33 倍的市盈率，超出了我们所预估的 25 倍。从 2007 年茅台 1700 亿元的市值，到 2017 年 9000 亿元的市值，当时我们的预估应该不算保守，但还是低估了茅台的盈利和市值增长，真是好公司往往能给我们以惊喜。

感受格力电器股东大会

本来计划 2007 年 6 月 29 日上午 10 点去香港参加味千（中国）公司的股东会，下午赶到珠海参加格力电器的股东会，因为证件原因，香港未成行，只能专注格力的股东会。

下午两点，到达格力在金鸡西路的厂区，厂区后面有一座郁郁葱葱的大山，办公楼无论外观与内饰均透着现代气息，让人感觉好像不是在一个工业厂区而是身临写字楼。

两点稍过，股东会开始。原想这个股东会与我经历的大多数股东会一样，听听然后看看翟敬勇先生或其他人的股东大会记录就可以了，但随着问答环节的持续进行，我有点遗憾没有带周明波先生来，他有时用录音笔记录主要的问答环节，协助其整理和思考。

如果有录音笔的帮助，我哪怕再多时间与精力，也要让尽可能多的朋友分享这精彩的两个小时。当然，精彩是由具有人格魅力的格力董事长朱江洪先生与总裁董明珠女士带来的，他们两人的搭档可谓天作之合，普普通通的问题经他们珠联璧合的回答，顿时充满智慧、思想与感召力。这是我在国内参加这么多股东大会经历的个人认为最精彩的问答环节。

伟大的公司一定有让我们能感受其人格力量的领导人，这是我们在中国所投资皇冠上明珠式企业所能感受到的，这也是中国的福气，中国应该为拥有这样一批让人尊敬的企业家而骄傲。而作为投资者，能找到将财富交于我们信任的人来完成持续的积累与创造，也是一件幸运的事。

让我们来看看，能给我们带来价值与财富人的思想、境界与那优美充满力量与智慧的语言：

制造业要有“工业精神”——

董明珠女士：“在制造业中，如果商业精神占据主导地位，将会使企业的生存发展远离工业精神，使得工业家也像商人一样行事，其结果必然是工业行业的短期化和商业化。就会更富于投机性，更短视和产生更多不正当的竞争。”

朱江洪先生：“工业精神就是要有吃亏精神、奉献精神和对社会的高度责任感。”“一个没有创新的企业，是一个没有灵魂的企业；一个没有精品的企业，是一个丑陋的企业。”“制造业需要以诚信为核心的工业精神。”

走访上市公司是幸福的，伟大的公司是相似的，不好的公司各有各的不同。你在伟大企业身上感受的有时候不仅仅与财富有关，它还和人们的思想、境界、信念、远见、坚强、执着、奉献等相关联，它是每一个时代生生不息循环的一部分，也是让人感动心灵的一部分！

2007 年 6 月 30 日于珠海

本文不构成投资建议，投资有风险、须谨慎！

2018年的感悟

2018 年的格力继续着它的辉煌。年报显示，格力电器至今已开发出 20 个大类、400 个系列、12700 多个品种规格的产品，远销 160 多个国家和地区，用户超过 3 亿。其中，格力家用空调产销量自 1995 年起连续 22 年位居中国空调行业第一，自 2005 年起连续 12 年领跑全球。根据《产业在线》数据，2016 年格力家用空调国内市场占有率达到 42.73%；根据《暖通空调资讯》数据，格力商用空调国内市场占有率达到 16.2%，连续 5 年保持第一。

董明珠就任董事长以来，2012—2015 年，格力电器已累计现金分红高达 255.68 亿元。2017 年格力一次性派现 108 亿元，占公司 2016 年全年净利润的 70.22%，分红金额再次创出历史新高。但再过几个月，到 2018 年 5 月 31 日董明珠女士就要面临换届退休的可能，届时 64 岁的董明珠是否会继续连任呢？董明珠说："我根本没有预计过，我真的是希望现在有年轻人能够顶上来，现在是最好的一个时机。这个时候的品牌地位、我们的团队，包括我们的一些制度建设已经达到了一个非常完美的状态。他基本上不要什么挑战，只要用心去做就能做好。"

在 2018 年 1 月 4 日接受中央电视台财经频道采访时我说："伟大企业需要一代又一代企业家接力，就我个人的希望来说，因为很多企业家都能工作到 80 岁甚至 90 岁，我当然希望董明珠女士能够像 B 夫人一样干到 108 岁。当然，国企还是有一定的制度限制。我个人倾向于一个优秀的企业，它是一代代的管理者不断地接替，像接力棒这样传承的企业。如果说一个企业家走了，这个企业就垮掉了，那我想这个企业的文化建设、梯队建设可能当初就隐含着很大的问题。"而 2018 年格力已经不是一个单一空调领域的龙头，它在向着全产品链条的方向发展，格力在多元化方面做的一些布局，有些方向还是让人有些疑虑。假若董明珠女士退休，格力是否能够延续过往的辉煌，是个需要时间来考证的问题。

押斗胜的鸡王

2007 年 8 月 10 日，中欧学院教我们《市场营销学》的柏唯良

（Burgers Willemp）教授在给我们授课的过程中提到不断上涨的中国股市，他用“鸡笼里的鸡”做比喻，形象地解释了股市为什么上涨的道理。

如果将100只鸡关在一个笼子里，开始的时候一定天下大乱，只有等打斗的局面结束，有死去的、有柔弱的，最后取得平衡的时候，强者才更强。处于蛮荒时代的企业竞争是非常残酷的，目前中国企业的市场竞争，龙头企业基本成型并已渐渐走向品牌经营的时代，能留下来的企业开始有了好的收益与业绩。2007年6月30日以前上市的1364家公司，上半年实现净利润1897亿元，较2006年同期增长79.12%。这个业绩的取得，也许部分跟产业集中度的趋势有关，这也许是支持股价上涨的一个原因。

这也是分析问题的一个角度。以房地产行业为例，国务院发展研究中心、建设部政策研究中心、全国工商联房地产商会及中国经济年鉴社近日共同发布了《中国房地产企业竞争力研究报告》。《报告》称，尽管我国房地产市场近年炙手可热，但我国房地产企业的规模化程度不足。美国最大的5家房地产企业在全国住宅市场的份额占到了15%，其中最大的房地产企业普尔特公司占全美住宅市场份额的4%。香港最大的10家地产集团的开发量约占香港总开发量的80%左右，市场集中度更高。我国房地产公司数量达到5万余家，排名前10位的房地产企业的市场份额加起来不超过6%，最大的房地产企业万科在全国所占份额不过1%（注：截至2007年7月万科市场份额已提高至约2%）。地产业有竞争和淘汰，宏观调控必然使许多小房地产企业倒闭，以后能有一定市场规模的企业很可能不超过100家，而这100家企业中的翘楚，将占有最大的市场份额，有最好的利润。未来20年内，中国可能是全球房地产领域内规模最大、增长最快、购买力最强的市场。当然，房地产行业的周期性是比较强的，这一点中外一致，从短周期和长周期角度看非常不一样。

房地产行业是个标准的周期性行业，但问题是：你要做多长时间的投资，是1年、2年、5年、10年，还是横跨更长的周期，比如说以城市化率为标准，30%、40%、50%、60%、70%。现在中国的城市化率约为40%，也许最好的卖出点是在达到60%的这一点上（留有10%的余地）。

一个梦想追求回报率最高的投资者，当然可以在这30年间，不停地判断地产行业的高低点，买进卖出，当然也可以选择一家市场占有率不断提高的最好的地产公司，用“基钦周期”，平均40个月来做投资，也可以从一个大周期，一个朱格拉周期，平均9年来做投资。也可以考虑像万科学习的对象美国大型住宅建筑公司中的龙头企业帕尔迪，以城市化率的程度做一个更长期的投资。如何做完全取决于你自己的眼光和承受力。

类似房地产行业变化的趋势，在各行各业中都有表现，最后，各行各业都会有斗赢的公鸡，这个过程也少不了“外国雄鸡”加入战斗。谁是最后斗胜的公鸡，谁是鸡王?！也许谁就是未来最大的赢家！

2007年8月10日

本文不构成投资建议，投资有风险、须谨慎！

2018年的感悟

中国房地产行业像所有行业一样，集中度在迅速提升。根据中国指数研究院监测显示，2017 年共有 144 家房地产企业跻身百亿元军团，较 2016 年增加 13 家，销售额共计 82099 亿元，市场份额超 60%，行业集中度加速提升。从分布来看，百亿元阵营梯队化格局逐步固化，500 亿元分水岭显现，其中 500 亿元以上企业数量稳步增长，百亿至 500 亿元阵营数量则略有减少。2017 年由于集中度的提高，前十名的房地产企业表现出色，十大龙头的销售总金额占 500 强销售金额的 35%，销售面积占 38%。相比 2007 年，恒大、万达和融创三家民营房企，取代了广州富力、首都开发和金地三家国营房企，尤其是恒大地产以 3731 亿元的销售收入，取代了万科，行业桂冠首次易主。这些都是阶段性胜出的“鸡王”，但中国的房地产市场还没有面临过哪怕一次真正的考验——房价跌 50%、地价跌 20%、30% 持续 3~5 年的情况。如果出现一次，也许很多领先的房企就会像万科学习的榜样——帕尔迪，在 2008 年后一蹶不振。杠杆类的商业模式，胜负往往取决于风险暴露的时刻。

中国核心城市的房价有可能世界第一

房价的长期趋势与我们的投资休戚相关。常有朋友问我对地产股如何看的同时，会顺带问我对房价怎样看？我通常回答：长期看，中国核心城市的房价有可能成为世界第一。为什么？

导致房价上涨的根本原因，在于经济的发展与供需结构的变化。经济发展必然导致地价的上升，地价是经济发展的函数，最终一个国家的经济发展了，其结果一定会通过土地与房屋价格的变化反映出来。2007 年 7 月 19 日，中国国家统计局公布了上半年国民经济运行情况，同时也公布了修订后的 2006 年 GDP 现价总量为 21.0871 万亿元，比初步核算数据增加 1464 亿元。许多经济学家预测，中国在 2007 年底会取代德国成为仅次于美国、日本的全球第三大国家经济体。中国经济能在不到 15 年的时间里，连续赶超世界传统诸强，从世界第十一位奔到第三位，这个意义是重大的。

30 年来，中国已由低效率单一低水平的经济体，逐渐演变成一个新兴经贸产业大国，这从根本上改变了中国和多数中国人的生存状态。一个世界共识是——中国正在急速融入世界，正站在“大国之路”的出发台上。根据日本经济研究中心对世界经济的预测，到 2020 年，中国的经济规模将超过美国成为全世界最大的经济体。从有记载的历史看，如果中国真有此成就，也并非新鲜事。据高盛公司研究预测，1825 年中国和印度在世界经济中所占的份额约为 40%，与高盛公司预测的 2025 年两国在世界经济中所占的份额相同。而据专家以可超越国家和时代进行比较的“国际美元”推算，中国在世界生产总值中所占比率，从公元前 2000 年到 19 世纪中叶，一直占 20% 多至 30% 多，后因战乱等原因，20 世纪中叶降到了 4% 左右。从历史的视角看，占据了全球五分之一人口的大国，“重归超级大国”的行列，应该是情理之中的事情。在一个经济持续发展速度达到两位数的较长的经济周期内，出现加息周期和通货膨胀的可能性几乎是一种必然，而经济发展速度达到两位数，几乎不可避免地要伴随地价和楼价的上涨，这是客观规律。

根据著名经济历史学家安格斯·麦迪逊（Angus Maddison）的研究成果，中国和印度在1820年前，一直是全球最大经济体，是公元元年至1820年的历史常态。而进入19世纪后，中国和印度经济规模迅速萎缩，西欧各国和美国开始崛起，并领先全球将近200年。

从20世纪80年代开始，中国经济规模开始逐步复苏，回归历史常态。亚洲开发银行曾预计，2050年时亚洲的经济将占全球经济总量的一半。

从中国房地产需求的角度，抛开政治化的房地产讨论，影响国内房地产市场的基本因素，还是需求。联合国人口基金公布的《2007世界人口状况报告》指出，中国有660多个城市，几乎其所有的工厂都位于或邻近城市，不像美国有许多大公司总部就在乡村小镇上。按有关计划，在不到10年里，中国人口的一半以上约8.7亿人将成为城市居民；届时将出现83个人口在75万以上的城市，但其中仅有6个城市能为500万以上的居民提供住房。到2005年底，中国的城镇人口为5.6亿，在未来10年内中国将新增3亿多城市人口。联合国的报告估计，每年有1800万农村人口将转为城市人口。而中国大学生人数增长速度也十分可观，这些学生中有相当比例的人要留在中国的核心城市发展，这也是房屋需求的力量。据统计，2002年大学毕业生人数是145万，2003年为212万，2004年增至280万后，2005年突破300万，2006年又突破400万。这些新增的城市人口，将会成为国内房地产市场增长的巨大动力，这是影响中国房地产市场价格的一个基本因素。

从房地产供给的角度，中国国土面积960多万平方公里，仅次于俄罗斯与加拿大。据统计，中国实际耕地面积约20亿亩，居世界第三位；有林地面积约19亿亩，居世界第6位；草地面积约60亿亩，居世界第二位。与土地利用紧密相关的河川径流量约2.7万亿立方米，居世界第6位。但按人口平均，中国人均占有耕地1.65亩，仅为世界平均数的1/3；人均草地约5亩，为世界平均数的1/2；人均林地约1.5亩，仅为世界平均数的1/6；人均水资源约2300立方米，为世界平均数的1/4。到21世纪中叶，中国人口达到15亿~16亿时，人均占有实际耕地面积将下降到1.1~1.2亩，占有淡水资源也将下降到1800立方米，水土资源供求将处于危急状态。另外中国水土资源分布不平衡，北方地多水少，南方地少水多，组合错位，加剧了资源的紧缺性。据联合国粮农组织统计，目前全球48%的蔬菜、47%的猪肉、33%的水产品、22%的粮食都被中国人吃掉了。2007年猪肉与食品价格的上涨，也许是中国从农业国家转向工业国家的一个重要信号，如果中国无法避免这种转制，保证土地、水资源的可持续利用与农业的可持续发展，也许会有越来越多的农产品需要进口。未来，如何保证庞大的人口群和高速的经济社会发展对土地、水资源的需求，将是中国经济社会发展过程中的一个严峻挑战。当然，还有环境因素的挑战，仅华北地区每年就有1506平方公里耕地将变成沙漠。

因此2006年中央提出一定要守住2020年18亿亩耕地的红线，如果能坚守，那就意味着未来14年，中国年均可减少的耕地面积仅为 200 万亩（1333.4 平方公里）左右。按照中金公司的统计数据，即便减少的耕地全部用于城市建设（2005 年耕地面积减少 542.5 万亩，其中 59% 用于城市建设；2006 年耕地面积减少 460.2 万亩，其中 84% 用于城市建设），在面积上也仅相当于每年增加 1 个北京市，或者 1.5 个上海市，或者 3 个重庆市。目前我国人口年均增长约 1600 万，如果按照 2006 年城市人口密度估算，每年将需要新增 314 万亩（2096 平方公里）的城市建设用地，用地缺口 114 万亩（2006 年城市人口密度 131 平方米 / 人，314 万亩，缺口 114 万亩；国家规定人均合理建设用地 87 平方米 / 人，208 万亩，缺口 8 万亩）。这就是中国房地产市场供给的现实情况，中国地价、房价上涨的根本原因——除去经济高速发展的原因外，核心问题从“供需角度”分析——是需求远远大于供给。

我们再来看看深圳的情况。根据广东省统计局最新人口分析报告，由于大量流动人口聚居于珠江三角洲，2005 年珠三角人口密度达到了 1035 人 / 平方公里，而广东省常住人口最多的是广州和深圳，2005 年的人口密度分别达到 1277 人 / 平方公里和 4239 人 / 平方公里，广州约 1500 万人口，深圳约 1200 万人口，两个中心城市的常住人口已逼近“临界点”，达到人口承载的极限。深圳市委书记李鸿忠先生在 2005 年的一次城市规划会议上说：“土地资源紧缺，消耗严重，5 年后深圳可能无地可用。”深圳市土地总面积为 1953 平方公里，其中，974 平方公里为基本生态控制线，属于必保用地。在发展最快的十几年里，深圳年均增加建设用地近 30 平方公里，而在近千平方公里的可供建设用地中，已有 800

多平方公里用完，剩余不过200平方公里，而且已经几乎没有可供成片开发的土地，按照目前这种态势，“十一五”期间，全市的建设用地就将消耗殆尽。

这就是深圳土地资源的现实情况，但与此同时，深圳的经济发展二十多年跨了五大步。自1979年开始，用了18年的时间，使社会生产总值达到第一个千亿元，第二个千亿元用了5年，第三个千亿仅用了两年，第四个千亿用了一年，第五个千亿用了一年。2006年深圳市实现GDP 5813.56亿元，经济总量直逼6000亿元的新台阶。“十五”期间，深圳本市生产总值年均增长16.3%，肯定超过万亿元。深圳政府也制定了一个2010年人均GDP要达到1.2万美元的目标。从数据上看，深圳将在2008年，成为人均GDP首次超过1万美元的中国内地城市。广州和上海也预计在2010年达到人均GDP超过1万美元的目标。按照世界银行的衡量标准，人均GDP超过1万美元是从发展中状态进入发达状态的标志线。日本人均GDP在1984年超过了1万美元，中国香港、新加坡、中国台湾和韩国的人均GDP分别在1987年、1989年、1992年和1995年超过了1万美元。也就是说，深圳人将像24年前的日本人一样进入“发达阶段”，而这才刚刚开始。由多名香港前官员提出的《建构“港深都会”》的研究报告提出打造中国第一个顶级国际都会的构想，报告估算，若“港深都会”GDP保持年均约8%的增长率，到2020年，“港深都会”的经济总量将达到1.11万亿美元，超过伦敦、巴黎、芝加哥和洛杉矶，仅次于纽约、东京，跻身世界城市带第三位。

一方面是土地资源的耗尽，一方面是经济的高速增长和需求的不断提高以及国际都市化发展的趋势，这也许就是深圳房价与洛杉矶的豪宅比肩的原因。在美国的时候，我也想过类似的问题，如果中国的房价不断上涨，为什么我们不能搬到加拿大、澳大利亚、美国去生活？可惜我们是中国人，也许骨子里流淌的血液已适宜了这块土地，让我搬去洛杉矶华人聚居区，我还是不能适应那里的人文环境，更别说融入美国的上流社会了，只能在华人圈子里打转转，远不如火热的中国生活来得热情、奔放、刺激、满足，更有心得与收获。

美国富豪们喜欢拿大片土地建游乐场，并以此作为身份的象征。网上零售商亚马逊创办人贝佐斯多年来收购了多个牧场，他拥有 30 万英亩地，居美国地产月刊《土地报告》《*THE LAND REPORT*》地主榜第 23 位。年近七旬的时代华纳前副主席特纳现于全球 7 个国家拥有 15 个牧场，占地 200 万英亩，是美国最大的私人地主。美国农业部数据显示，2006 年当地农业用地价格比 2005 年锐升 15%，至每英亩 1900 美元。但美国 3 亿左右的人口生活在与中国的国土面积相近的 937 万平方公里的土地上。中国与之不可比的是，美国的国土面积中适宜耕作的面积高达 90%。国土辽阔，耕地广阔，气候温和，这是人类居住和产业发展的基本条件，美国的人口和产业分布几乎可以不受土地条件的制约。如果中国人的居住方式也和美国一样，我跟朋友开玩笑："上海人恐怕要住到南京，南京人要住到合肥，合肥人要住到郑州，郑州人要住到西安，依此类推，很大一部分中国人要住到沙漠里了。"所以，中国要发展只能集约土地，高密度、向空中发展，这是一个必然的趋势。但对那些想住类似美国大宅的朋友，只能花费比在美国甚至欧洲多得多的钱了，这恐怕也是一个接力赛的过程与结果。因此，10 年、15 年、20 年以后，中国核心城市核心地段的房价有可能达到世界第一，没什么可奇怪的。

伦敦就曾以优惠政策吸引全球富豪，积聚城市财富。伦敦豪宅价格曾在 2007 年 2 月创下 28 年来最大的月涨幅，达 31%。当地房地产商莱坊国际物业（KNIGHT FRANK）编制的每月房价指数显示，2 月伦敦豪宅的平均价格较 2006 年同期增加 31%。莱坊所指的豪宅是价值超过 300 万英镑（约 4561 万元人民币）的独立屋，或超过 150 万英镑（约 2281 万元人民币）的住宅大厦。莱坊住宅研究业务主管贝里说："过去两年伦敦市中心房价的上涨速度，比英国其他地区高出两倍，这种涨势主要限于市中心。如果今年上涨 20%，我也不会惊讶。"美国《新闻周刊》2007 年 3 月 19 日在《全球大城市楼市缘何高烧不退》一文中曾描述："10 年的牛市使超级富人的队伍明显壮大，以致在巴黎和布宜诺斯艾利斯'收藏'临时公寓，就像富人收藏汽车或美酒一样。热门城市对豪华住宅的需求超过供给，价格自然贵得吓人。这在豪华地段尤其明显，那里的增长率往往是整个城市平均水平的两三倍。仲量联行住宅调查部负责人休·福克斯利说：'这里存在一个有趣的矛盾，这些买主不会守在某个地方，而是在全球各地飞来飞去，但他们的购房范围大概只有 100 条街道。'穿行于世界各大城市的商界精英喜欢在工作的地方优雅地生活。在上海这样的城市，银行和保险等高档服务业非常集中的地方的房价直线上升……同样的情况也出现在印度，商业中心孟买黄金地段的房价在 2006 年猛涨了 90%……”

“维持一个比较高的房价，抬高进入城市的门槛，西方经济学认为这是一个规律性的东西。”相比我们靠户籍制度、靠行政手段人为改变不同人命运的方式，这个选择也许更文明、更符合自然规律。试想如果中国能真正做到迁徙自由，北京、上海的房价可能又要上一个新台阶。同样的分数，一个可以上北大、清华，一个只能上普通本科，为了孩子的未来，中国的富翁一定会聚集在上海和北京；得小病可以在小地方治疗，但得大病还要到北京、上海。还有艺术欣赏，世界级富翁有着自己独特的文化品位和消费要求。如果中国 20 年后真成了全球最大的经济体，如果富裕人口占比能达到 20%（相当于美国整个国家的人口），中国的核心城市，如北京和上海，也许能有这样的魅力推动城市集聚财富，走向世界。当然这需要中国走好关键的每一步！

2007 年 7 月 29 日

本文不构成投资建议，投资有风险、须谨慎！

2018年的感悟

这是初版《时间的玫瑰》里面，唯一一篇谈房价的文章，而十年后文章的判断基本已成为现实。这十年中许多朋友问我对房价怎么看，我说如果你持有的是北京、上海、深圳等核心城市核心地段的房子，唯一要做的就是坚持持有，无论出台什么政策。

随着中国人财富的不断积累，我相信十年多前的判断依然成立。长期看，世界上保存财富最好的方式之一就是房子！

新的投资想法来自哪里？

投资不会一成不变，我们也希望发现未来最有价值的好企业，那么这些新的投资想法来自哪里？我想首先是阅读，阅读非常重要。学生时代阅读的许多著作，现在都成了我的宝贵财富。现在我的阅读能力对我而言也非常重要。巴菲特十分努力地在阅读，但还希望上帝能让他阅读的速度更快一些。我们应该学会与“死去的伟大的人”打交道。为什么？全世界曾经和现在生活在这个地球上的有上百亿人，但是真正可以留下著作，让一代代人汲取思想、智慧与营养的非常之少。你看一晚上这些伟大的思想者留下的著作，与他们进行精神上的交流，收获一定非常大。这里面蕴藏着取之不尽的财富，也是我们智慧的源泉。

另外，我们也注重当下的东西，来源有很多种，如常识以及经济类（也包括很多非经济类）的杂志和报纸，与投资等行业的专业人员交流，参加各个行业的研讨会等，都可能给我们以启发。我们并不是要争取抓住所有的机会，而是要把握能够把握的机会，这需要敞开心胸去倾听，观察社会和人群的变化，而不是固执己见。

我们不会去讨论当前的热点板块，因为我们的投资将持有足够长的时间，买得比人家早，或者晚一点，根本不是决定结果的因素。巴菲特现在才买入沃尔玛，就是个例子。

例如，我在好几年前观察到，尽管女儿还很小，但已经开始频繁使用互联网，个别朋友已经把 QQ 号印制在名片上。这促使我去关注互联网公司，现在我们持有香港股市中的腾讯控股。

之所以投腾讯，因为它是一个互联网消费型企业，不是一个互联网企业，不是要靠互联网技术更新取胜的企业。它是一个互联网消费平台，是一个通路型企业。我们从全面的角度来理解这个行业，如果真的波动很大，我们也不会投。比如说一个大学生在深圳读大学，暑假想去上海玩 10 天，可以在腾讯上花两毛钱挂一个广告，看有没有人在上海出租一个铺位或者是一个房间，只租 10 天。这个平台可能部分代替房地产中介的作用，在这个平台上会有无数双眼睛，最后就是在这个平台上进行交易。它可以做很多增值业务。

好企业永远不会枯竭，但它需要我们用心寻找、用耳聆听，用积累的知识和经验甄别。互联网给了我们一个平等竞争的平台，善用它也会增加投资信息的来源。

2007 年 7 月 5 日

本文不构成投资建议，投资有风险、须谨慎！

2018年的感悟

我从业 26 年，东方港湾成立 14 年，投资了网易、腾讯、茅台、云南白药、万华化学、上海家化、奇虎 360、白云山、好未来等，现在持有的纯美股的公司包括亚马逊、Google、Facebook、微软、苹果、英伟达、特斯拉、Netflix 等。总的来说，基金经理的职责就是看到并找到每个时期的伟大或是有特色的企业，一部分要靠学习、勤奋努力地工作，一部分要靠天赋，这就像NBA，成为职业选手已经不易，但要成为和乔丹、科比一样伟大的篮球选手，天赋与努力同样重要。如果你拥有洞察力，又愿意细心聆听周围的世界，伟大的本垒打机会，总是会出现。

企业的生命周期

所有的东西都会消亡，这是自然法则，但在股票市场上，投资又要求我们挑选出尽量长存的企业。这是一个矛盾，也是一个难点，但它恰恰关乎投资的长远收益。据统计，全球500强企业平均寿命为40岁，而美国中小创业企业的平均寿命为5年。1970年位列《幸福》杂志“全球500家大企业”排行榜中的公司，到1983年已有1/3销声匿迹。在20世纪初世界大型企业中，至今仍能位居世界500强之列的只有3%左右，那么到底是什么因素导致曾经辉煌一时的商贾巨子风光不再？又是什么原因让仅存的企业永葆青春？

企业作为一个组织，具有生命周期，就和人出生、成长、衰老、死亡的过程一样。所有的企业都有利润的生命周期，在早期的发育阶段，企业的销售额加速增长，盈余出现。在高速扩张阶段，销售额持续增长，盈余急剧增加。当企业进入成熟阶段，销售额的增长速度开始减缓，盈余开始减少。最后一个阶段，走向衰退的过程，总收入下降，同时盈余随之下降。我们投资股票，当然希望在企业的成长期买入，在衰退前卖出。那么如何判断这一点呢？又如何判断一家处于迅速扩张阶段的公司，能承受年复一年的利润增长的考验？对于将成长股票法作为投资策略的投资者而言，准确无误地判断出一家企业处在生命周期的哪个阶段，是投资成功的关键，但又是最艰难的挑战。

这可能要借助伊查克·爱迪斯（Ichak Adizes）提出的企业生命周期论。该理论主要从企业生命周期的各个阶段分析了企业成长与老化的本质及特征。该理论较适于用来诊断企业。在生命周期理论中，爱迪思用 P（Performance of the purpose of the organization）和 A（Administration）分别表示企业追求短期效益的执行力和追求短期效率的行政力，用 E（Entreprenearing）和 I（Integration）分别表示企业追求长期效益的创新能力和追求长期效率的整合能力。这四种能力在企业的孕育期、婴儿期、学步期、青春期、盛年期、稳定期、贵族期、官僚化早期、官僚期、死亡期中，每个阶段各自所呈现的程度不同。因而，从四种能力的程度可推断出企业所处的阶段以及在每一阶段应采取的对策。

企业生命周期论论述了企业的生命周期现象，但它停留在企业实践的层面，并没有从根本上寻求产生生命周期特征的原因，因此需要从更微观的角度解释企业的生命周期特征。细胞学说、进化论、能量守恒定律被并称为 19 世纪三大发现。20 世纪分子生物学的快速发展更是在微观基础上对生物的生物学特性，如遗传和变异等，做了深刻的剖析。分子生物学认为，控制生物性状遗传的主要物质是 DNA（脱氧核糖核酸），DNA 的结构为双螺旋结构，这种基本结构构成了生物个体遗传与变异特性的基础。于是，我们可以由此引申出企业生命的基本模型。

L 链为人力资本链，由一个个市场化的人力资本单位串接而成。C 链为实物资本，由一个个市场化的资本单位串接而成。L 链和 C 链组成双螺旋链。连接的因素分别为企业家（Entrepreneur）、治理结构（Institution）、技术（Technology）、文化（Culture）。企业家作为创新的主体，在市场中获得市场化的人力资本和物质资本，通过获得一定的技术供给、合适的制度安排，形成相应的企业文化，来对市场化的人力资本和物质资本组织和排列，形成企业。排列方式的千差万别和连接方式的千变万化导致了企业的多样性，同时由于企业具备生命特征，因而有了不同的生命周期。

从企业内部系统来看，在企业生命模型中存在着四个要素：企业机制，企业家，技术，文化。这就使企业内部的非线性相互作用成为可能。自组织理论认为，在远离平衡的开放系统中，随机涨落有可能被放大为巨涨落，从而破坏原来的结构，形成新的有序结构，即耗散结构。企业内，企业家、企业机制、技术、文化四因素之间的非线性相互作用，形成企业的涨落与创新，并且通过创新扩散，不断地推进企业的成长。总之，企业自组织的变革应来自企业内部，由外力推动的变革在外力消失后就可能自动停止。所以，好的有生命力的企业，面临迅速变化的环境，不仅能主动适应，还能建立起各种激励机制与约束机制，来为企业的改革提供内在驱动力。20 年前有人说电脑能取代书，虽然今天看来它还不能取代书，但它有可能取代书店老板（我们已可以通过互联网买书）。当所有的价值链分崩离析的时候，伟大的公司会问：成本消失的时候，钱会到哪里？我要如何改变？

从企业生命模型的上升趋势来看，在企业创立的初期，企业家作为一种能够替代价格机制来优化配置资源的特殊资源，在企业生命模型中占据着最重要的位置，但随着企业的发展，企业的机制与文化在企业生命价值链条中逐渐占据了更重要的地位。这可能是所有具有生命力的企业的共同特性。好的企业文化能减少企业内个人的信息处理要求，补充正式的控制制度，促进合作，减少讨价还价的成本，不仅提高了企业的代理效率、技术效率，还是企业创新和创造价值的动力源泉。因此，无论是20世纪初期发明电灯、电话的贝尔公司，稍后由烟草行业进入啤酒行业的菲利浦·莫里斯，还是20世纪中期将人类送上蓝天的波音公司，长期处于盛年期与稳定期的秘诀可能就在这里。它们也就当之无愧地成了那个时代人们投资的最好对象。

2007年8月21日（参阅《企业发展战略研究》周晖博士）

本文不构成投资建议，投资有风险、须谨慎！

2018年的感悟

投资最重要的永远是寻找基业长青的企业，今天我们看到更多现象级的企业在采用扁平化的工作方法去适应时代发展、参与竞争。大象在跳舞，在汲取更多的资源，触角所及的地方，我们仿佛看到一阵阵“龙卷风”刮过，深入生活方方面面的平台型业务，可能让这些公司的生命周期更长！

焦虑的中国

2009 年 4 月 10 日参加万科股东大会，一位坐我旁边的股东说："万科到目前为止，按 25 元的最高价，回报有 2500 倍，复权计算早期股东的成本只有 0.01 元。如果能再找到这样一只从小到大的股票就好了。"我说："你应该算错了，万科的回报应该没有这么高。刘元生先生投资 400 万，高峰期 33 亿，只有 825 倍，万科派发的红利刘元生先生有没有再投资，是否参与每次的配股我没查过。但问题在于，即便只有 100 倍的回报，就算你能找到另一个万科，你凭什么就能赚足这 100 倍或 825 倍？看简单股价，1993—1996 年，万科从 36.7 元跌到过 3.2 元，就算你和刘元生先生同时期买入，你是否会懊悔为什么 1993 年不在高位卖掉？一个哲学问题是：如果你能在高位卖掉，你是否能再次在低位买进，并不理会 2001—2005 年万科从 16.25 元跌到 3.12 元的情况？如果你两次都能做到高卖低买，那么你只需要也许不到 10 万，就能赚取比刘元生先生多得多的财富。伟大的企业也会经受风雨，遇到逆境的时候你凭什么坚持?!"

影响企业的因素非常复杂，我想像刘元生先生这样的投资者一定是凤毛麟角。第一，基业长青很难——发现挑战智慧；第二，波段操作诱惑巨大；第三，"投资心理倒错"扼杀长期投资；第四，市场跌宕起伏，世界动荡不安；第五，估值的艰难，模糊的正确与精确的错误；第六，多维规则——标准越多，标的越少；第七，时间越长，不确定性越高；第八，同行业充满挑战；第九，跨行业比较，更挑战判断力；第十，前景理论，即亏损的痛苦 = 赢利快乐的 2.5 倍。“守股比守寡还难！”即便企业没问题，但一想到社会宏观方面的变化，就足以让人焦虑了。2008 年底，遇见了一位学生时代景仰的学者，我们聊起中国的经济及其未来，他说：“他的一个经济学家朋友，从 1988 年开始一直不看好中国经济，看空了 20 年。中国的问题永远是忧虑中承载着希望……”

2009 年 3 月在张逸民教授的《国际金融》课上，一位同学说：“但斌，你看中国看得太乐观了。”在此之前，我刚看完吴晓波先生的《跌荡一百年》。吴晓波先生在书的前言部分说：“在过去的 100 多年里，中国官吏和精英阶层一直致力于国家的重建与民族的复兴。而富有悲剧性的是，每隔 30~40 年，这一进程就会被外乱或内患打断，这使得中国的企业史成为一部缺乏传承感的历史。对于中国商业进步的缓慢……我们仅从企业史的视角来进行观察。我们看到的是三个现象：一是意识形态争论对现代化的干扰，二是中央集权观念对国家商业主义的催生，三是传统的轻商和官商文化对新生企业家阶层的影响。让人叹息的是，在洋务运动后的多次经济变革运动中，这三个命题都幽灵般地随影而至，无法摆脱。即便到了百年后的 1978 年，当中国再度开始经济变革的时候，这三大命题仍然困扰着这个国家。在这个意义上，我们一直没有跳出一个成长的逻辑圈……中国的商业历史总是不押韵的，粗糙而缺乏修饰，像极了我们坎坷而迷茫的人生……”

吴晓波先生说：“中国的百年历史，其实就是关于革命与改良的选择。让人高兴的是，在刚刚过去的 30 年里，改革开放的经验证明，一个国家的经济腾飞完全可以不经由社会和政治革命的途径来完成。在30年的和平崛起中，没有爆发大规模的社会动荡，没有发生饥荒、国家分裂和民族对立，绝大多数民众是这场改革的获益者，渐进式的思想已经成为社会的主流共识，这是一个了不起的成就，是中国人民对世界的最大贡献。未来30年，我们需要证明的是，这种渐进式的变革路径和模式有可能给更大范围、更为纵深的中国社会带来新的可能性……"

看艾丽斯·施罗德写的《滚雪球》，印象深刻的是曾被誉为"索多玛伪善之城"、"无赖扎堆之地"的巴菲特家乡奥马哈以及美国70年以来的沧桑巨变，（撇开技术因素）没有美国的今天以及巴菲特对美国的信念，就不可能有巴菲特现今的成就。每个时代的人都可能因事、因境、因人、因物的不同，充满忧虑与希望地面对狄更斯在《双城记》的开头所说的，"这是最好的时代，这是最坏的时代；这是智慧的时代，这是愚蠢的时代；这是信仰的时期，这是怀疑的时期；这是光明的季节，这是黑暗的季节；这是希望之春，这是失望之冬；人们面前有着各样事物，人们面前一无所有；人们正在直登天堂，人们正在直下地狱"。

中国，将面对怎样的未来？此刻，我们该选择并拥有什么样的信念？

2009年4月11日夜 随感

本文不构成投资建议，投资有风险、须谨慎！

2018年的感悟

戊戌年，很多中国人依然充满焦虑……但就像1992年邓小平南方谈话时给中国带来的变化一样，我希望中国能继续改革开放，最终屹立于世界之巅。就万科而言，有点儿遗憾，中国最具人文气息的公司，由于“野蛮人”的入侵，在 2017 年失去了其精神领袖，希望万科能保持其文化精神与传统，不会最终流于平庸。

阿里巴巴股东大会感慨

本该陪老父亲去广州医院，但权衡再三还是让弟弟前去，自己赶往香港湾仔港湾道一号君悦酒店宴会大礼堂参加阿里巴巴的股东大会。

因同行的朋友证件出了点问题，耽搁了 30 多分钟才赶到会场。一进会场，一种朝气蓬勃的气息迎面而来，有吸引力、创造力的公司与平庸的公司的区别，从股东大会的场景布置和安排就能明显感受出来。也许是因为阿里巴巴前期股价跌幅过大，来的股东不算多，会场未坐满。我坐下来观看阿里巴巴自制的讲述企业经验模式的短片，其中讲述残疾人利用阿里巴巴的平台创业获得新生活的内容颇为感人。

影片快结束时，马云已拿着话筒站在演讲台上，这又和平常“正经”的股东大会交流的方式有非常大的不同。影片结束，马云开始阐述自己的理念和一年来在阿里巴巴做出的重大决定及其影响。很少有高管在股东大会上畅谈企业愿景、理想和梦想，但马云开场谈的第一点就是阿里巴巴为什么存在？存在的价值是什么？为什么阿里巴巴要树立客户第一、员工第二、股东第三的理念？马云特别强调，一个企业要承担社会责任，应该把社会责任贯穿于工作中，只有将社会责任融入企业的核心价值体系和商业模式，才能行之久远。他说他在2008年做的最困难的决定就是主动降低阿里巴巴的赢利能力，大幅度降低了会员费门槛，把入门费从5万元人民币调整到19800元人民币，帮助小企业度过金融危机。不过，这种救人以危局的结果是，受益于交易市场买家及卖家数目的继续增长，阿里巴巴公司两个交易市场的付费会员净增长总数达到历史最高，为49544名，较2008年第一季度增长47%，共481575名。两个市场用户的第一季度增幅都创了10年来的最高纪录……

马云说他希望让阿里巴巴成为全球最顶级的互联网公司，成为《财富》100强企业，类似于沃尔玛或微软那样，否则他死不瞑目。最近，芒格先生评价，经营比亚迪的企业家王传福既有爱迪生解决技术问题的能力，又能像杰克·韦尔奇那样完成所有既定目标。能有这样的评价，在许多中国人看来“简直就是奇迹”。但试想一下，如果中国真的在不远的将来成为一个伟大的国家，势必有一批有梦想、理想和信念，有执行力、持久的精神和旺盛斗志的顶天立地的企业家产生。这是希望之火，也许能燎原。

提问环节，阿里巴巴也学着伯克希尔－哈撒韦公司股东大会的情形，弄了两个话筒，想提问的人站在话筒后排队，轮流发问。我请同行的小李帮我向马云提问我最关心的阿里巴巴整体上市的事情，全世界伟大的企业很少分主体上市，希望有潜力的淘宝和支付宝能最终成为上市公司的重要组成部分。马云说，现在考虑淘宝和支付宝什么时候上市，单独还是合并，还是早了点。“因为我心里有个梦想，最好淘宝以后能等于‘Ebay+ 亚马逊’，2008 年淘宝创造了近 70 万个就业机会。此外，现在支付宝每天新增账户 50 万人，中国三个互联网用户中有一个就是支付宝用户，这些孩子才七八岁，谈婚论嫁早了些，三五年后让大家看到阿里巴巴的整合效应。”马云的回答理性、现实、客观，听了较满意。提问环节完毕，最后一幕让人想不到，马云向前来参加股东大会的学生宣布：“我（集团）送给在座每位学生 100 股阿里巴巴股票，是心意。这 100 股意味着今后阿里巴巴的股东大会你们都可以参加，希望中国年轻人能关注中国电子商务、全球互联网电子商务，特别是阿里巴巴的成长，并选择长期持有公司股份。”

对于收到的 100 股股票，在场学生表示“不会随意卖掉，会好好珍藏，学会坚守使命、价值观和愿景，以此激励自己”。马云希望阿里巴巴能穿越三个世纪，经营超过 102 年，不知今天有意外之喜的这 80 名学生，有几人能珍藏这份礼物直至 100 年后。

2009 年 5 月 7 日　夜

本文不构成投资建议，投资有风险、须谨慎！

备注

（一）会议结束，我走到马云先生面前问：“马云先生，你一年体检几次？”他回答：“两次。”卫哲补充：“全体高管，每年都是两次。”

（二）现场股东提问聚焦。

其一，融资的钱去哪里了？

阿里巴巴 2007 年 11 月在香港上市，集资额达 17 亿美元。卫哲表示，当时的 17 亿美元，其中 4 亿美元留在了上市公司，属于上市公司发行新股募集资金。13 亿美元属于阿里巴巴集团出售老股，由集团用来投资阿里巴巴上市公司的兄弟公司，包括淘宝、支付宝。

“上市公司 4 亿美元一分钱没用，因为上市以后买什么都会亏本。现在阿里巴巴的资金储备是 69 亿元人民币，相当于十多亿美元。”卫哲说，股东给的钱存在银行里，没有做任何投资，所以金融风暴没有造成任何损失。

马云也解释，到了集团的 13 亿美元，阿里巴巴也没动，“2008 年是鼠年，光挖洞不投资，因为我们知道冬天来了。外面的传闻非常多，说阿里巴巴的钱是支付宝里的沉淀资金。支付宝是人民银行监管的，工商银行每天对账。那些钱我连利息都没拿过。”

其二，阿里巴巴何时分红？

马云说，在这么艰难的时刻支持阿里巴巴的股东，阿里巴巴一定要对他们有回报，“我老婆也天天问我，你什么时候拿点钱出来看看。你又不能卖股票，那就拿点分红出来。但对股东空许承诺是没有意义的。”

卫哲表示，公司的责任是找到外部更好的投资机会，没有机会的时候，最好的方法是把钱还给股东，“汇丰银行非常关注股东，香港人民对汇丰的忠情给了我很大的触动，我希望有一天阿里巴巴在香港的上市公司，和香港的投资者、香港同胞也建立长期的感情，这种风雨同舟的感情”。

其三，部分投行分析师为何总不看好阿里巴巴？

回答这个问题的时候，马云的坦率引起一阵笑声。

马云说，看了一些分析师的分析报告，觉得很搞笑。“我认为今天真正懂中国互联网的分析师并不多，懂中国电子商务的更少，他们只是财务报表的掠夺者。如果我是分析师，应该走访客户。我不知道有多少人走访过我们公司和客户，都是我们走访他们，我不太相信跟我们只通 20 分钟电话的分析师所做的报告。”

马云在股东大会后重申，“如果一个公司的赢利模式通过财务报表就可以看清楚，那这家公司的 PE 确实只有两三倍。阿里巴巴是很独特的，假如阿里巴巴的十年商业模式就这么固定了，那么阿里巴巴永远成不了伟大的公司。它要根据客户的变化而变化，这是我的第一个观点”。

卫哲说，大概有 20 个投行分析师关注阿里巴巴，这 20 个分析师的最高价和最低价经常差 2~3 倍，有人给 4 块，有人给 12 块，“我做投行 7 年，从来没有看到过这种情况，因为我们的模式是全球独一无二的”。

2018年的感悟

回头看这篇记录非常有意思，卫哲先生希望的能与股东风雨同舟的想法，随着阿里巴巴在香港退市，给当年看好马云先生的股东一个残酷的结局，而马云也实现了他股东第三、可有可无的“心意”。另外，也不知道那些获赠股票的同学，手里的股票最后如何处理了？我曾希望马云先生成为中国的商界领袖，但此事后，即便阿里巴巴发展得非常好，我也认为马云只是个枭雄，他辜负了当年很多阿里巴巴股东对他的厚爱与期许，当然，也许他有自己的难言之隐。历史会清晰地记下每一页，也不会轻易忘记……之后，虽然我也持有一些在美国上市的阿里巴巴的股票，但只是当好公司来处理。

明年春色倍繁荣——腾讯股东大会随感

2009 年 5 月 13 日下午两点多钟，赶到香港太古广场香格里拉大酒店五楼香岛殿 C 厅参加腾讯的股东大会。登记进入会场，没想到会场这么小，更意外的是，即便这么小的场地，直到股东大会开始，也只坐了 1/3 的人还不到，而与会的人员中有半数是相熟知的朋友。这与平安、阿里巴巴、中海油等股东大会的场面有极大的不同，少见西装笔挺的外资基金经理和研究员，更鲜见蓝眼睛、大鼻子的外国人，会场也没有同声翻译器。或许腾讯的商业模式让老外理解起来有些困难，或者有其他什么原因，按理说表现如此强劲——熊市中抗跌、反弹中创出历史新高、业绩优良，应该是趋之若鹜。真奇怪。

几年前，对我们下决心买入腾讯起过非常关键作用的朋友说：“你见了马化腾，一定会给腾讯加分！”今天腾讯的股东大会开得单调、平淡，像极了马化腾内敛、沉静的外表，而马化腾回答股东提问，没有一丝“恃才傲物”之感，提到对方都用“您”字，体现了他得谦逊和绅士般的修养。我将观察到的细节与临坐的朋友交流，他说：“这说明马化腾有更宏大的志向……”

腾讯主席兼首席执行官马化腾、总裁刘炽平、首席执行官陈一丹等回答了现场投资者的提问。

1. 3G 对腾讯有何影响？

视频通信是否一定是杀手级应用，目前来看不乐观，腾讯的判断是应该不会出现大规模的替代效应。就像电话 – 互联网电话 – 即时通信分别适用于不同人群和场景一样，视频通信的出现应当不会对目前通信方式产生大的冲击。2G 时代有互联网与短信的结合，3G 时代也应当有类似的整合出现。腾讯早就着手与 3G 相关的研究，手机与互联网的视频互通早已在实验室成功完成。

2. 腾讯的认购权价格是否过高？

腾讯的股价不断上涨，认购成本不断提高，产生了激励性不强的问题。腾讯力图用其他方式改善，比如在选人时要求看得更长远，股票期权也从 10 年延长到了 15 年。

3. 腾讯是否存在创新不足的问题？

大家对腾讯的期望较高，可能没达到大家的要求。但是创新必须全面考虑隐性成本，在安全性、商业模式、平台架构尚未准备好之前，“为创新而创新”是很危险的。更重要的是，腾讯已经不是一家小公司，承担着巨大的社会责任，包括亿万网民的通信、联系和隐私，任何创新都要在各方面都取得平衡的条件下才能决定。腾讯从创立起就要求自己做一个负责任的企业，不能为了追求达到某种地位而去做不负责任的事。

4. 腾讯是否触及垄断问题？

腾讯的 IM（智能制造）引发了一些垄断争议，但是，判断垄断的标准不是市场份额，从《反垄断法》的立法本意衡量，反对的是利用市场占有率的优势进行捆绑销售等损害用户利益的行为，腾讯的服务和经营理念与法律要求是一致的。

5. 未来 SNS（社交网络服务）、无线互联网、电子商务是否会出现整合？

目前国外有一些尝试，比如日本已经有做得不错的手机电子商务和手机 SNS，但是中国的文化很不一样，而且目前的通信环境还属于 2G 或 2.5G，3G 还处于早期阶段，产业链不清晰。腾讯目前思考的是，一切围绕用户价值最大化，给用户提供更一体化、互动、便捷、节省按键操作的服务，让用户去用，相信以后一定会产生好的体验和整合。

6. 如何应对国资参与竞争？

这是对行业价值链怎么看的问题，大家有合作也有竞争。腾讯的每一代产品都给运营商带来了更大的流量，收费也是分成模式。比如腾讯与央视国际在北京奥运会期间有很好的合作，扩大了内容的传播，支付领域的扩大有利于银行的业务收入。

7. 网络游戏是否已见顶？

虽然网络游戏的渗透率已经较高，但游戏不应限于“打怪升级”，腾讯将避免同质化游戏产品，通过开发多种类型的游戏，满足不同的游戏群体。更长远地看，应在全球范围内有所突破。

8. 互联互通对腾讯的影响？

腾讯一直在与同行沟通探索，但目前为止，应用格式能否统一、成本费用如何分担、对增值服务是否有要求、是否利大于弊等问题都有争议。即使是运营商的产品，也尚未实现互联互通。

9. 腾讯未来 5~10 年的愿景？

腾讯一直追求的是通过在线提高服务，通过信息技术让生活更便捷。腾讯从未认为自己的商业模式独一无二，腾讯只是用低成本获得用户喜欢的一个入口，是原材料，是一块荒地，一切都要从头做起，未来无论是 SNS、门户还是游戏，都需要从幼儿园开始，扎扎实实地做，相信一定会有收获。

会后与马化腾交流：

1. 如何应对移动运营商加入增值服务的竞争？

产业链很长，大家可以各做一块，很多应用是运营商无法做的，比如 YouTube，比如 IPhone，只要做得好，用户会指定要用。有时移动运营商涉足某个领域并不是为了占领。

2. 如何看待拍拍、搜搜等业务与淘宝、百度的竞争？

腾讯利用社区资源，可以做它们做不到的东西，在这些领域不一定非要做第一，大家各占一块，寻找机会。

润物细无声中成长起来的腾讯在一步步脚踏实地地按照自己

理解的商业逻辑前进。2009 年 3 月 28 日在深圳五洲宾馆举行的 IT 领袖峰会上，马化腾先生发表了一篇演讲，通过这篇演讲你可以多少了解一些马化腾和腾讯的基因、风格和性格。最后，他用温总理精彩的一句话结束——明年春色倍繁荣！但愿互联网产业经过 10 多年发展，将真正进入繁花似锦的黄金岁月。

2009 年 5 月 15 日凌晨

本文不构成投资建议，投资有风险、须谨慎！

2018年的感悟

2009 年开腾讯股东大会还是冷冷清清，今天腾讯已成长为中国最具影响力的世界级企业之一，我们每个人的生活、工作都离不开它，腾讯提供的已经不仅仅是产品，它大得像一个“国家”。马化腾先生说：“总书记希望腾讯这样的高科技企业越多越好。”对于投资者而言，如果能投资腾讯这样的企业，是一种福气。天时、地利、人和，在腾讯身上体现得非常充分，“3Q 大战”后腾讯变得更加开放，虽然移动互联网的增长已经放缓，但坚持做连接器的腾讯，会在未来的竞争中占据最有力的位置。腾讯拥有互联网行业头等舱的船票，是 No.1。“明年春色倍繁荣”，希望腾讯长久倍繁荣！

路遥知马力

2010 年 7 月 10 日，借中欧同学活动的机会到美的参观。

美的电器 1993 年上市，几乎和我从业时间一样长，但碍于行业竞争度，对美的电器的关注甚少，如果不是有同学在这个企业，这次恐怕也会与美的擦肩而过。30 年改革开放，家电企业有的沉沦、有的崛起，现在美的几乎已成为家电行业的巨头，“美的的营收最近五年来年均增幅在 30% 以上，这在中国家电企业里面是前所未有的，而海尔仅在 5% 左右”。

参观的时候，想知道美的集团的旗舰企业——美的电器上市以来回报率的情况。简单列个表计算了一下美的电器上市 17 年的情况，其总资产复合增速 20.7%，营业收入复合增速 27.8%，净利润复合增速 19.6%，市值增速 22.4%。17 年的回报率无论从哪个方面看都极为惊人。普通投资者极为关注的市值增长，截止到 2009 年达到了 25.48 倍。虽然这个回报比不上有更宽护城河的高增长的企业，但也算出色了。如果有投资者在 1993 年上市时买入，1993 年美的全年（前复权）最高 0.6 元、最低 0.43 元，截止到 2010 年 7 月 19 日收盘价 12.61 元计算，回报率约 20 倍到 28 倍，如果谁有运气在 1994 年最低（前复权）0.22 元时买入，持有至今回报约 56.32 倍。

随着上市企业不断增多，我想未来一定会有类似美的这样的企业脱颖而出，问题是我们能否及早找到它并持续跟踪。有朋友从不做上市公司调研，只看公开的资料进行投资，做得非常好，不过，我相信古人说的“行万里路，读万卷书”的道理，这些年越来越体会其寓意之深。如此，好的企业，才能坚持下去，拿得住。

2010 年 7 月 19 日凌晨于旧金山

本文不构成投资建议，投资有风险、须谨慎！

2018年的感悟

路遥知马力，伟大公司往往给我们惊喜。美的集团从一家小型的乡镇企业，在何享健先生带领下成长为一个千亿企业。在中国第一代创业者中，何享健先生是非常成功也是非常值得人们敬重的一位企业家。薪火相传，2012 年 8 月，方洪波接任美的集团董事长后，美的集团的治理结构进一步向国际规范化公司靠拢。2017 年美的销售收入 2419.19 亿元，纯利 172 亿元，在《福布斯》全球企业 2000 强中排名第 335 位，海外销售占比达到 43.5%，成为真正的跨国集团公司。2016 年公司发起了规模达 300 亿元的四起跨国并购：收购东芝家电业务主体“东芝生活电器株式会社”80.1% 的股权，2016 年 10 月底完成收购意大利 Clivet 80% 的股权，要约收购德国库卡集团，收购了以色列科技企业高创。5 年来，净利润年均增长近 20%，研发投入达到 200 亿。每年生产 3 亿件终端产品、年销售额 2000 亿，不仅成为全球最大的白色家电制造商，也成了中国最大的机器人公司。2018 年 3 月 7 日，美的集团在上海发布“人机新世代”战略，宣布以机器人、工业互联网和人工智能开启人机交互新时代。中国经济在过去 40 年创造了奇迹般的发展，美的的变化是中国经济的缩影。当然，未来美的集团除了要和格力等对手展开持久的竞争，还要面对小米等新业态企业的挑战，祝福美的集团！

乘风破浪会有时，直挂云帆济沧海

很多人说，你能不能找下一个茅台或者下一个腾讯？投资经理的职责就是要寻找每个时代最优秀的企业投资，像巴菲特已经 88 岁了，苹果公司成了伯克希尔－哈撒韦第二重仓的企业，投资就是一个需要不断学习、积累并保持洞察力的行业。在我从业的 26 年中，好公司定期出现，就像 NBA 选秀一样，有大年有小年，但是每年都有好选择，每隔 5 年、10 年都有大选择——出现现象级的伟大公司。

但单就茅台和腾讯而言，在可预见的将来，现在的茅台和现在的腾讯，很可能就是未来的茅台和未来的腾讯。

茅台的长期价值

美国股市的第一牛股是菲利普·莫里斯。2017 年菲利普·莫里斯继续创出了历史新高。这个企业创立于 1847 年，成立时间已经长达 170 年，上市也有近百年了，上市以来不断创历史新高。

我们都知道罗杰斯先生，1976 年底，与现在中国人均收入差不多的时候，34 岁的罗杰斯以 10.7 万美元从罗马教会手中买下了纽约中央公园旁边建于 1899—1901 年的百年老宅。当时适逢美国经济大萧条，教会还给了他低息贷款，允许罗杰斯在 32 年内分期支付这笔房款。2006 年罗杰斯以 1600 万美元卖掉了房子，忽略通货膨胀因素，罗杰斯当年的这笔投资增值近 150 倍。但如果 1976 年罗杰斯先生不买这个房子，用 10.7 万美元买入菲利普·莫里斯的股票，回报则高达230倍，价值2465万美元。所以好股票的回报好过最好的房子。当然，房子容易坚持，股票不易坚持，市场一波动投资者有可能卖出股票。不过，如果你有眼光，在1957年就用10.7万美元买入菲利普·莫里斯的股票，50年的复合回报率约9.26亿美元。

表7　标准普尔500指数中保持结构独立的前20名业绩最优公司（1957~2006年12月）

排名	1957年的名称	2007年的名称	1957~2006年的回报率（%）	所属行业
1	菲利浦·莫里斯	阿尔特里亚集团	19.88	日常消费品
2	雅培制药	雅培制药	15.86	卫生保健
3	克瑞公司	克瑞公司	15.47	工业
4	默克公司	默克公司	15.43	卫生保健
5	百时美公司	百时美施贵宝公司	15.43	卫生保健
6	百事可乐公司	百事有限公司	15.40	日常消费品
7	安美糖业公司	小脚趾圈公司	15.12	日常消费品
8	可口可乐公司	可口可乐公司	15.05	日常消费品
9	高露洁公司	高露洁公司	14.99	日常消费品
10	美国烟草	富俊名牌公司	14.92	非日常消费品
11	亨氏公司	亨氏公司	14.48	日常消费品
12	辉瑞制药	辉瑞制药有限公司	14.48	卫生保健
13	麦格劳－希尔图书公司	麦格劳－希尔公司	14.31	非日常消费品
14	先灵公司	先灵葆雅公司	14.22	卫生保健
15	美国箭牌糖类公司	箭牌糖类有限公司	14.15	日常消费品
16	斯伦贝谢公司	斯伦贝谢有限公司	14.06	能源
17	宝洁公司	宝洁公司	14.05	日常消费品
18	好时公司	好时公司	14.02	日常消费品
19	克罗格公司	克罗格公司	14.01	日常消费品
20	梅尔维尔制鞋公司	CVS连锁药店	13.85	日常消费品

茅台与生产香烟、啤酒、食品的菲利普·莫里斯相比，产品的企业特征要更好。这表现在好几个方面。首先，很少有产品能像茅台这样长期以一定比例涨价。茅台 1951 年出厂价 1.28 元 / 瓶，现在 969 元 / 瓶，GAGR（年均复合增长率）11%。其次，很少有企业像茅台的库存，不仅不贬值，还会增值。茅台 2016 年年报显示，公司库存中有 23.6 万吨基酒和 1.6 万吨成品酒，这部分库存假设全部成熟进行出售，能给公司带来超过 4500 亿的收入，占其 9000 亿市值近一半比例。而这近 5000 亿的库存每年还在自然以超过 10% 的速度增值。再者，很少有企业像茅台一样，拥有行业的定价权。企业的定价权，即企业提价之后是否会因为竞争而损失客户，反映了企业的综合竞争实力。茅台不仅可以自由决定自身的市场定价，不去考虑竞争对手，甚至整个白酒行业的定价标准都随茅台酒而起伏，可谓一荣俱荣、一损俱损。最后，很少有企

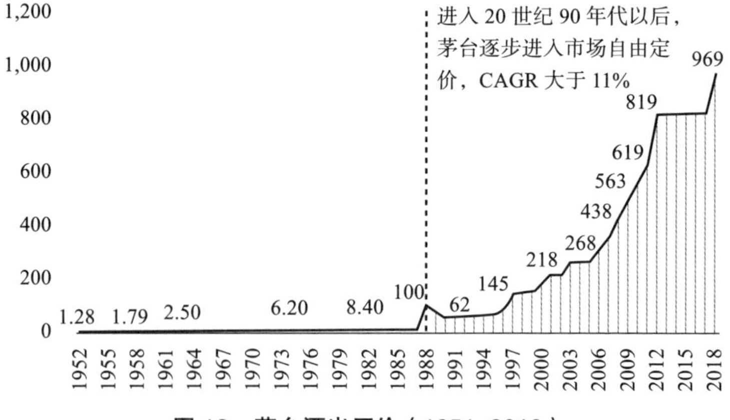

图 12　茅台酒出厂价（1951–2018）

业像茅台这样，拥有天然的壁垒和不可复制性。茅台的工艺之所以不可复制，其中重要的一点在于其堆积发酵过程中的空气微生物发酵，茅台镇的空气是带不走的，因此自古至今有“离开茅台镇，酿不出茅台酒”的说法。

除此以外，酒业经久不衰的特质，能够保证茅台长期的提价增长。茅台 1951 年出厂价 1.28 元 / 瓶的酒现在大概值几百万，这是老酒，比出厂价涨得更多。改变民族的文化非常难，需要 100 年到 1000 年。只要中国的白酒文化不变，茅台大概率会存在 200 年，甚至 1000 年以上。哪怕其产品价格以 2% 的速度增长，100~200 次方都会是一个天文数字。做投资都喜欢用 DCF（现金流折现模型）来计算企业价值，一个企业存在 20 年与 200 年，计算是非常不同的。茅台如果 GAGR 每年提高 2%，按 200 年计算，以 2017 年的利润为基数，$270\times(1+2\%)^{200}$，大概 200 年后是 1.41 万亿元利润。

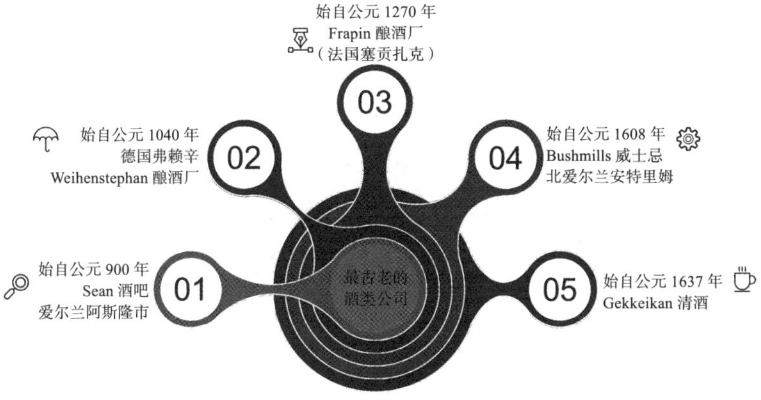

图 13　世界上最古老的 16 家公司中，有 5 家为酒类公司

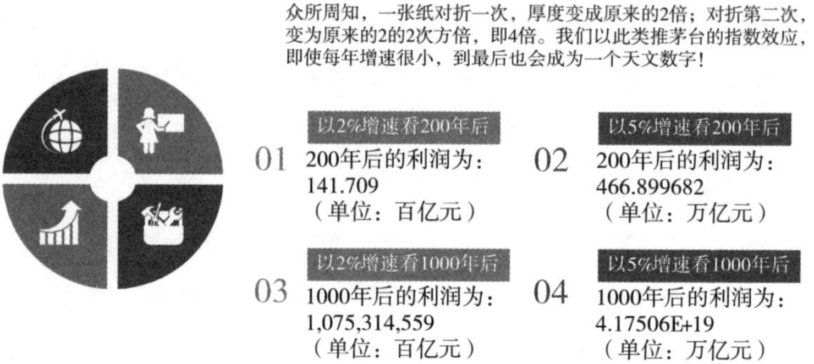

图 14　以 2017 年净利润算茅台未来利润水平

白酒行业的经久不衰与茅台的提价能力和稀缺性，让茅台酒本身具备了非常好的金融属性。2017 年有个新闻，有个阿姨 1973 年在银行存了 1200 元钱，2017 年到银行取走时是 2684 元钱。1973 年那个时候我 6 岁，吃一根冰棍是几分钱，而一瓶茅台的零售价是 4.07 元。当年拥有 1200 块钱算是富人了，如果买茅台酒的话，大概可以买 290 瓶。我特意问过卖茅台老酒的朋友，1973 年的茅台酒一瓶现在大概卖四五十万，290 瓶茅台老酒的价值就超过了 1 亿。如果当年买的是茅台酒，现在还是富人，可惜如今取出的 2684 元只够到高档餐厅吃顿饭。可以说茅台的金融属性甚至超过了绝大多数的理财产品，这一切的原因，除了茅台本身的特质，还有人民生活水平的不断提高，中国人财富的不断增长。

茅台的价值估算

从短期来看，2018 年茅台每股收益大概是 29 元，以目前价格来算市盈率大概是 25 倍；若按 2019 年每股收益 36 块钱计算，市盈率大约为20倍。以茅台成长空间及稳定性来论，参考全球食品饮料龙头的估值（25~35倍市盈率），茅台的短期估值尚处于合理的位置。

稍微看远一点，茅台若能在8~10年达到8万吨的极限产能，同时出厂价提高一倍到1650元的话，加上系列酒和财务利息，估算净利润可以提升6倍。按2017年大约270亿元的净利润来看，未来8~10年能达到1620亿元的净利润。对应现在市值9200亿元，市盈率不到6倍。所以说茅台就是给大家送钱的活菩萨。

表8　茅台估值

	2018	2019	2020	2021	2022	2023	2024	2025	终值
茅台基酒产量	50,000	56,000	60,000	–	–	–	–	–	
茅台成品酒销量	33,453	33,708	33,000	34,201	37,149	43,500	48,720	52,200	
销量 / 基酒产量	87%	87%	87%	87%	87%	87%	87%	87%	
茅台酒平均出厂价	1,097	1,218	1,352	1,501	1,666	1,849	2,053	2,278	
茅台酒收入（百万）	66,646	74,540	81,002	93,185	112,350	146,029	181,543	215,906	
增长	29%	12%	9%	15%	21%	30%	24%	19%	
系列酒收入（百万）	7,434	9,665	12,564	16,333	21,333	27,603	35,884	46,649	
现金及等价物	94,565	129,364	172,211	222,578	282,326	355,877	451,714	572,450	
CAPX	1,750	1,750	1,750						
分红现金	18,275	22,298	25,184	29,874	36,775	47,919	60,368	73,646	
金融收入（百万）	3,684	4,988	7,169	9,978	13,518	18,044	24,045	32,029	
简易金融收益率	4.2%	4.5%	4.8%	5.1%	5.4%	5.7%	6.0%	6.3%	
总收入（百万）	77,764	89,193	100,735	119,496	147,101	191,676	241,471	294,584	
增长	29%	15%	13%	19%	23%	30%	26%	22%	
净利率	47.0%	50.0%	50.0%	50.0%	50.0%	50.0%	50.0%	50.0%	
净利润（百万）	36,549	44,596	50,367	59,748	73,550	95,838	120,736	147,292	
增长	35%	22%	13%	19%	23%	30%	26%	22%	
估算自由现金流	34,799	42,846	48,617	59,748	73,550	95,838	120,736	147,292	3,829,596
折现自由现金流	32,221	36,734	38,594	43,917	50,057	60,394	70,448	79,577	2,069,011
DCF估值									2,480,954
对应每股价格									1,975

我们也可以用现金流折现进行估值，假设以2020年6万吨的基酒产量来推算2025年的茅台酒销量，同时茅台酒价每年以10%的速度上涨，系列酒到2025年收入超过460亿，金融收益率从目前的4%上涨到6.3%，净利率回升至50%，则2025年公司的净利润近1470亿。若采用8%的折现率进行估算，将未来8年的企业自由现金流和2025年的终值（4%的永续增长率）进行折现，现值高达每股2000元。若假设50%的分红，以700元的价格投资，拿到2025年的隐含回报率高达21.7%，仍然相当可观。

2018年2月10日

本文不构成投资建议，投资有风险、须谨慎！

一场生存与荣华的竞赛

在查尔斯河畔，我有幸和张邦鑫成了哈佛商学院CEO班的同学，投资好未来已经四年多的时间了，聆听他对教育行业的分析，让我获益良多，更感受到好未来商业模式里令人着迷的基因。

美国作家杜兰特在他的著作《历史的教训》中提到，生物史的整个历程展现给人类的第一个教训是，生命即竞争。自由与平等是永恒的不共戴天的仇人，一方取胜，另一方即死亡。越有能力的人越渴望自由，而平均水准以下的人群渴望的则是公平。一个折衷的社会机制，就是在最大程度上，保证法律与教育的公平性，从而让最有天赋和潜力的人得到价值发挥的自由。教育，是通向生存与荣华的必经之路，这并非中国之特例，只是在压抑了上百年的这片土地上，人们第一次拥有了依靠自身努力去实现各种梦想的自由，竞争才会如此的激烈。但就像杜兰特说的，这已经算是最大程度的公平了。

中国式的应试教育，僧多粥少，竞争激励。从原先赤手空拳的冷兵器时代，到后来专业化的课外辅导机构，把教学知识点系统化和程序化，在快速提升分数的枪炮时代，求学者永远和优秀的教育资源不匹配，竞争变得越来越激烈，但最后生存和繁荣的量并没有变，甚至结果也并无不同，只是竞争过程变得更加残酷和血腥而已，同时养肥了一群“军火商”。我们也一再思考，应试教育的课外辅导机构，作为这场竞赛推波助澜的帮手，是在为这个社会创造价值还是毁灭价值？就像是现实中核武器的发明，究竟是保家卫国的必要手段，还是人类通往毁灭的捷径，似乎并没有个定论，或者二者是矛盾的统一和平衡。

从我们投资好未来的 2014 年开始，公司累计涨幅超过 660%。运营收入从不足 20 亿元人民币到如今上百亿元，净利润也从当年的不到 3.8 亿到如今超过 11 亿元。一方面说明了中国教育竞争的残酷，而另一方面也体现了中国家庭对于教育的重视，以及对好未来等优秀辅导机构的认同和赞许。数学、英语、语文、物理、化学，春秋季、寒暑假，许多讲专题的短期班、三大竞赛班等课程，在各地开班时都人潮涌动，家长挤破头把孩子送进好未来。

在深圳，一个孩子一年一门课的花费在 1 万 ~2 万，虽然家长和孩子的负担都加重了，但在这个竞争压力因为“武器”的发明而骤增的环境下，就成了生存的一条主流渠道。至少在目前中国

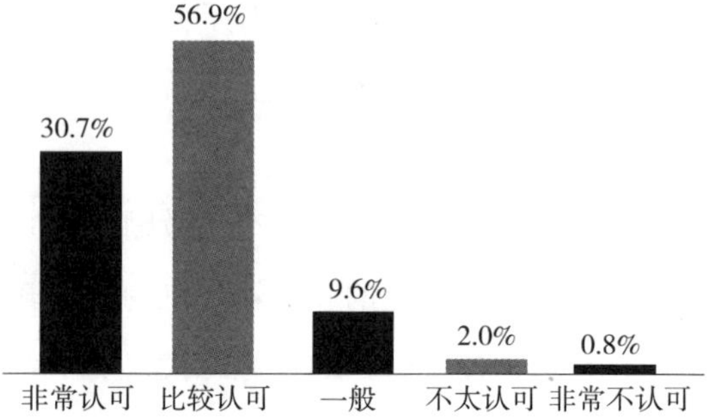

图 15　2016 年中国家长对中小学课外辅导重要性的认可情况

数据来源：中国辅导教育行业及辅导机构教师现状调查报告

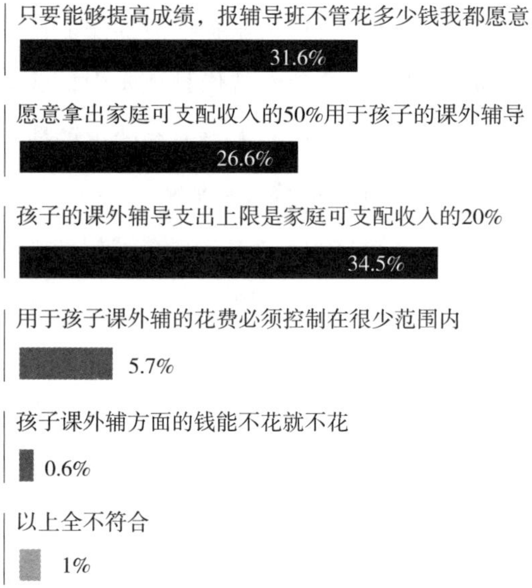

图 16　2016 年中国家长对中小学课外辅导的支出意愿

的优质教育资源依然短缺的环境下，这种状况不会减弱。即便没有好未来的存在，历史的另一种版本可能也在演绎着其他的课外辅导机构疯狂吸金的故事，好未来的存在可以说是一种生物历史竞争的必然。

同样以“武器”的竞争思路来思考辅导机构的商业模式，想要自身的武器生意红火，最好的方式就是打造最好的兵器并向高手推销，借高手的成名来为自己打广告，产生正向循环效果。同时，要把成名的武器推广至更多地区，就要解决武器快速、高质量、量产的问题，不能够仅仅依赖于一两个出名的工匠，而是需要一套流程和制度。这就是教育行业以及课外辅导机构的制胜关键。

好未来的竞争模式，正是这种思路：通过标准化的优质课程设计，同时保证了量产和教学质量，降低了教师在扩张过程中的限制作用。然后通过优秀学生的升学录取记录，打出了自身的品牌，制造了一种要上名校必须先上学而思培优的焦虑和态势。这种教学质量和教育声誉所形成的正向循环，导致了好未来的护城河不断加宽，这就好比我们看到名牌学校的排名一般在短短十年内很少有大幅度的变动一样，好未来在课外辅导行业的领头地位，短期内很难被动摇。

2016 年，中国教育学会在《中国辅导教育行业及辅导机构教师现状调查报告》中提到，2016 年中国课外辅导行业的市场规模超过 8000 亿元，参加学生规模超过 1.37 亿人次，辅导机构教师规模估计在 700 万 ~850 万人之间。中国课外辅导行业的市场规模，每年有 8000 亿元人民币。在这个巨大的行业中，以好未来和新东方为龙头的课外辅导机构，市场占有率不足 1.5%，这是个巨大而分散的市场。而具备一定的教学系统研发和组织能力的机构，不外乎好未来与新东方。通过在各地设立教学点，好未来招收的学生人数逐年在上涨，从 2014 年的 100 万人次涨到 2017 年的 400 万人次。借用巴菲特自传里的比喻来说就是，好未来所处的雪道很长，公司的模式和壁垒所筑的雪很厚。

很多人会担心好未来长期估值过高的问题。从 2015 年起，其 PE 估值一路上行，目前维持在 100 倍静态 PE 的位置，让很多人望而却步。诚然，我们也一再思考着好未来的估值问题。一方面，100 倍 PE 估值确实太贵，即使考虑到公司进行异地扩张，未成熟的门店导致利润率短期受压的原因，12 倍的 PS 估值也显得公司处于历史最高的估值水平；但另一方面，公司在克制扩张速度的前提下，收入高达 70%、净利率近 60% 的增长速度，也确实可以在教育行业这条长长的坡道上保持不错的增长。诚如对课外辅导机构的善与恶的思辩，我们在估值与伟大公司之间，还是选择了与伟大企业同行。

还记得我第一次到好未来公司调研参观的时候，有感于公司领导层全部是 80 后，这是一个年轻而富有创造力和活力的企业。祝福好未来在张邦鑫同学的带领下，为中国的教育事业做出更多的贡献。

2018 年 3 月 15 日

本文不构成投资建议，投资有风险、须谨慎！

腾讯公司为什么能够持续创造惊喜？

我们关注并持有腾讯已经有 12 年了，这期间腾讯的发展是十分惊人的，不仅仅给股东创造了超额回报，更重要的是腾讯的产品深刻地改变了中国人的生活。从我自身的感受来说，几乎醒着的每个小时都要用到腾讯的产品，用微信跟朋友聊天，通过公众号获取信息，用腾讯投资的美团点评找餐馆，吃完饭再用微信支付结账，用腾讯投资的滴滴和摩拜来出行，行程结束还是用微信支付，我还一直用腾讯视频看《权力的游戏》的每一季，总之日常生活的方方面面都要跟腾讯这家公司打交道，它真的做到了马化腾说的“连接一切”。

腾讯这家公司的神奇之处在于，每次大家觉得这个庞然大物的扩张已经差不多了的时候，它就会在大家意想不到的领域开创出一片新天地，而且这个新天地还可能大于以前的领域。我们这些年观察下来，它的现金牛产品从最早的移动梦网代理业务变成

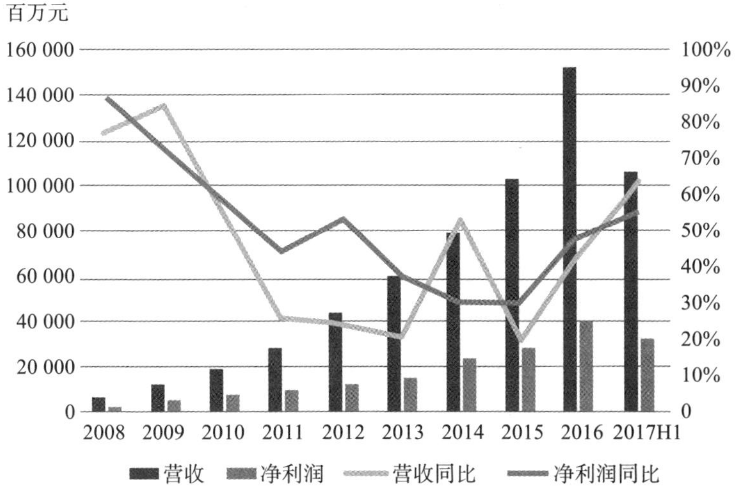

图 17 腾讯过去十年营收和净利润增长情况

虚拟商品销售，再到游戏，再到现在的游戏和广告双轮驱动，甚至将来金融、商贸零售和企业服务也会成为现金牛，它的即时通信平台从QQ变成微信、QQ两大平台并驾齐驱，旗下产品从腾讯网、QQ空间到现在的互联网各个细分领域全面开花，这远远超过我们多年前的预想，我相信十年前也没有人能料到腾讯的业务变化会如此之大，商业边界扩张得如此之广，甚至马化腾先生也曾一度回避媒体，他的理由是“不知道如何对别人讲述腾讯的故事”，可能腾讯的成长也令他很惊叹吧。

我一直在想，是什么造就了腾讯持续创造惊喜的能力呢？我想到的原因就是好的生意模式和好的管理层。

熟人社交网络实在是一门很好的生意，在这种产品诞生之前，人与人的沟通从未如此便捷，信息的分享从未如此顺畅。可以理解为没有社交网络的时候，人们是离散的点，其间有些零零星星的连线（通过短信等方式的低频沟通，很少涉及日常生活状态的分享），社交网络出现之后就给每个离散的点创造了连接的可能性，一下子从稀疏零星的连线变成了一张密密麻麻的大网，而且每个节点之间的连线都是可以高频传递图文视频等多媒体内容的信息高速公路。这张网越结越密，人们的一切信息传递都可以通过它来实现，大部分日常行为都会在这张大网上体现。这样的大网一旦形成，就会滚雪球一样地成长，到一定规模后其地位就很难被撼动了。不仅如此，由于人们的大部分信息都发生在这张网络里，结网者就拥有了上帝视角，自然能够敏锐地发现大众需求，做出的产品又可以通过这张网络得到最快的分发。所以，理论上它就获得了参与这张网络涉及的一切生产活动的可能性。

基于这样的原理，腾讯的触手伸到了方方面面，回想十几年前，大概 2005 年左右三大门户把持着新闻资讯，腾讯网还刚刚崭露头角，但腾讯网通过 QQ 弹窗推送的高频率和强覆盖迅速实现了逆袭，做到了行业第一名，这一点对我们触动很深。那年腾讯还决定进军网络游戏市场，从零起步，用了一两年时间就把棋牌游戏做到了行业第一，超过了当时风头强劲的联众棋牌室。腾讯很快四面出击，并战果累累，一度被人骂为“抄袭者”，这样的恶名一直到现在也没有完全摆脱，这种从零起步、后发先至的能力从那个时候就开始展现，到现在依然有效。近几年最漂亮的一战要数微信支付从春节红包入手，从零起步，花了两三年时间就在支付份额上即将追上支付宝的案例，这一战被马云称为“偷袭珍珠港”。然而，强大如阿里也不能在自己的互联网金融领地被侵犯的时候来一场复仇式的“中途岛海战”，只能看着微信支付一天天长大。

好的生意模式决定了腾讯公司壁垒高筑，并且提供了广泛扩张的可能性，好的管理层保证了腾讯能够利用好自己的资源，抓住扩张的机会。我们从企业文化就能看到管理层的水平，在此我想到一些网上看到的事例和腾讯的朋友给我讲过的例子。腾讯内部每个老板都有很强的产品思维，马化腾自称“腾讯第一产品经理”，曾半夜回复邮件提出产品修改意见，甚至某个小文案的改动都会提及。腾讯的创始人之一张志东先生，也经常耐心地体验产品，他曾在内部讲话中提过微信的 bug（漏洞），具体到微信 Mac 版本在部分屏幕尺寸下字体大小不适配和断网丢消息的问题，以及微信消息导入导出麻烦的问题。腾讯的朋友还跟我说，腾讯内部的快递通知会附带快递中心的直播链接，方便员工看到当前去取快递是否拥挤，腾讯周年庆还同样会给离职员工发红包和祝福。这些小事情反映出来的是公司内部上上下下都非常关注用户体验，这种精神对于一家做 to C（对消费者）产品的公司来说是至关重要的。

内部赛马机制也是我们非常欣赏的腾讯文化之一。腾讯的文化是允许适度冗余的，以保证团队的创新活力。腾讯历史上一直是这样的，移动端即时通信趋势来的时候内部有三个团队做即时通信软件，最后跑出了微信，据说直播繁盛的时候腾讯有六七个团队在做直播，新闻产品也是有腾讯新闻和天天快报两个团队在做，这种方式保证了腾讯总能抓住大机会。

此外，管理层的开放心态也令我们很钦佩。腾讯在“3Q 大战”之前是相对封闭的，什么事情都自己做，树敌很多又不见得都能做好，但是这件事情之后，腾讯的管理层转变了思路，将一些自己做不好的事情交给合作伙伴来做。到现在回看，这一转变实在是太重要了，在这一思路的指引下才投出了京东、美团点评、滴滴等巨无霸企业，腾讯通过投资充分享受了其他领域的增长红利。

过去这十来年，对社交平台网络效应的认可和对以马化腾先生为代表的管理层的欣赏，支撑着我们抵挡住了腾讯股价暴涨的诱惑和下跌的恐惧。过去一年腾讯股价又大涨一倍，市值突破了 5000 亿美元，接下来我们需要思考的问题就是腾讯在这么大的体量上还能不能保持快速成长。我觉得腾讯的增长要分成目前看得

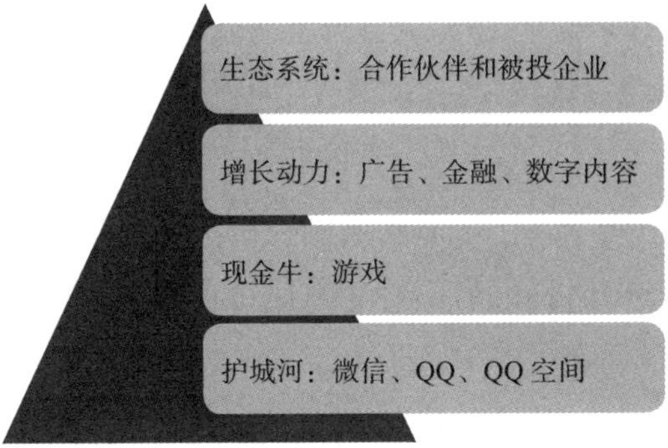

图 18　如何理解腾讯：腾讯的四层逻辑

见的增长和目前看不见的增长两部分，鉴于我们上面的论述，我相信腾讯会持续在新领域创造惊喜，也就是创造目前看不见的增长，在这里就简单展望一下看得见的增长吧。

腾讯目前的业务主要就是游戏、广告、数字内容服务和金融这几块。游戏可以理解为一种比可口可乐还好的消费品，巴菲特可以连续几十年每天喝 5 罐可口可乐，现在的小孩子会从幼儿园开始就每天打游戏，他们的这个习惯也可以延续几十年，而且每天打游戏的人应该比每天喝可乐的人多。我自己没有太多时间打游戏，但经常问年轻的同事们都在玩什么游戏。从我的观察来看，周围的年轻人花在打游戏上的时间都是越来越多的，在游戏上的花费也是越来越多的，甚至一些年龄大的朋友也越来越迷恋手游了。所以从这个角度看，游戏行业的长期增长是可持续的。游戏还有一个特点是单个游戏的可预测性差，所以小厂青黄不接就经营不下去了，集中度就会越来越高，而腾讯在游戏的研发、发行和渠道整个产业链上下游都是最强的，这种垄断优势会继续加强。

广告就是一门流量生意，流量在哪里广告预算就在哪里。我看到一组数据是腾讯系 App 消耗了中国移动互联网时长的 60%，而且过去几年这个比例是一直提升的，而腾讯在移动广告市场里的份额还不到 15%，移动网络广告市场也在增长，这两个数据差距很大，所以腾讯的广告业务涨得很快，至少可以保持现在 40%~50% 的增速三五年。

再谈谈数字内容业务，大家都知道马斯洛需求层次理论，中国人现在已经丰衣足食了，自然花在精神消费上的投入要越来越多。文化娱乐支出占中国居民消费支出的比例只有 3%，远低于发达国家 9% 的平均水平，这个差距是会慢慢变小的。精神消费主要就是娱乐和教育，所以这是我们长期看好的领域。在娱乐业，腾讯拥有最全的布局，包括阅文集团、QQ 音乐、腾讯视频、腾讯动漫、腾讯体育、企鹅影业等一系列产品，所以潜力很大。而且这些布局不是孤立的业务，而是一个有机结合的整体，阅文和腾讯动漫垄断了 IP 创造的源头，这是文娱大板块长久发展的源泉，通过视频、电影、游戏等下游产品开发这些 IP，这些 IP 资源就会成为活水，爆发出更大的价值。IP 这种东西的好处是越用越有价值，可能在不久的将来，腾讯旗下可以诞生类似国外的海贼王、米老鼠这样的超级 IP，让我们拭目以待。另外，我们发现大家对这些文娱产品的付费意识是实实在在地在提高的，比如我现在也成了腾讯体育的会员，公司里很多人也充值成为腾讯视频的会员，估计以后很多人就会慢慢有听歌付费、看动漫付费的习惯，这对腾讯来说当然是一个很好的趋势。

网上有个说法是，移动支付、高铁、网购和共享单车并称为中国的“新四大发明”，我们这里只谈移动支付，我觉着移动支付列在新四大发明里面是当之无愧的。这几年中国的移动支付发展实在是太快了，我生活在深圳，也经常去全国各地的大城市出差，印象中上一次取现金还是好几个月以前的事情了。支付宝和微信支付连接了各种各样的交易场景，所以现在出门在外有手机买什么东西都很方便，忘带手机心里就会很慌（事实上我几乎不会忘记带手机）。这两个支付工具逐步替代了银联的角色，其信用工具还会一定程度上替代信用卡，再进一步渗透到理财、借贷、保险等金融业务中。单单一个支付的角色就已经很有价值了，可以看一下美国的三大卡组织（维萨、万事达和美国运通），都是几百亿上千亿美元的市值，这些年业绩都在稳定地增长。更不必说理财、借贷等更大的金融子行业了。虽然互联网金融受到很多政策的管制，但是管制只能暂时改变技术革命的进程，不能影响长期的方向。这种连接社会生产里一切交易活动的平台未来会爆发出很大的价值，这方面我认为资本市场还没有充分认识到，蚂蚁金服和腾讯金融还是远远被低估的资产。

虽然站在当前的时点上，腾讯的估值处于高位，或许有回调的风险，但是以中长期的视角来看，腾讯的成长空间还很大，预计未来还会给我们持续创造惊喜，这就是我所理解的腾讯公司。

2018 年 3 月 2 日于深圳（部分内容由支东兴先生协助完成）

本文不构成投资建议，投资有风险、须谨慎！

贝佐斯思维推动亚马逊成长

如果有人问我心目中 21 世纪最有创造力的企业家是哪三位，我会毫不犹豫地说出三个名字：苹果公司的史蒂夫·乔布斯、特斯拉的伊隆·马斯克和亚马逊的乔治·贝佐斯。企业家是人类商业进步的重要推手，而最伟大的企业家不仅仅在商业领域贡献卓越，甚至还会上升到思想家的高度，乔布斯、马斯克和贝佐斯就是这样的人。

这两年美国投资界有个很有趣的话题，就是“下一个被亚马逊颠覆的行业会是什么”，某家投行还出了系列报告，可见亚马逊是一个多么可怕的公司。回看亚马逊的历史，可以说是一部颠覆史。亚马逊最早做书店起家，打败了美国最大的书店巴诺。后来，从书店这么一个细分领域，进军整个零售业，到现在市值超过了美国八大零售连锁店之和。再后来，这个零售公司又做起了云服务生意，如今已经是全球最大的云服务提供商。2017 年开始，又通过收购全食超市进军生鲜食品市场，收购当天，沃尔玛、塔吉特、好市多、Sprouts 等连锁零售商股价应声大跌。

亚马逊的商业版图没有边界，除了上面提到的业务，亚马逊在智能家居、视频流媒体内容领域也开展得风生水起，最近还在尝试快件承揽业务和药品销售服务，不得不令人惊呼“亚马逊统治美国”。正是这种持续扩张保证了亚马逊的高增长，上市以来的这 20 年，除了互联网泡沫破灭之后的 2011 年，亚马逊每年都保持了 20% 以上的营收增速，到目前仍然没有丝毫减速的迹象。

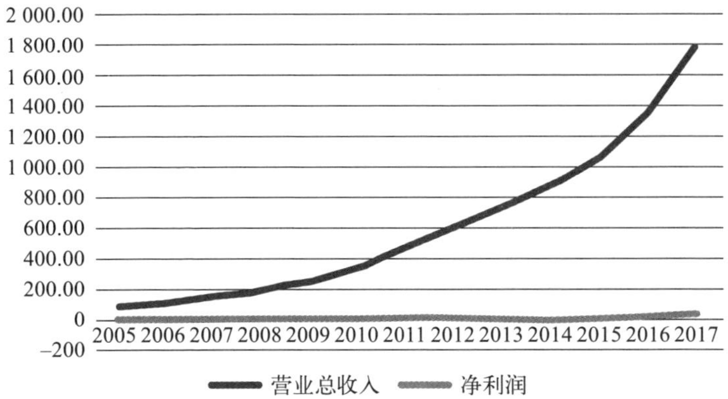

图 19　亚马逊历年收入和净利润

亚马逊为什么能有如此辉煌的经营历史和强大的扩张能力呢？这很大程度上跟贝佐斯的思维方式有关系。贝佐斯提出了很多开创性的经营理念，比如飞轮效应、以消费者为中心、公司保持节俭的文化等等。在我看来，贝佐斯思维最大的特点就是"think big，think long"（目光远大），想问题总是立足长远，立足伟大目标，自然就能拨云见日，提出别具一格的思路。

贝佐斯在亚马逊创立之初就立下目标要做"世界上最以消费者为中心的公司"，这些年也一直坚定不移地围绕这个目标开展业务。在他看来，只要消费者需要的服务，亚马逊就应该提供，只要是亚马逊卖的商品，就要做到物美价廉，很少关注竞争对手，因为"过于关注竞争对手会让你最终做得跟它们一样"，也不太看重资本市场的看法，因为"规划三年的公司很多，但是规划七年的公司寥寥无几，一定要着眼长期"。亚马逊提倡的以消费者为中心可不是简单地说说，是真的投入真金白银要做到极致。有个美国的朋友跟我说，美国的快递都是扔在门口的，偶尔就会有丢失的情况，有次他在亚马逊买的书没有收到，给亚马逊发了一封邮件，就很快收到了一本，这令他对亚马逊好感倍增。亚马逊当初做 Prime 服务的时候，贝佐斯不顾管理层的反对，执意要定价 99 美元，这明显是赔本的生意，但是贝佐斯还是选择了牺牲一部分利润以换取更高的消费者忠诚度，如今 Prime 在美国家庭中的渗透率已经超过了 50%，Prime 还作为一个连接器把亚马逊的电商服务和软硬件生态连成了整体，电商是刚需，音箱是入口，软件是附加价值，用 Prime 会员把这些融合起来就形成了用户黏性最强的生态系统。由于贝佐斯总是着眼于长期利益，所以亚马逊常年亏损，到现在也利润微薄，公司把多余的现金都用于投资未来，只要保留稳定的现金流维持公司正常运转就可以了。

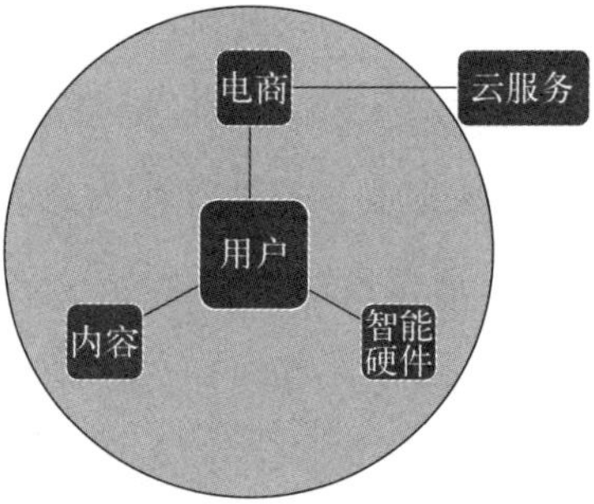

图 20　Prime 会员体系

由此我想到，做资产管理公司也是这样，如果总是想抓住短期的赚钱机会，就会陷入市场博弈，焦头烂额，但如果能够顶住压力，像贝佐斯那样“think big，think long”，那么最终的结果必然不错。这大概是我研究亚马逊以来最大的收获了。

行文至此，Facebook之后，紧接着亚马逊也卷入了舆论纷争当中。美国总统特朗普近期发推文抨击亚马逊占美国邮局便宜，声称要让亚马逊付出代价。电商对零售的改革是不可回头的时代潮流，我们并不担心亚马逊会因为某位总统的牢骚，竞争力受到影响。从亚马逊在电商以及云计算的更长远发展方向上看，此次事件或许只是一个小波澜。

2018年4月1日

本文不构成投资建议，投资有风险、须谨慎！

我这样理解新零售

今天早上看到一条新闻，标题是“时隔两年多，阿里巴巴市值再次超越亚马逊”，股价每天都在波动，偶尔涨多一些并没有什么特别，只是这条新闻触发了我的回忆。这几年资本市场对阿里的态度可谓几度起伏，2015年阿里的股价从高点下跌了一半，而2016年和2017年又大涨，当前股价已经是2015年低点的三倍了。公司还是那家公司，并没有在两年时间里出现那么大的变化，但是资本市场对它的认知却发生了翻天覆地的变化。究其原因，阿里巴巴是一家战略驱动的公司，其管理层总是高瞻远瞩投资未来，效果不会是立竿见影的，往往要投资好几年才见效，所以资本市场对它的预期有时候也飘忽不定。

回想阿里巴巴的历史，公司在2004年就做了支付宝，目的是解决买家和卖家的信任问题，但是当时很多人是不相信支付宝能够解决好这个问题的，用了好几年才被广泛认可。公司早在2009年就着手投入云计算，但这个事情产出成果是在项目启动的四五年之后，而资本市场开始给阿里云合理估值要到2017年了。另外，阿里早在2010年就开始推广淘宝商城，也就是后来的天猫，当时大家也很费解，好好的淘宝就能满足需要，为什么要搞一个淘宝商城出来？但是到今年，天猫交易规模已经快要追上淘宝了，增速还是淘宝的三倍左右，可谓令人惊叹的成长。还有，阿里巴巴早在2013年就布局文娱，2014年就开始做新零售，目前看来文娱战略并不算成功，新零售这一两年得到了广泛关注，但是具体将来能成为什么样子，我相信资本市场还是有很大分歧的。

简单来说，阿里巴巴是一家战略驱动的企业，研究清楚阿里巴巴管理层提出的战略，就能看清公司未来几年的走势，也可从中一窥中国零售业的发展趋势。那么当前阿里巴巴最重要的是哪个战略呢？就是新零售。那么，什么是新零售呢？新零售为什么会发生呢？将来会成为什么样子呢？这些就是当前我对零售业最关心的问题，我一直通过自己的购物体验和观察家人朋友的购物习惯来思考这些问题。

零售无非“人”、“货”、“场”三要素的结合（在此我姑且把服务业的消费也归类到“货”里面），我们从这三个角度依次来看这些问题。

购物渠道（“场”）的演变大致经历了四个阶段，目前处于第三和第四阶段的交接处。第一个阶段是实体店购物为主，特点是消费者的购物都局限于较小的生活区域，供应链是一级一级分销的模式。这一阶段地段对于商店非常重要，地租按比例平摊在商品价格里。店铺受到地域限制，能服务的顾客不多，提供的商品种类也少，代理商抽成和高昂的地租导致商品价格较贵，沃尔玛这样的大型商超在品类、供应链、地租这三方面都比小店有优势，通过规模效应做大了份额，而区域小店由于地理位置的方便，可以在当地存活下来，这个时代的渠道集中度并不特别强。

第二阶段是网购迅速崛起，挤压实体店零售。网购刚起步的时候，我意识到网购的商品种类极其丰富、网上开店的成本很低、供应链大大缩短、足不出户就能买到东西，缺点是买家卖家的信任度低、物流慢。支付宝的出现解决了信任问题，三通一达的出现缓解了物流的难题，网购的巨大优势迅速催生了行业的崛起。网购天然有很强的网络效应，形成了如今行业前三占据 90% 以上份额的格局。

第三个阶段是线上零售智能化，线下零售数字化。网购发展到成熟时期，流量红利逐步消失，网店的成本跟实体店差不多，消费者的购物诉求也从低价转移到高品质上来，所以这一阶段的主线是线上销售的智能化，也就是给用户推送更好的商品，这正是当下兴盛的趋势。同时，实体店过去四五年迅速实现了数字化，这个事情可以看作意外之喜，主要是移动时代造成的，智能手机的普及带来移动支付的盛行，推动了线下支付、结算的数字化。之所以说这个是意外之喜，是因为中国零售的业态借此实现了跨越式发展，很多零售小店跳过信用卡支付、线下会员卡体系，直接实现了移动支付、线上会员体系和智能收银系统，在一定程度上提前实现了数字化。

第四个阶段就是线上线下数据、物流、资金互通，边界融合，消费体验全面提升。线上线下购物的边界逐渐模糊，数据互通、物流互通、资金互通，消费者从关注商品的功能属性转移到关注购物的体验属性。人类购物的基本需求是多快好省，线上或线下只是一种手段，而非目的。以前线上和线下购物的界限很清晰，是因为以前的资金流、物流和信息流都没有达到可以互通的地步，而不是由于融合没有价值。我们当下的购物体验依然有很多是需要改善的，比如网购生鲜食品、衣服、艺术品等非标产品所见和所得不一样，而实体店购买又不方便货比三家，得跑好几个地方还不一定能看到合适的东西，这就是需要线上线下结合的新零售解决的问题。

如今线上购物的全面普及和线下商店的数字化为融合的解决方式提供了可能。可能未来三五年之内，我们的购物体验就会有很大的变化。比如，网上买的衣服如果不合身可以去附近商场调换，在实体店看过的商品扫码自动能加入淘宝收藏夹，在淘宝上刷到但还没买的宝贝到了实体店也能收到相应的推荐，线下连锁店和线上品牌店的仓储互通，无论在线上还是线下下单，商家总是选择最快捷的方式配送等等。

购物群体（“人”）也在慢慢发生变化，消费主力从追求性价比的 50 后、60 后、70 后，变为新世代年轻人和新崛起的富裕阶层这两个群体。新世代年轻消费者将释放巨大的消费潜力。新世代消费者主要是生活在城镇的 80 后、90 后和 00 后。BCG（波士顿咨询公司）预计，在 2016—2021 年间，新世代消费力的同比复合增长率为 11%，是上一代增长率的两倍以上。这群人的消费增长贡献比将达到 69%，而上一代贡献比仅为 31%。他们是未来企业关注的焦点，与我们这些老一代的人相比，他们出生在物质条件充裕的时代，从小就受到国际知名品牌的影响和熏陶，因此对产品的需求更多样，消费意愿也更强。此外，根据 BCG 的《中国私人银行 2017》报告，家庭可投资资产值在 100 万美元到 500 万美元，以及 500 万美元到 2000 万美元这两个区间内的家庭数量增长最快，2017 年的 210 万户和 30 万户，将在 2021 年分别达到约 340 万户和 50 万户。预计从 2017—2021 年，这两个群体的财富值将以 13.6% 的平均速度高歌猛进。2016—2021 年，上层中产（每月可支配收入 12000~22000 元）及富裕家庭（每月可支配收入 22000 元以上）数量将翻一番，超过 1 亿户，共同拉动 75% 的消费增长。

商品（“货”）品质的变化也挺大，人们的消费需求从基本的温饱需求升级到对品质生活的追求，所以看到享受型和精神型消费的崛起，其代表就是海淘的崛起、品牌店的崛起、旅游消费和文娱消费的崛起。我们看到，全国零售企业销售额增速逐步下滑，甚至进入负增长。传统线下零售堆砌商品的那一套不再管用，80后、90后消费者几乎不逛超市，因为他们很难从线下超市中寻找到自己所需要的商品，而线上则可以通过精准搜索或推送实现。我们看见，新的超市不再追求大面积卖场模式，而是缩小面积，精选货架，开设会员店、便利店，将传统超市1.5万~2万的SKU（库存量单位）减少到3000~5000 SKU。而线上的流量也趋于集中化，品牌电商的销售增速快于过去低价格的淘品牌增速。这个过程中，对于厂商来说，由于SKU的减少，集中度的提高，品质的重要性提高，小厂商的产品更难进入商超，生存越来越艰难。对于经销商来说，厂商们生存艰难的时候就更愿意跳过经销商，减少中间环节加价，更愿意直接面对客户，更好地服务于客户。对厂商没有附加值的经销商就很难生存，单纯的倒手加价的生意难以为继。对于终端来说，旧的模式里摆满SKU吸引消费者的模式走不通了，消费者的主动性提高了，店家更需要关注消费者体验，同时消费者使用移动支付、线上筛选产品的习惯也逼迫终端不得不加入新零售变革。

概括来说，网购和实体店购物各有优劣，适用于不同的商品和场景，现在二者的红利都用尽了，倒逼它们通过融合来提升购物体验。这种融合的方式确实是更好的购物体验，以前没做到只是因为条件不成熟。如今，移动支付的普及、品牌店线上线下双渠道并进的普及提供了可行性。同时，新消费人群的崛起、品牌意识的增强将会推动这一趋势的发展。新零售不仅仅是消费方式的变化，还会带动供应链和制造业的变革，供应链的去中介化、直采模式占比提高、制造业更讲究品质和效率，都是必然的趋势。

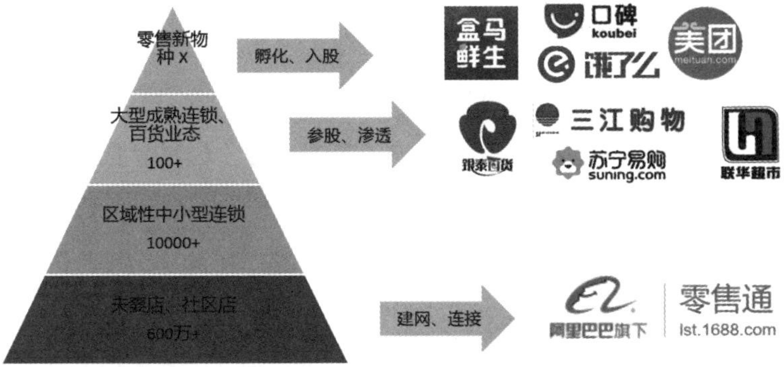

图 21　阿里巴巴在新零售的布局

这就是我理解的新零售，在我看来，新零售是个自然而然、水到渠成的事情。而阿里巴巴又是这一大潮的领头人，也是将来最受益于新零售的公司。电商发展已经很成熟的今天，渗透率也就十几个点，还有 80% 以上的交易是线下发生的，电商进一步渗透的阻力越来越大。如果能够在新零售中有所建树，那么阿里巴巴的天花板就彻底打开了，未来五到十年还有可观的增长空间。我对新零售的趋势毫不怀疑，但是对于发展速度还没有把握，这两年去过几次杭州的银泰百货，虽然银泰跟阿里合作好几年了，但是新零售的进展还不是很明显，毕竟线下商业改造不会像线上那么快，这是我们将来要持续关注的地方。

2017 年 10 月 11 日于深圳

本文不构成投资建议，投资有风险、须谨慎！

Facebook 为什么没有像腾讯那样业务扩张

我们很早就研究了腾讯的模式，意识到了社交网络平台的巨大价值，所以我们在 Facebook 一上市就密切关注了它。扎克伯格很年轻，没有读完大学就创办了这家公司，此前没有管理经验，但他却是一位深谋远虑、领导力强的优秀企业家。这些年在他的领导下，Facebook 从校园起步，做到了全球社交领域的绝对龙头，改变了全球三分之一人口的网络社交活动，公司旗下的社交平台矩阵不断扩充，已经拥有了 Facebook、Instagram、Messenger 和 Whatsapp 这四个用户数超过十亿的平台，公司业绩也保持了高增长，除了上市第一年外，股价一直稳健地上涨。

Facebook 的社交地位并非高枕无忧，在移动端转型过程中，大家曾一度认为 Facebook 步伐落后，即时通信领域面临 Whatsapp 的挑战，年轻人也有离开 Facebook 网页端的趋势，上市第一年股价很低迷，甚至跌到了发行价的一半。现在回头看，市场显然低估了熟人社交平台的生命力，低估了好友关系链的强大黏性，公司管理层通过推出 Messenger、放弃 H5 转做 App、收购 Whatsapp 等一系列动作很快就扭转了危局，社交龙头地位得以在移动时代延续。近两年 Facebook 还面临 Snapchat 的挑战，不过我们还是对 Facebook 平台的熟人关系链壁垒很有信心，Snapchat 用户数是 Facebook 的子集，而且 Facebook 旗下还有 Instagram 与 Snapchat 正面抗衡，Snapchat 的产品创新并不能形成壁垒，我们认为长期看 Snapchat 很可能在竞争中落败，当然也有被 Facebook 收购的可能性。

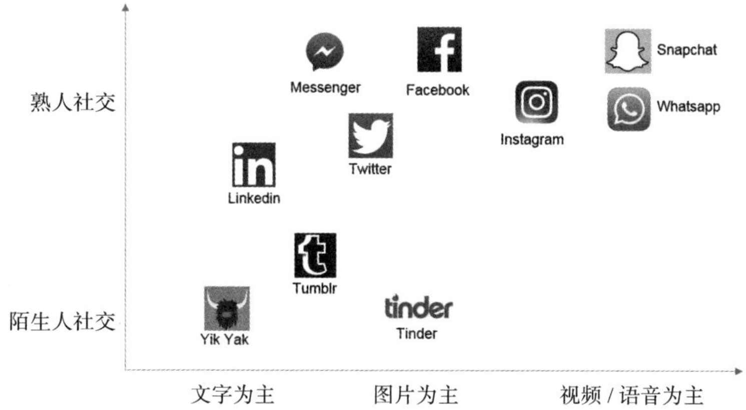

图 22 欧美国家主流社交软件

Facebook 和腾讯在社交网络领域的地位相当，但是这家公司跟腾讯还有个挺大的区别，腾讯的业务越做越多，估值水平越来越高，而 Facebook 虽然也尝试做其他业务，但是主业从来变化不大，始终都是广告业务贡献 95% 以上的营收，估值水平整体上是越来越低，这是为什么呢？这是个很有意思的问题，我谈谈过去做的思考，而且在未来几年还会保持对这个问题的探索，毕竟公司的战略和业务也是动态变化的。

这个话题得从国外用户的使用习惯谈起，我们发现国外的产品功能专一，每个产品各居其位，举例来说，美国大部分年轻用户的手机里同时装着 Facebook、Messenger、Whatsapp、Instagram 和 Snapchat 中的三四款，Facebook 作为最通用的平台，他们可能像我们刷微信朋友圈那样刷一下所有好友的动态，同时也作为个人资料的展示平台，发一些相对严肃认真的动态，然后拿出

Messenger 或 Whatsapp 跟死党聊天，再用 Instagram 或 Snapchat 的修图功能发一些有趣活泼的内容，只展示给同龄好友。

再比如，Yelp 和 Groupon 也主要是做商家信息的展示，不会像美团和大众点评那样还支持订单结算、预约排号、外卖配送等五花八门的服务，PayPal 也仅仅有个支付功能，并不会像支付宝那样支持各种理财产品，还提供淘票票、口碑、水电煤缴费等日常生活和娱乐服务。其实这个现象背后是欧美的文化习惯，欧美人的餐具、农具都要比东方人分类详细，至于这个文化为什么跟东方人区别这么大，就不在本文的讨论范畴内了。

总之，我觉着限制 Facebook 业务拓展的首要原因就是国外用户的使用习惯，他们对在主 App 中加入新功能的接受度不会太高。另外一个重要的原因是商业环境不同，中国的商业竞争环境要激烈得多，不主动出击就只能等别人打上门来，所以过去几年我们看到 BAT（百度，阿里巴巴，腾讯）三家公司都分别把对方的主业尝试了一次，更别说一些格局不稳定的小市场了，而美国大公司由于语言和文化的优势，可以扩张到国际市场，所以与其跨界进军别人的领地，不如把主业推广到国际市场来得容易。Facebook 过去几年花在全球用户数增长上的精力要比放在业务多元化上的精力多。

不过，随着 Facebook 国际化做得越来越成熟，社交平台的广告变现开发程度进一步提高，Facebook 也就有更多的动力来做业务多元化了。我们看到 Messenger 上进行的社交电商探索就是不错的方向，官方称该平台上已经有超过 8000 万用户参与过电商交易互动，让我们一起期待更好的成效吧。

近期，Facebook 被卷入了用户隐私泄露事件当中，股价一度回落了 20%。经营企业一路上总是如履薄冰，砥砺前行，纵使最伟大的企业也是如此。而作为投资者，只有对企业核心的商业模式有深入的理解，才能在伟大公司遭遇恐慌抛售时保持独立的见解，不受市场的影响。

2017 年 12 月 19 日

本文不构成投资建议，投资有风险、须谨慎！

人工智能芯片的垄断者

我们一直很庆幸东方港湾从成立之初就是横跨三个市场来投资，这样便有利于我们在更大的可选择范围内找到某个行业最顶尖的生意。在人工智能领域，英伟达的地位可以说是近乎垄断，目前无人能超越。英伟达的股票代码是 NVDA，我们也可以用 NVDA 四个首字母来看看英伟达的竞争实力究竟有多强。

N for Newcomer

英伟达以前是一家游戏公司，显卡主要用于游戏图形加速。而那时候，人工智能深度学习算法一般是用 CPU（中央处理器）跑的，虽然每个 CPU 核心处理能力很强，但无奈数据量太大，跑一次深度学习需要花费大量的时间。再后来，谷歌在一次图形处理比赛中使用了显卡，效果拔群并获得第一，从此英伟达携带着 GPU（图形处理器）作为 Newcomer（新来者）加入到了深度学习的行列。但这 Newcomer，却有着比 CPU 在数据处理上更加优异的性能，CPU 单核处理能力很强，但无奈核数太少，GPU 单核处理能力可能仅为 CPU 的一半，但 GPU 的核数是 CPU 的上千倍，算力可以简单理解为单核频率与核数的乘积，这样 GPU 的算力可能是 CPU 的成百倍，在数据处理中的算力优势就十分明显了。同时，英伟达也是 AI 淘金者的送水人。

V for Volta

Volta 是著名意大利物理学家福特的英文名，同时也是英伟达新一代 GPU 架构的名字。英伟达每一代显卡架构都以著名物理学家命名，上一代是 Pascal，下一代是 Ampere。而英伟达的老对手 AMD 历代的显卡架构则是以星座命名，对标 Volta 这一代的是 Vega，上一代叫作 Polaris。然而可悲的是，理应对标英伟达 Volta 显卡的 AMD Vega 显卡，性能只和 Pascal 相当，就是说英伟达领先其主要对手 AMD 至少一代产品的距离。业界甚至有一段时间传言，AMD 的存在，是为了防止 Intel 和 NVDA 垄断，一旦 Intel 和 NVDA 被判定垄断，会面对分离业务的惨痛损失，所以还不如在 AMD 快要挂掉的时候给它送钱，防范业务剥离的风险。当然，这可能只是个玩笑，但是却能反映出 NVDA 与 AMD 的强弱关系。

D for Data Center

Data Center（数据中心）是英伟达发展最快的业务，也是承担其高估值的业务。这是一块从 0 到 1 的业务，据统计，2016 年新增服务器的中 GPU 占比仅为 0.24%，AI 的需求使得服务器 GPU 占比提升，假设 2020 年到达 1% 的渗透率，那么此业务将 4 年内翻 4 倍。

A for Autonomous

选择投英伟达的另外一个原因是其赛道，未来 2~3 年看的是数据中心，那么 3~5 年看的则是自动驾驶。假设汽车成为下一智能终端，传统汽车将经历手机一样的从功能机到智能机的蝶变，无人驾驶芯片提供商将成为智能手机时代的高通。目前英伟达在无人驾驶领域的格局依旧明朗，潜在的对手是 Intel 的 Mobileye。之前有传言特斯拉因为数据的原因要自己做无人驾驶芯片，但芯片是一个需要资金、技术和经验积累的行业，是否成功仍是未知数，即便特斯拉的无人驾驶芯片能成功，其竞争对手如 ABB 也不会用它家的芯片。而目前来说，NVIDIA 的 Drive PX 2 芯片是无人驾驶芯片中的顶级产品，这一优势也有望在未来延续。

近期，英伟达因为 Uber 自动驾驶致死事件而暂停了其自动驾驶系统的公开路测，引发了股价的暴跌。事实上，英伟达早已表示希望通过将使用英伟达芯片的合作伙伴传回来的数据输入公司的仿真模拟驾驶系统，在短时间内实现实地场景中无法触及的测试历程，并模拟任何驾驶场景。类似这种负面新闻，在伟大企业的发展中层出不穷，我们相信只要不触及企业核心竞争力，这些都不过是前进潮流中的小波浪。

2018 年 4 月 2 日

本文不构成投资建议，投资有风险、须谨慎！

微软的王者归来

滚滚长江东逝水，浪花淘尽英雄。在这十年间，我们目睹了市值曾高达 1250 亿美元的雅虎以 48 亿美元卖给 Verizon，也目睹 IBM 从成为巴菲特购入的第一只科技股到 2017 年的清仓，然而，本以为凋零的微软，却在这十年间绽放，市值从 2000 亿美元一路上扬至 7000 亿美元，完成了 PC 巨头中最成功的转型，也可能是仅有的成功的转型。

互联网世界中，异军突起成为巨头的很多，掉队了还能回来的却屈指可数，微软就是那位走失了还能回来的，实在是难以想象，昔日的 PC 霸主，是踏空了整个移动互联及社交网络。

过去投资微软，投的就是它的成功转型。其实 14 年前的微软和 14 年后的微软是两个不一样的微软，分水岭在于鲍尔默的隐退和纳德拉的上任，鲍尔默时代的微软，是“唯我独

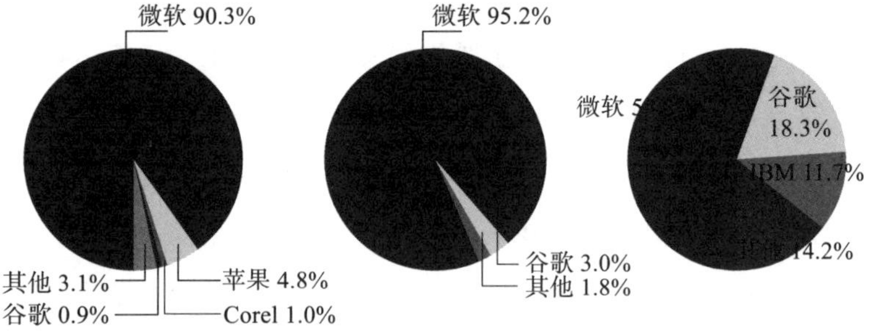

图 23　2015 年办公套件（消费者）市场份额、办公套件（商业）市场份额、邮件应用市场份额

资料来源：Gartner、招商证券整理。

尊”的气息，拒绝使用苹果的产品，换来的却是夜郎自大和强弩之末，而纳德拉的微软，则更加开放及温润如玉（大家可能不太清楚，纳德拉有一个患脑瘫的儿子，这让他在处理事情上更具有同理心），他在 Build 大会上会使用 MacBook，同时也让 SQL Sever 有了 Linux 的版本，这在十年前是无法想象的。虽然 14 年微软的股价停滞不前的锅不能让鲍尔默全背，然而，纳德拉的确激活了前两位 CEO 的“管理遗产”，让微软焕发出新的活力。

未来十年，微软的布局也更加鲜明。腾讯占据的是中国人的生活时间，而微软则是占据全球人的工作时间。没有一款办公软件能像 Office 那样左右人们的工作，即使是快上市的 WPS 在中国市场占有率达到 27.81%，其全年销售额可能连 Windows Office 的零头都不到。而且在欧盟区的某些国家，Office 的营收是与其 GDP 成正比的，仿佛是一种税收的存在。这将为微软构成深深的护城河，并且提供稳定的现金流。

在云计算方面，微软也势不可当，Azure 上季度增速 90%，这一季度增速 98%，呈现加速增长的态势，同期主要对手亚马逊的 AWS 增速仅有 42%。Azure 现在是全球第二大共有云，占 20% 的市场份额，随着大企业的云迁移需求逐渐增长，那些能够提供全产品服务的（IaaS+PaaS+SaaS）及能够提供一致性体验的混合云的公司将更具吸引力。这或许是将来 Azure 超越 AWS 成为第一大云服务商的核心所在。

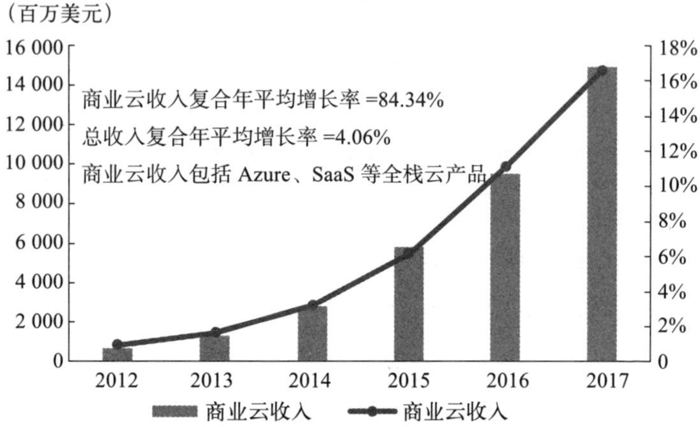

图 24　商业云收入扩张迅速

资料来源：微软时报、招商证券。

过去二十年，智能终端从电脑转向了手机。每一个智能终端，代表着一种新的人机交互，电脑是通过键盘和鼠标，手机则是通过触控屏。每一次人机交互的革新都往更自然和效率更高的方向发展。2017 年智能手机出货量 14.62 亿部，首次出现下滑，而市场正呼唤下一个智能终端的出现，也就是新的人机交互模式。如果大家体验过微软的 HoloLens，就会惊讶于微软在人机交互领域的深厚底蕴，这是一款 2015 年的产品，但是两年过去了，仍未被超越。所以在下一个智能终端，微软将是最有可能成为苹果对手的硬件公司。

微软创始人比尔·盖茨，除了用 Windows 系统改变了人类生活，成就了首富的地位之外，在过去的 20 多年，他更是因慈善事业而为世人尊重。2006 年巴菲特宣布将其资产的 85% 捐给 5 个基金会，而其中最大的一笔就是给了盖茨基金会。我们为盖茨的慈善事业和人格魅力所打动，也祝福微软在新的时代能够继往开来，继续屹立于时代创新的浪潮之巅。

2018 年 1 月 19 日

本文不构成投资建议，投资有风险、须谨慎！

改变人类生活的伟大企业

投资是不断学习成长的长跑，查理·芒格说自己不见 40 岁以下的基金经理，巴菲特在耄耋之年重仓了第一个科技企业 IBM，虽不尽如人意，我们还是在伯克希尔最新的投资组合中，看到了另一家科技龙头的身影——苹果。

iPhone 掀起了移动互联的大时代，让诺基亚、摩托罗拉等传统功能机巨头凋零，也在数量上超过了 PC 机，成就新的人机交互时代。很难想象，失去手机，生活会变成什么样。有人忘了带手机上班，就会觉得浑身不自在；有人出门可以不带现金，但不会不带手机；占据人生活时间的通信、视频、游戏，也大多在手机这一硬件上完成。

iPhone 自然是这一领域的佼佼者，2017 年占约 20% 的全球出货量，却占据了 80% 的行业利润。乔布斯的苹果公司自带一种“现实扭曲力场”，很多人都没有发现自己有触控屏的需求，而乔布斯会告诉你有。

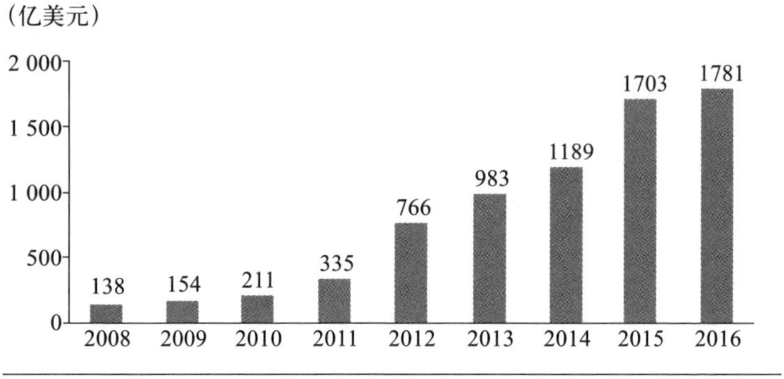

图 25　苹果品牌价值

资料来源：Interbrand，中信证券研究部。

在这个过去十年爆发力最大的行业，在这个爆发行业中护城河最深的公司，成功成长为全球市值最大的公司。同时带着大家的期望，向万亿美元市值突破。

长期持有苹果，可以简化为两个指标。第一是低市盈率。苹果远期市盈率目前为 14.6 倍，明显低于谷歌、微软以及亚马逊等科技公司。优异的产品带来惊人的现金流，苹果的海外现金储备高达 2500 亿美元，而在行情好的情况下可以考虑除去现金，那么市盈率将低至 10 倍。同时定期以及可预测的分红和回购，强大的消费者品牌也是其核心竞争力之一。而目前，苹果已经成为巴菲特的第二重仓股。巴菲特说“苹果公司最打动我的地方是，拥有一个很有黏性的产品，人人爱用苹果手机，而且特别有用”。

第二个则是 ROE（净资产收益率），一家公司的赢利能力也很重要，巴菲特给自己制定的目标是，未来十年年化 ROE 要达到

15%，他过去 52 年的平均业绩是每年 19%。这也是巴菲特选股的最重要标准。而苹果公司过去十年平均每年 ROE 为 30%，是其标准的两倍。

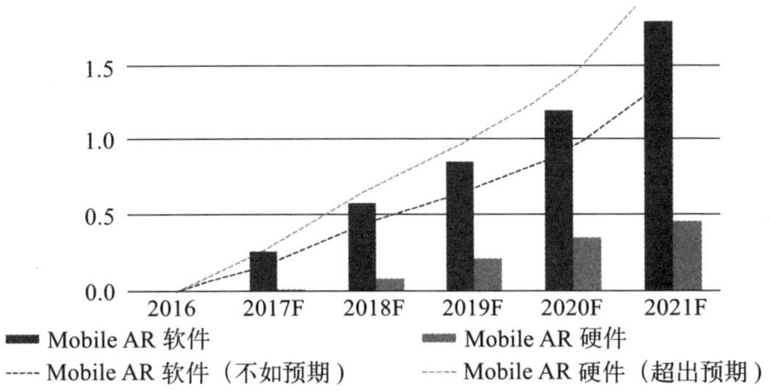

图 26　Mobile AR 应用安装与硬件数量预测（10 亿）

资料来源：Digi-Capital。

目前很多人质疑苹果的超级周期是否停止，当前我们却认为，苹果的超级周期只是暂缓，并没有停止。对消费品，我们用费雪的闲聊法进行调研，问身边的人觉得 iPhone 如何，得到的几乎都是正面的反馈，同时也可以发现，随着时间的推移和 iPhone 价格的下降，身边用 iPhone 的人越来越多。未来库克时代的苹果试图通过 3D Sensor 和 AR 开启一个不亚于触控屏的时代，库克看好的 3D Sensing 是不亚于触控屏的一次巨大机会，带来新的人机交互变革。

截至今日，苹果股价再创新高，超过 9000 亿美元市值。可能就在 2018 年，苹果将成为人类历史上第一个突破万亿美元市值的企业。我们祝福这样伟大的企业！

2018 年 2 月 28 日（部分内容由刘政科先生协助完成）

本文不构成投资建议，投资有风险、须谨慎！

向达·芬奇致敬

有家公司，让我联想到漫威题材中的一位英雄人物。这个超级英雄是奇异博士（Doctor Strange），他拥有一颗名叫阿戈摩托之眼的时间宝石，能去到任何时间点。那么我们将时间回到 1495 年，这一年达·芬奇设计了第一个仿人型机械，他于是被认为是世界上第一台机器人的发明者。

时间回到 1995 年，美国直觉外科公司（ISRG）诞生（这家也就是我们想介绍的公司），为了纪念达·芬奇带来的对机器人的启蒙，他的创始人弗雷德里克·H. 摩尔（Frederic H. Moll）博士将他们设计的医疗手术机器人系统命名为"达芬奇手术机器人"。

我们知道美的收购的库卡很牛，与 ABB、发那科、安川等并称机器人四巨头。然而在手术领域横行霸道的，其实是达芬奇手术机器人。这是一个如芯片领域的 ASML 般的存在。

在 21 年的持续创新下，已有 300 万个用户，3.3 万受过达芬奇手术机器人培训的医生，1 万多篇发表的文章，在 6 个大洲 64 个国家拥有 3660 台医院的装机量，全球 3345 名员工，已发表 2250 个专利（同时还有 1550 个待发表），全球每 60 秒就有一名外科医生使用达芬奇手术机器人产品。

达芬奇手术机器人有三个组成部分，分别是床旁机械臂系统、成像系统、外科医生控制台。而目前美国FDA（食品药品监督管理局）已经批准使用达芬奇机器人手术系统的领域有普通外科、胸外科、泌尿外科、妇产科、头颈外科以及心脏手术。达芬奇手术机器人能实现远程手术（一开始NASA是给宇航员做手术用的），同时能解决医生手抖的问题。

过去十年，我们投资达芬奇机器人，主要看重以下几点：

1. 近乎垄断

医疗机器人是个门槛很高的行业、复杂的FDA审批流程极大地限制了外来竞争者，同时直觉外科公司持续的研发投入构建了技术壁垒（在手2250个专利，还有1550个专利待发表）。在手术界，达芬奇手术机器人如垄断般存在（常年毛利率70%）。

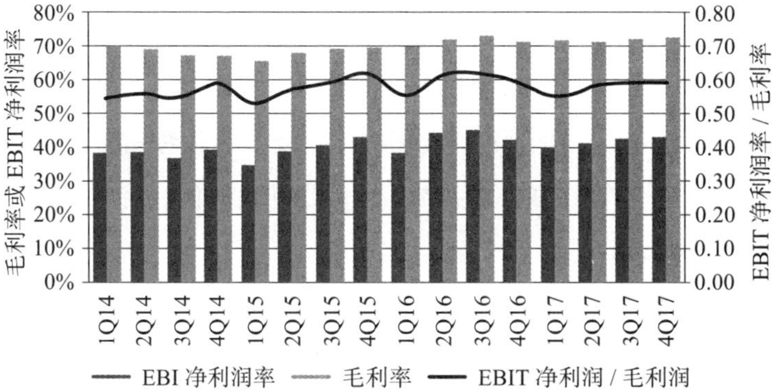

图27　达芬奇手术机器人毛利率·EBIT净利润和经营效率趋势图

数据来源：公司官网、摩根士丹利整理。

2. 收入来源具有可持续性

可能大家以为直觉外科是一家卖设备的公司，毕竟一个达芬奇机器人系统售价高达 2000 万元，同时医院对之趋之若鹜，然而它其实是一家卖配件耗材的公司。收入结构中达芬奇机器人系统仅占销售额的 29%，而配件和耗材贡献了 50% 的营收。全球每 60 秒就有一名外科医生使用达芬奇手术机器人产品，而每条机械手臂（一条 10 万元左右）使用 10 次后就需要更换，每次手术根据需要需多条机械手臂参与。同时达芬奇机器人手臂所持刀片，是必须定期、定使用次数置换的。

维修服务费也为公司挣得了 19% 的利润，强制性保养维护费用从 8 万美元 / 年，到 17 万美元 / 年不等。配件、耗材和服务，为公司贡献了强大的现金流。

纵观达芬奇机器人在中国的十年，也是从不被信任，到被奉若“女神”的十年：2006 年 12 月，中国人民解放军总医院引进中国第一台达芬奇手术机器人，它令人新奇、惊叹，但是不被信任。然而到了 2017 年 2 月，被引进到中国各大医院的达芬奇手术机器人已达 59 台，成了中国顶级医院的标配，成了手术室里的“女神”。

若将阿戈摩托之眼往后调十年，或许我们仍会持有直觉外科公司。理由如下：

1. 市场日益扩大：医疗在人口老龄化和消费升级的双重叠加下，愈加体现万亿美元市场的格局。

2. 产品迭代周期开启：美国已迭代更新第四代 Xi 机器人系统，中国香港有唯一一台 Xi 达芬奇机器人系统，内地仍以第三代 Si 机器人系统为最先进，产品迭代有望开启。

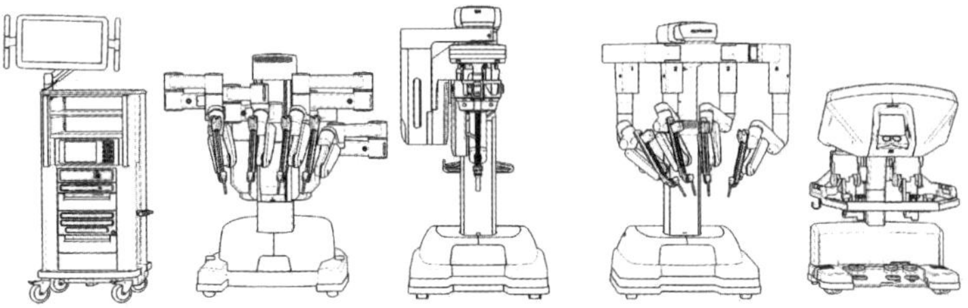

达芬奇*X*　　达芬奇 *SP*　　达芬奇*Xi*

图 28　达芬奇手术机器人历代产品展示图

3. 新市场拓张：美国市场营业额占公司全球收入比例的 73%，其余 27% 来源于美国之外的国际市场。中国、日本市场有望进一步拓展。

4. 竞争格局更为优越：强大的装机量（4400+）、强大的用户黏性、不断拓展的应用以及持续研发投入巩固竞争格局。

史蒂芬·斯特兰奇在成为奇异博士前是一名外科医生，但在遭遇一次车祸后，双手再也无法握住手术刀，不能继续他的医生职业。然而，达芬奇手术机器人的出现，或许能让斯特兰奇安心地当他的奇异博士了。

2018 年 2 月 22 日

本文不构成投资建议，投资有风险、须谨慎！

从量变到质变，成长中的商超龙头

2017 年 9 月，我有幸和永辉超市的副董事长张轩宁成了哈佛商学院 CEO 班的同学，在听完张总课堂上对于永辉超市的描述之后，对永辉超市充满了兴趣。在海外巨头纷纷不断收缩战线的超市行业，永辉超市是凭什么一路高歌猛进、捷报频传的呢？

我们认为，一家企业的成功必定是天时、地利、人和共同作用的结果，永辉也不例外。如果以历史发展的眼光，结合宏观环境和行业背景，梳理永辉的发展脉络，全面客观地总结永辉各个阶段的发展模式，我们将看到一个成长中的商超龙头企业。

中国高速发展的宏观经济为连锁超市业态的爆发提供了必要的经济基础，永辉诞生于中国连锁超市的初级阶段，可以说永辉赶上了行业大发展的历史浪潮。中国 1995—2004 年经济飞速发展，城市化加速进行，GDP 平均增速超过 9%，虽然 2000 年人均 GDP 不足 1000 美元，但是部分发达城市的 GDP 已达到发展大型连锁超市的水平，如北京、上海 2000 年的 GDP 分别为 2914 美元、3584 美元，社会消费品零售总额保持高速增长态势。

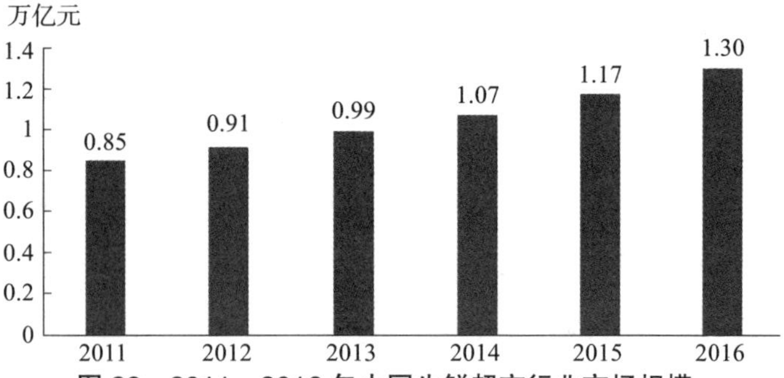

图 29　2011—2016 年中国生鲜超市行业市场规模

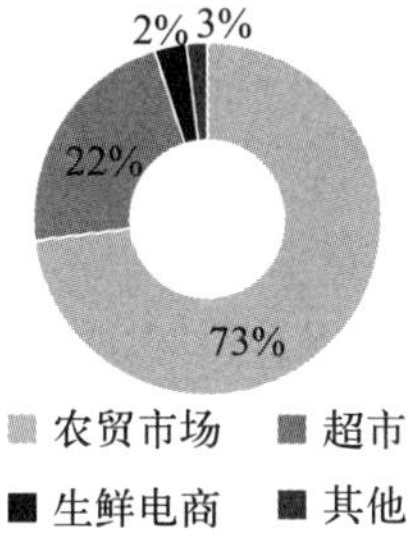

图 30　中国农产品流通各渠道占比

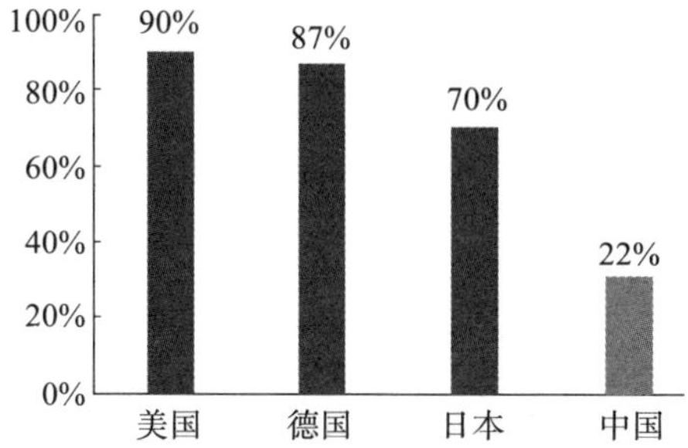

图 31　主要国家农产品超市渠道流通比重

从发达国家的发展经验来看，超市是生鲜商品核心流通渠道，生鲜也可以成为超市的主要盈利部门。从国外零售业态的演化规律来看，当人均收入上升至一定水平时，超市以其快捷、便利、卫生的优势会成为生鲜食品销售的主要流通渠道。同时，发达国家超市经营中生鲜产品毛利率可以达到 20% 左右，是超市业态的盈利部门。以销售额计算，发达国家 50%~90% 的生鲜产品是通过超市进行销售的，而发展中国家的生鲜超市多数处于起步阶段，但从发展态势来看，超市渠道的渗透率有望逐步提升。

与此同时，永辉的发展可以划分为四个阶段。第一阶段初创期（2000—2004 年），创始人在中国连锁超市业态崛起以及政府推广农改超项目之时，在福建省福州市创建并崛起；第二阶段生鲜壁垒成熟期（2005—2010 年），永辉有与生俱来的危机意识，在行业高速发展期没有高枕无忧地坐享行业红利，而是踏实地锤炼经营能力，构筑强大的生鲜经营壁垒；第三阶段快速扩张期（2011—2014 年），扩张永辉模式，依靠资本助力快速扩张，在实体零售商超一片颓势中逆势扩张全国；第四阶段新零售转型期（2015 年至今），打造全球供应链体系，“云超 + 云创 + 云商 + 云金”四大板块协同运作，业态迭代升级。

2007—2016 年，公司一直保持快速、稳健的增长，收入和净利润复合年均增长率各为 33.43% 和 28.52%。2016 年，公司实现收入 492 亿元，同比增长 16.82%，归属净利润 12.42 亿元，同比大幅增长 105.18%（与 2015 年基数较低和 2016 年确认转让联华超市股权的投资收益有关）。

2017 年 1 月 1 日公司隆重推出主打“餐饮 + 超市”结合的新业态超级物种，结合永辉的生鲜供应链优势和消费者对新鲜、高端食材的消费需求，推出了包括鲑鱼工坊、波龙工坊、盒牛工坊、麦子工坊等在内的 8 个工坊。从目前开业的门店来看，温泉公园店营业面积不到 500 平方米，万象城店营业面积近 950 平方米，每家门店的坪效都能达到十几万，其中餐饮收入占比 70%~80%，超市收入占比 20%~30%。同时，超级物种店还通过永辉生活 App 提供外卖服务，最快 30 分钟送达，超级物种也是公司发展 O2O 模式的重要尝试。截止到 2018 年 2 月底，已开店 34 家，2018 年公司希望开到 100 家。

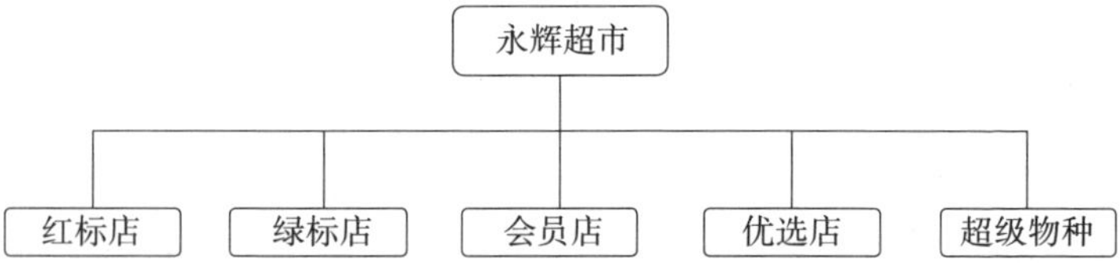

图 32　永辉超市的新业态

永辉和沃尔玛有诸多相似的成功基因：都曾把握历史机遇，乘行业东风崛起；都在行业低迷期抓住决定性机遇，将行业危机化为企业契机；都实现由区域龙头至全国巨头的蜕变；都注重供应链能力的建设；创始人都拥有丰富的商超运营经验。同时，中国连锁超市业集中度相对国外较低，零售企业在电商等的冲击下进入转型期，强者恒强的马太效应会进一步凸显。基于永辉生鲜领域的竞争壁垒和长期发展潜力，在新一轮行业浪潮中，永辉有望成为实体零售转型升级的大赢家，发展成为沃尔玛级别的全国巨头企业。

作为同学，我希望张总的企业能有健康长远的未来；作为股东，我也祝福永辉有朝一日成为中国超市行业能媲美沃尔玛的存在。

2018 年 2 月 9 日（部分内容由杨印鑫先生协助完成）

本文不构成投资建议，投资有风险、须谨慎！

“纸牌屋”背后的 Netflix

追了多年美剧，从最初的《老友记》，到后来的《行尸走肉》，再到近年来的《权力的游戏》以及《纸牌屋》，每一部美剧都让我记忆犹新。美国流媒体行业发展如此迅猛，已经悄悄然地出现在了我们身边，这一切离不开 Netflix（奈飞）的“推波助澜”。

2017 年开始，Netflix 开始试图通过爱奇艺进入中国市场，计划将《黑镜》《怪奇物语》等精品自制剧引入中国市场，同时将我国的自制剧《白夜追凶》带入世界市场。Netflix 正在试图建立一个贯通全世界范围的流媒体帝国。

这家公司的成立源于一个有趣的故事，早年的美国视频行业是由 Blockbuster 所垄断的 DVD 租赁市场，该公司采用传统店租赁模式。因为具有垄断的特性，Blockbuster 难免就有了“店大欺客”的嫌疑。Netflix 的创始人哈斯廷斯，在一次租赁 DVD 的过程中，因为稍晚归还 DVD 而被强制收取了押金。愤怒的哈斯廷斯决定颠覆这一传统的租赁模式，以达到自己“报复”的目的。于是，轻资产化运营、无店面、网上运营、快递到户、会员付费模式的 Netflix 于 1997 年诞生了。在 Netflix 互联网模式的冲击下，Blockbuster 的生意每况愈下，于 2011 年宣布破产。随着老牌巨人的倒下，Netflix 成了行业新的领航者。

2006 年，随着美国家庭宽带普及率大幅提升，Netflix 推出了流媒体及在线视频业务，通过推出较便宜的会员模式（10 美元 / 月）、自制内容、无广告的视频，快速成为美国主流视频网站。2011 年 Netflix 将其在线视频业务推向了国际市场，现在已经覆盖全球 190 多个国家，2017 年，Netflix 试图通过爱奇艺进入中国市场，其全球化布局已经初步完成。

Netflix 的成长也并非一帆风顺，其历史股价的两次大幅震动，也间接反映了公司从一个视频行业的参与者，逐步走向行业的垄断者的过程。Netflix 历史上股价出现过两次大跌，均是因为提价导致，2011 年公司将互联网订阅与 DVD 租赁业务拆分开，变相提价 50%，股价因此跌幅超过 70%；2014 年提出将订阅价格由 7.99 美元增加至 9.99 美元，股价也因此下跌 25% 左右。随着公司的市场认同度及市场占有率不断提高，Netflix 已经成为美国人民心目中不可或缺的一款产品，Netflix 在美国的市场占有率超过了 50%。2017 年 Netflix 再次提出提价计划，这一次提价非但没有使股价下跌，反而大幅上涨，美国本土用户增长近 200 万，超过之前预期的 130 万。独播剧的市场垄断以及强壁垒，让 Netflix 真正成长为流媒体视频行业中的巨人。

截至 2017 年，Netflix 的会员用户数已经超过了 1.1 亿，其中美国本土会员数 0.54 亿，国际业务会员数 0.63 亿。国际业务经过 6 年多的拓展已经超过了其本土市场的规模，同时，国际业务也于 2017 年首次实现了扭亏为盈。随之而来的是 Netflix 的股价增长近 200%。这也是互联网企业从成长到成熟过程中所展现出来的惊人的爆发力。

2018 年 3 月 15 日

本文不构成投资建议，投资有风险、须谨慎！

清洁能源生活方式的潮流

美国是个伟大公司与企业家层出不穷的地方，这个时代出现了苹果的乔布斯、微软的盖茨、Facebook 的扎克伯格、亚马逊的贝佐斯和特斯拉的马斯克等一批改变人类社会、值得尊敬的企业家。回想我们从 2013 年 30 元美元开始研究特斯拉，已伴随企业走过了近五个年头。五年里，特斯拉从 Model S 到 Model X 再到 Model 3，依然供不应求；SolarCity 最终也并入了特斯拉，实现了新能源汽车真正从源头就做到环保。回想整个持股过程，当初的投资逻辑至今依然成立。

新能源汽车是个潜力非常巨大的行业。按照简单的测算，如果 2020 年新能源汽车能够替代 5% 的汽车市场，总体市场规模可达近 2400 亿美元。整个汽车市场未来向新能源汽车转换，市场空间巨大无比。

2014 年，我们到奥马哈参加伯克希尔股东大会，会余在纽约和加州约见了马斯克的两家企业——特斯拉和 SolarCity，近距离地接触到了我们投资的两个公司。

特斯拉位于旧金山湾区北部的佛利蒙特市。旧金山从 19 世纪的淘金潮以来，华人数量就非常之多，在墨尔本发现了新金矿之后，San Francisco 才被称为“旧金山”。后因气候和时差的关系，成了在美国最适宜的华人移民城市之一。而如今，旧金山举世闻名，每年吸引全球无数访客，却是因它拥有世界科技的心脏——硅谷。我们到旧金山的第一站，拜访的就是汽车产业的颠覆者——特斯拉。四个轮子，一块电池板，一个电动机加一块 iPad，特斯拉重新定义了汽车这种产品。

从技术上，特斯拉电池系统能够稳定地使用大量能量密度最高、产量最大的钴酸锂电池，这是日产 Leaf、BMW、E7 等电动车所无法比拟的。特斯拉说它们从来没有把这些电动车当成竞争对手，因为像 E7 从一开始就走错了路线，新技术的普及从来都是从高端开始的。它们的竞争对手目前是保时捷和玛莎拉蒂等高档跑车。从经济性上看，480 公里续航的 Model S 充满一次电只需不到 10 美元，而普通汽车加满一次油至少需要 50 美元。而特斯拉也不用像传统汽油车一样需要更换机油、机油滤芯和火花塞等部件，只需定期更换雨刷器、刹车片和轮胎等易损部件就行。从环保性上看，2015 年覆盖全美 98% 地区的超级充电桩都将搭上太阳能发电板，特斯拉最终将真正做到零排放。在第一次试乘中，董秘将车最短时间内加速到 200 公里时速的时候，还真是吓出了一身冷汗，驾驶的快感确是文字所难描述的。

我们思考，特斯拉所构建的竞争壁垒主要在于两个方面。其一，从 2008 年第一台 Roadster 跑车交付以来，特斯拉用了 4 年时间向用户展示了特斯拉汽车的性能和安全性，拥有一定时间安全行驶里程，使 2012 年 Model S 的发售具备了市场信赖的基础，这是一般新能源汽车企业没法节省和跨越的领先时间；其二，特斯拉的电池技术保证了产能、行驶里程、行驶安全性、充电速度及成本下降速度。这来源于其使用了最普遍的 18650 NCA 电池，保证了产能的相对充足。同时 7000 多个高能量密度电池保证了超高行驶里程，电池管理系统也保证了电池系统的安全性。而特斯拉的超级充电桩充电速度更快，并且充电对特斯拉免费。且特斯拉联合生产电池组件，比市面上要便宜 30%，成本也在一路下降。凭借这两个壁垒，特斯拉将其产品从高端入手，随着技术成熟逐步切入低端市场。相比其他厂商从低端车入手的做法，要更靠谱。

从 2015 年开始，特斯拉的销量迅猛攀升。2015 年销售汽车 5.16 万辆，2016 年全球销量达到 7.6 万辆，2017 年全年最终实现销量 10.1 万辆，同比增长了 33%。单看 2017 年第四季度，攀升交付新车 29870 辆，同比增长 27%，环比三季度增长 9%，这也刷新了特斯拉历史最佳销售记录，其中 Model S 交付 15200 辆，Model X 交付 13120 辆，Model 3 交付 1550 辆。2017 年是公司历史上极为关键的一年，公司 Model 3 全球订单超过 40 万辆，同时实现了 Model 3 车型的交付，电动卡车特斯拉 Semi 及下一代跑车 Roadster 亮相，Model S 和 Model X 的产量与交付量均创下纪录。

2014 年的时候，我们简单地测算了 2020 年特斯拉各车型的销量与收入，给予 4 倍的 PS，得到特斯拉 2020 年大致 940 亿美元的估值。2018 年随着 Model 3 的交付，公司的市值进一步创新高，达到了 550 亿美元，离 940 亿估值的距离在逐步缩短。

新能源汽车为人诟病的一点是，消耗的电能大部分来源于传统能源发电，依然会对环境造成污染。为了解决这个问题，马斯克与堂兄成立了 SolarCity，希望通过美国居民的屋顶进行光伏发电，利用这种分布式发电替代传统集中式传统能源。配合特斯拉的家庭储电中心，为家庭的特斯拉汽车充电，实现特斯拉汽车的全程清洁能源。同时，通过改造高速公路的充电桩，添加太阳能发电棚，实现充电桩电力的自给自足。

2014 年，我们在纽约的时候也有幸与 SolarCity 的董秘艾伦共进午餐。和艾伦一直都是通过邮件联系，一直很感谢他即时通信般地回我们的邮件，对我们了解 SolarCity 有非常大的帮助。借用斯坦福学光伏的朋友的一句话，美国太阳能的发展，还是“the beginning of the beginning”（刚刚开始）。过去 20 年来，成本不断下降的能源也就只有太阳能了，很快光伏发电就将进入平

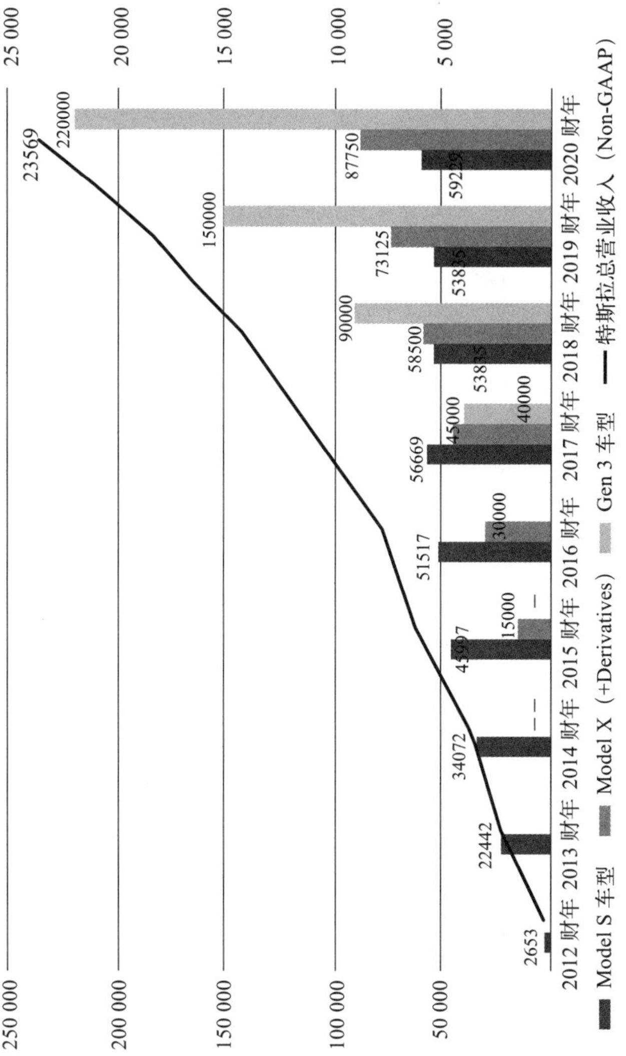
250 000
200 000
150 000
100 000
50 000
25 000
20 000
15 000
10 000
5 000
2653
22442
34072
45997
15000
51517
30000
56669
45000
40000
53835
58500
90000
53835
73125
150000
59229
87750
220000
23569
2012 财年 2013 财年 2014 财年 2015 财年 2016 财年 2017 财年 2018 财年 2019 财年 2020 财年
Model S 车型
Model X（+Derivatives）
Gen 3 车型
特斯拉总营业收入（Non-GAAP）

图 33　特斯拉汽车计划

价时代。而 SolarCity 凭借太阳能特有的分布式特性，将原本“电站——电网——用电端”压缩成“发电即用电”。作为一个发电企业，它收取了用电端的电费，取缔了电网的价值，其市场也是年年成倍增长。

2016 年末，SolarCity 正式并入特斯拉，虽然一定程度上增加了特斯拉赢利和现金流的压力，但两者在业务的合作上将更加紧密，同时加强两个业务各自的经营壁垒。这也是一条长长的雪坡，对人类的影响极其深远，我们期望公司在为投资人带来收益的同时，为人类做出更多的贡献。

后记

2018 年 3 月，特斯拉碰上了公司上市以来最大的一次危机。特斯拉 Model X 自动驾驶系统致死的车祸尚未调查清楚，Model S 又因螺栓失灵被卷入质量风波，全球召回 12.3 万辆，而 Model 3 的产量爬坡目标遥不可及，信用等级却突然被穆迪进一步下调至“垃圾级”。一个月间，特斯拉的消费者和投资者仿佛对公司都失去了信心，股价下滑一度高达 30%。市场担心特斯拉的现金流会因此变得更加紧张，著名对冲基金经理汤普森甚至认为特斯拉在未来 18 个月内有破产风险。汤普森认为，特斯拉的估值是福特的两倍，福特 2017 年生产了 600 万辆汽车，利润高达 76 亿美元，而特斯拉只生产了 10 万辆，亏损了 20 亿美元。此外，福特有 120 亿美元现金应对不测，而特斯拉在未来 3 个月可能会耗尽所有资金。

的确，产能和公司现金流问题一直是困扰特斯拉成长的主要因素，但凭借目前公司的实力和信誉，此类事件还不足以摧毁公司的募资能力和现金流周转。人工智能在汽车上的不成熟应用，换成其他品牌也容易出现相同事故，不单单是 Model X 的风险。而汽车召回事件在其他品牌上就更加普遍了。特斯拉的估值也确实比传统车企高得多，但在新能源汽车的时代，因为互联网和智能驾驶的引入，汽车行业有可能会像手机行业一样，垄断程度加深。伟大企业短期的受挫，是为了公司能够健康地走更远，我们希望在不远的将来，能够看到电动车高比例地占据大街小巷，而特斯拉依然能够是新时代的领航者。

2018 年 3 月 30 日（部分内容由黄海平先生协助完成）

本文不构成投资建议，投资有风险、须谨慎！

投资札记之三：投资最难的是什么

投资，最难的事是什么？我的阅历告诉我——就是在最艰难的时刻在正确的方向上坚持！

坚守的回报

对于充满致富渴望的无数投资人来说，巴菲特正是他们的精神领袖。价值投资是本·格雷厄姆和菲利浦·费雪的核心思想。这是缔造财富的一个流派。格雷厄姆的学生最终都变得很富有，只不过巴菲特是最杰出的。

“一鸟在手胜过百鸟在林！”这是巴菲特在其旗舰上市公司——伯克希尔－哈撒韦公司的年报里引用的《伊索寓言》中的谚语。在从1965年开始的投资生涯中，巴菲特通过长期持有为数不多的股票，击败了华尔街的投机炒家，证明长期股权投资是一条可以走向成功的可选择之路。

早期收购伯克希尔公司、GEICO（政府雇员保险公司）和《华盛顿邮报》，巴菲特亲力亲为去拜访公司管理层。之后的收购行动则较少这样做。为什么会有这种转变？巴菲特比较认同数据背后的真相。你怎样才能看到这个企业长期的竞争力，这个难度是比较大的。也就是说，定量的方法不是投资当中最关键的，定性的东西才是。

1987 年 10 月，美国股票市场暴跌，巴菲特手中仅持有三只股票，分别是价值 10 亿美元的美国广播公司、7.5 亿美元的 GEICO 以及 3.23 亿美元的《华盛顿邮报》。将 20 亿美元的投资全部集中在三只股票上，这在当时的机构投资者中相当少见。幸运的是，巴菲特有足够的智慧，挑选并拥有好的企业，以抗衡各种各样的危机。

“如果我们不愿意拥有一家股票十年，那就不要考虑拥有它十分钟。”这是巴菲特选择企业的原则。对长期股权投资者来说，深入了解一家企业是最核心的问题。巴菲特所认同的正是那些个人利益与股东利益相一致的管理人员，并尽可能与之建立私人友谊。20 世纪 90 年代逐渐风行的“关系投资”理念，巴菲特是最好的身体力行者。他认为成功的投资应该是股东、管理者、客户共赢的结果。因此，挑选优秀的管理者，与他们长期坦诚地合作，是股东当仁不让的职责。

巴菲特的投资哲学和其他人比较，开始的时候没有什么太大的差别，但是走得远了差别就出来了。对于人生，你在某一个时刻，你只能选择一条路。

选择价值投资，实际上是选择了一条人迹罕至的路。这种一以贯之的、深入灵魂的坚守障碍重重，是最难的。投资碰到危机的时候，最简单的解脱办法就是卖出股票，一卖了之。但这就永远到不了彼岸。也有很多人都宣称自己是价值投资者，但为什么没有巴菲特这样突出的成绩？

拿巴菲特和索罗斯做一个比较。两个人都从事金融投资，业绩都很出色。如果我是导演，要拍一部投资大师的电影，通常都愿意拍索罗斯，因为索罗斯的投资生涯很精彩。整个人生经历跌宕起伏、绚烂多彩，充满了戏剧冲突。但是拍巴菲特就很不容易，要想把巴菲特这个人物很完整地表现出来，需要很高超的导演技术。比如说，在越南战争开始的时候，在 1962 年古巴导弹危机、苏美两个核大国处于紧张对抗的时候，巴菲特怎么处理他的长期投资？在那样一个历史关头，他的内心世界是怎样变化的？巴菲特没有写过自传，一个导演要把这种内心世界的波澜起伏拍出来很难，要反映人物精神世界的变化是非常困难的。

投资中有许多非常态的事件会伴随我们，这就是风险。对风险思考的角度不同，会带来截然相反的投资决策和悲欢结局。巴菲特的伟大不在于他 70 多岁的时候赚了多少钱，而在于他很年轻的时候明白了投资的道理，然后用一生的岁月去坚持，并善于在历史的关键时刻认真思考和做出交易抉择，这非常重要。

投资最难的是什么？

投资，最难的是什么？

那些在市场里蹦蹦跳跳的人会说，也许是对大盘与个股高低点的预测和把握。但谁能准确地告知我们这一切？如果有这样的人，能告诉我们明天开盘后，股市一定怎么走，他不是上帝就是在冒充上帝。

那些价值投资的信奉者也许会说，关键点在选择好的企业。但同样的好企业，今天可能市盈率估值30倍，下一个阶段可能市盈率估值15倍，再一个阶段市盈率又可能估值到50倍。你怎么能判断出市盈率50倍的企业就一定不能投资？如果超过50倍市盈率就不能投资，那么之前低市盈率时，买入的股票是否又要卖出？如果超过50倍市盈率就不能投资，而早期的头寸又因为“高估”不再坚持，我们如何在沃尔玛、星巴克、微软、Google等伟大企业身上赚取足够多的财富？价值投资是否也要进行“荡秋千式”的高市盈率抛出、低市盈率买入的游戏？

如果认同这种“荡秋千式”游戏的话，我相信绝大多数人内心实际上是这样想的，哪怕他口头上自称坚持什么，当然，这样想也没错。但如果我们真的按这种——我相信也是绝大多数人采用的游戏规则做，我们最终可能与那些有史以来最伟大的企业失之交臂，骑上“黑马”容易，但走完全程就非常困难了。

沃尔玛在1972—2006年34年的时间内，投资回报率达到了1343倍，从有记载的历史资料中，我们同样可以看到那些伟大的企业在相当长的岁月中始终保持着高市盈率的特点，特别是在企业高速成长的阶段，而越是好的企业，经历的这个周期越长。长长的岁月当中，总要经历经济与股票市场的繁荣与萧条，但无论怎样艰难的日子，伟大企业的竞争力总是会在恰当的时刻显示出魅力，但我们有可能在开始的某个阶段，因任何一个原因，让自己身处恐惧中，早早迷失我们的洞察力与判断力。

现实生活中，哪个国家的经济都有弱点，哪怕是全世界最伟大的企业也会有弱点，哪怕我们处于太平盛世中，也有太多的理由，自己吓自己，卖掉我们曾拥有却在未来岁月得以证明的伟大企业的股票。

长期投资的难点，其实是在对未来久远岁月不确定事件的判断上。但有一点是确定的，如果我们或一个家族用足够长的岁月来坚持做一件正确而有前途的事情，回馈是相当惊人的。

以投资为例：博格尔发现过去100年美国股票市场的平均年回报率是10.4%，1000美元，100年的投资收益=1000×(1+0.104)100=19811043美元；如果一个家族在1842年开始投资，100美元，年利率12%，今天的财富（未考虑遗产税）=100×(1+0.12)165=13212157451美元；如果一个英国家族在1368年（相当于我们的明朝）开始在欧洲投资，10英镑，年利率6%，今天的财富=10×(1+0.06) 639 =148063463502813000英镑，这是一个天文数字。

当然，人类历史上，还没有这样的财富故事发生，以后也不可能有这样的奇迹出现。不过这个数字游戏告诉我们，长期来看取得超越 5% 的年回报率都是相当困难的。短线交易者理论上每天、每月、每年多次交易，等于放大自己的生命，但为什么精彩的生活，没有给他们带来足够的财富？

世界 100 强的企业，似乎没有一个是靠投机胜出的。它们胜出的原因，是在一个或几个领域里坚持数十年，甚至上百年经营的结果。它们并没有在经济或企业高潮的时候卖出它们的事业，然后等经济或企业低潮时再买进。这些企业的领导者关注的是企业长期的竞争力，至于经济周期的变幻，就像航行在海上的轮船一样，风高浪急，也必须前行。当然，开始的时候，你可以将自己的船建造得更坚固一些，最好像诺亚方舟，但是，一旦航行起来，你需要选择浩瀚的海洋作为你事业的基础，虽然不时会遇到旋风和台风，但它可以给我们更广阔的市场。惊涛骇浪你也一样要坚持，而坚持本身就非常非常困难！

投资，最难的事是什么？我的阅历告诉我——就是在最艰难的时刻在正确的方向上坚持！

2007 年 7 月 17 日

本文由陈文先生根据我的博客文章进行整理，

并于 2007 年 4 月发表在《21 世纪商业评论》杂志上

穿越周期 穿越企业 穿越历史

我看到衬着蓝天的高山、春天里的一片嫩叶……我感到爱永不止息——献给两位友人。

2005 年 4 月 8 日，我的一位友人打电话给我，希望将他留给妻子和孩子的钱交给我们理财，期限是 20 年。感动之余，有些惊讶！不仅是因为委托时间的长久，而且这个朋友本身从事的也是投资事业，他在国外学习多年（持有美国绿卡），目前也在国内一家投资机构做投资经理，从专业上，是我非常敬重的一个人。没想到自己做投资的人，竟然也会委托别人打理其家庭财富，而且是留给自己妻子和孩子的。

我无从探究其委托我们理财的真正原由，他只是说：在国内我找不到第二个人让我如此信赖！这让我非常非常感动！委托理财投资不就是“为了这份信任，奉献回报吗”！2005 年 4 月 23 日，另一位友人，可能同样出于为孩子们的未来着想，交给了我一份更加沉甸甸的责任！接电话的时候，语言已经难以形容我的感动，泪水好像就要流淌下来……

每次，和新的合作伙伴签约开始投资的时刻，我都要说一句话：“如果投资亏损了，一定是因为我们的专业技术，而绝不会是因为我们的人品。我保证！”我和我的搭档，周明波先生、张敏女士、郑卫峰、吴慧玲女士、黄海平先生，有同样的信仰：我们相信一个融合了善意之心和社会良知的企业能够走得更加久远！如果我们真的能成就一个伟大的企业，那一定是上帝假借我们之手回馈她——永不止息的爱！

穿越周期

一位让我极为敬仰的朋友，在近两年的汽车股的投资里经历了很大的起伏，而之前他的投资极为成功。有人评价他：一定会成为中国最有钱的一类人，我深信！他为人极其坦荡、爽朗，我视之为良师益友。我们讨论其投资业绩的波动时，我说，巴菲特曾说过，带轮子的股票不能买，这自然包括了汽车和航空类的股票。我也曾在汽车股上损失过，那么，我们为什么不选择经营周期相对长的行业中的企业投资呢？

以他的专业能力，研究透一个企业不难。如果数次深入，能研究到一个好企业，而其又能保持十年甚至更长时间的高成长，这比每隔一两年又要重新选择，不知要提高多少效率。穿越周期非常不易。但为了对我们的客户及受托的资产负责，我们必须这样想，而且这样做。好的企业像王冠上的珍珠一样稀有、珍贵！穿越周期——是让我们试图找到它们并珍藏！

穿越周期还意味着我们要思考人类社会所经历的几千年的苦难和繁荣，当我们面对人类的不幸，诸如战争等事件时，我们如何在恐惧中处理我们的投资，让我们的家人和后代，因我们的远见而受益。这也是此刻，我在处理两位友人交付给我的责任时，正在思虑的问题。

穿越企业

2003 年春天，我去参加一直关注的一个企业的股东大会。这家企业从许多方面看，都是非常难得的好企业，而且事实也证明，至少到今天为止，它们的确运营得非常出色，也让投资者在自 2001 年始的大熊市中有了极其出色的回报。但开完股东大会，我们始终没买这只表现出色的股票。为什么？

我们希望我们的投资能穿越企业。对该企业的领导人，我们始终放心不下，虽然他头顶有各种光环。巴菲特说，“我希望与我喜欢、信任并且敬重的管理人员共事”。我们也一样。我们希望我们所投资企业的管理者能让我们发自内心地尊重！而凭直觉，虽然可能有失误，我们对他少了这样一份信任。

如果两家企业，业绩同样好，随着领导者自然更替，我们更倾向于投资能保持企业稳定经营甚至有新气象的公司。我们对枭雄式人物领导的企业有种天生的担忧，我们希望最好的企业是由一个具有道德感的领袖来经营，希望他“不喜欢不义，只喜欢真理”。

长期投资，需要更加严格地挑选公司。虽然我们性格中有某些理想主义的色彩（庆幸岁月并没有将它们抹平），但我们也不失沉着和冷静。天真和质朴、待人真诚，这是个人和好企业长存的价值，我们竭尽所能在广阔的市场中寻找它们。找到它们，我们也就能承担起此刻的责任！

穿越历史

才能、远大的眼光和识别大好机遇的天赋，是成就伟大事业的基础，也是你们寄予我们厚望的基石。

灿烂的星光来源于亿万年前的闪烁，我们的生命只是短短的一瞬，有幸在穿越历史长河的此刻，得到你们的友谊和信任。就这一点，已经让我们感动！

2005 年 4 月 27 日晚于深圳报业大厦

投资其实是追求小概率中的大概率事件

2007年4月20日到23日，封闭四天学习《管理数量方法》，学习的过程中有一节“衡量不确定性：概率函数”，这让我联想起股票市场的概率问题。

什么是概率？我的简单理解就是用数量表示某个事件可能发生的程度。绝大多数投资者来股票市场投资是为了赚钱或存续财富，但在股票市场连续变化的不确定状态中，其概率有多大？换句话说，在股票市场里赚钱到底是小概率事件还是大概率事件？

上证指数在2006年大涨128.7%。《中国证券报》举办的2006年度投资者收益情况网上调查显示，70%的投资者盈利在10%以上。其中21%的被调查者获利10%左右，30%的人收益率为20%~50%，14%的人获利50%~100%。此外，5%左右的被调查者收益率超过100%，从而跑赢大盘。大盘上涨不等于投资者均能获利。在调查中，14%的投资者表示不赔不赚，7%的人亏损10%左右，亏损20%~50%的占7%，亏损超过50%的占2%。

从股票市场已有的历史数据看，指数在一年里大涨128.7%，与70%赚、30%亏的比例，都是小概率事件。如果没有指数上升128.7%的结果，正常的盈亏比例关系按过往的经验看，应该是5%跑赢大盘、10%赚钱、15%不赚不亏、70%亏。

当然，上述是以年计的概率事件。在一个特定的时间，比如说100年，90%以上的企业可能是要死亡的，即便是大企业的寿命，在充分竞争的市场里面，也很少超过人类寿命的一半。荷兰皇家集团的估计，大型企业的平均寿命不及40年，约为人类寿命的一半！为什么70%甚至更高比例的人最终会损失金钱？如果投资的企业有90%的概率注定在100年内消失，对大多数人而言，亏钱是常态。

股票市场的市值最终是由那些能剩下的蓝筹企业来支撑的，对于那些想穿越周期积累并延续财富的人，能否投资到幸存下来的5%~10%的企业中，就成了问题的关键。这5%最优秀的企业，也不可能避免波动，甚至在股票市场危机来临时还会大幅下跌，但重要的是，经历了停滞之后它们能恢复生机，进入一个新的高度。

从这个角度着眼，投资其实是追求小概率中的大概率事件。

2007年4月25日随笔

1000股万科的故事

2007年6月28日在珠海见一位初中同学。谈到投资，她说这么多年来，不仅没有赚多少钱还亏了不少，每次赚一点就卖，套牢了就放在那，还是做实业踏实。她这么多年来，主要从事贸易和实业投资。视股票投资为一项长期事业的想法，她似乎很难接受。

因多时未见，我们聊到1990年大学毕业她去佛山工作的事，没想到年纪轻轻的她，刚去不久就通过房地产赚到了她人生的第一桶金——20万人民币，这在那时候应该是一笔不小的财富。谈到这，她想起，她用这笔钱的一部分在1991年花一万多买了500股深宝安，1993年花两万多买了1000股万科。

当年，买完股票就跌，加上人从佛山移居珠海，如果不是见到我，提起往事，她几乎忘了她在佛山还有股票的事。过去，我只是通过媒体知道某某人持有股票多少年赚取多少倍，而今天无意中，我身边竟出现了这样一个故事。我告诉她，万科的一个股东刘元生1988年投资了400万，现在市值大约有20亿人民币，而她的这笔投资现在至少有几十万，如果每次配股不放弃，包括股改给的权证，应该至少有上百万人民币。她感到非常惊讶，觉得有点不可思议。

她告诉我，回去她找找原始凭证，2007年7月2日她要去一趟佛山。我特意请她打一份对账单出来，时间越久越好。2007年7月3日晚和同事吃过饭给她打电话问询此事，她告诉我，她去了，原来开户的国投已经不存在，现在的名称变成了广发证券营业部，营业部已经几易其主，听里面的员工讲，已打印不出14年来的对账单了。现在的市值宝安1.4万左右，万科36万，工作人员讲如果每次配股与股改的权证都要的话，大概是72倍的回报，接近150万。

我的这位聪慧无比的同学，昨晚谦逊地告诉我，她的一生总是这样，也许是傻人有傻福，不过通过这件事，她好像对金融有些开窍了，她准备多拿些钱用来长期投资像万科这样的好股票。我开玩笑：那就买完还忘了它！

2007年7月4日

司机给基金经理上投资课

在云南昆明参加中信证券组织的企业调研活动，一行30余人，多数是基金经理或研究员。

从云南铜业调研出来，到云南白药时间还早，中信证券的组织者建议沿着昆明最好的地方游车河。大巴行驶到翠湖边的“云南陆军讲武堂”前停车休息。

大巴车司机问：“你们是干什么？为什么到公司参观？”一位研究员回答：“我们是研究股票的。”司机接话：“股票！上午股票大跌200多点，是买入的好机会。这个时候有多少钱都敢买，抵押房子都可以……我看，到奥运会之前不会有什么问题……我买了一个ST股票，1块多买涨到8块多，还有一只没有ST之前就是不涨，带上ST马上来了三个涨停板。”

“那你拿住了吗？”我问。司机回答说：“如果我拿住了，我早回家开宝马泡浴池，谁还开什么大巴！”“你炒股票几年了？”一位原来君安的同事，现在某基金任基金经理的朋友问。司机回答：“我炒股票十年了，但一直亏，差不多亏了一套房子（估计是按昆明标准），这波牛市回来了半套房，还差半套，估计今年能回来。”

司机的半套房能回来吗？我心里想。

2007年5月30日随笔

2018年的感悟

2018 年 3 月 14 日上午，证监会通报了三起近期查处的资本市场违法违规案件。其中，厦门北八道集团被证监会开出史上最大罚单——罚没款项共计约 56.7 亿元，打破了 2017 年鲜言的 34.7 亿元罚单纪录。从公告披露的信息看，厦门北八道集团利用 300 多个股票账户、100 多台电脑、10 多位操盘手同时交易，大量使用配资，采用频繁对倒成交、盘中拉抬股价、快速封涨停等异常交易手法炒作多只次新股，赚了 9.45 亿。这从另一个侧面也说明 A 股投资人有多么不成熟，像大巴司机这样的股民何其多。江山易改、秉性难移，A 股的投机文化改起来真是非常困难！近些年证监会做了很多工作，希望扭转投机之风。依据相关法律法规，开出罚单肯定有用，但要想在长时间的范围内产生效果，必须上升到刑法，类似案件应该像美国一样立法，判重刑，才能从根本上起到抑制作用。

估值的艰难与挑战

职业投资者只要思考投资，每天萦绕脑海的可用两个字来概括——估值。

2008 年 2 月 15 日晚，与几位朋友吃饭。在座非常喜欢估值万科并将全部投资额的 90% 买入万科的朋友朱湘，说他只能对两个企业估值，一个是万科，一个是茅台。我认同他的“企业整体价值的评估不应是某几项资产简单地叠加，而是建立在对企业真正了解基础之上的，一种对企业资产综合体的整体性、动态的价值评估”的说法。

但即便如此，这一过程也充满挑战。从长期看，股票市场的价格是由上市公司内在价值所决定，但“价值”与“内在价值”本身也是充满了主观估计色彩的概念。18世纪法国重农学派的代表人物杜尔阁说，商品具有客观价值和主观价值，前者由市场决定，后者则取决于让渡自己物品的人对物品的主观估计。英国著名经济学家马歇尔也说，“价值”这个词是相对的，表示在某一地点和时间两样东西之间的关系。

理论上内在价值的定义很简单，巴菲特在《写给股东的信》中说：企业价值等于某家企业在其剩余的企业寿命中所能产生的现金，经过折价后的现价。如果投资真是如此简洁，我想会计师与精算师应该是这个世界上最富有的一群人。但事实不是如此，而且巴菲特先生也从来没有在如何评估企业价值方面给出我们任何一个独创的数学公式。巴菲特在一次和投资人的见面会上，侃侃而谈内在价值，其身边与他合作近四十年的伙伴芒格，忍不住插了一句：“我和巴菲特合作的这几十年里，从来没有看到过巴菲特用他所说的现金流折算过他说的任何一个公司的内在价值。”被当众揭穿的巴菲特顺势幽了一默，他说：“你知道内在价值的计算和评估是多么的重要啊，我是不可能在白天当着外人计算任何一个公司的内在价值的，如此重要的工作，我都是安排在夜深人静的晚上，一个人悄悄地计算公司的内在价值。”那世上真有这样一个靠评估企业价值成为世界级富豪的秘笈吗？

国际上评估企业价值的基本方法是以现金流量折现法（DCF）为核心的基础价值估值法，其基本原理是如同巴菲特先生所述的，一家企业的价值等于该企业预期在未来所产生的全部现金流量的现值总和。还有一种相对估值法，认为企业无所谓内在价值，只有相对价值才有实际意义。我们在企业估值的实践中常常根据企业估值方法的计算特点，将企业估值方法分为五类：（1）资产负债表估价法，包括账面价值法、调整账面价值法、清算价值法、重置价值法和市净率法；（2）损益表估值法，包括多因素分析法、市盈率分析法；（3）综合估值法（商誉估值法），包括经典商誉法、欧盟方法、会计专家方法；（4）现金流量折现法，包括自由现金流折现法、股权现金流折现法、红利折现法等；（5）价值创造法，包括 EVA（经济增加值模型）、经济利润法、现金价值增加法。在证券投资实践中我们熟悉的 PE 估值法、PB 估值法、PEG 估值法、EV/EBITDA（企业价值倍数）估值法都属于主要采用乘数方法的相对估值法。现金流量折现方法、期权定价方法等则属于主要采用折现方法的绝对估值法。各企业情况不同，复杂程度不一，针对不同的估值方法的特点，在运用上一定有其不同的效应和结果。

以估值万科为例，我也认同几乎将全部身家重押万科朋友的说法，不赞成用 PE 估值法，朱湘认为应该用账面价值法、调整账面价值法结合现金流量折现方法来估值。不过，在较为成熟的香港市场上，对地产公司的估值传统上采用 RNAV（重估净资产）的方法，我们的研究机构一般也采用此法，即根据开发项目和持有物业的现金流状况，进行现金流贴现或者租金资本化，再根据公司已有的净资产与负债数据进行调整。开发进度、实际建造成本和相关费用、销售进度、楼盘售价、市场利率水平等，都会影响RNAV的数值。而且RNAV是个静态概念，计算的是公司现有项目和资产的价值，并没有充分考虑地产市场的前景，以及公司运用回收现金流进行再投资的回报，所以一定程度上会低估开发能力很强的地产公司的价值，相应地要对RNAV数值进行溢价调整，不同公司的管理能力和可持续发展能力不同，溢价的比例也有所不同。

朱湘认为，第一步是定期将万科的每一块土地与各项资产的价值相加，计算基于资产的企业价值。但这里值得我们重视的一个概念是沉没成本，我们应该知道，账面价值所反映的是历史成本，多属于沉没成本，在财务管理上，它与投资决策无关。仅靠此做股票买卖的决定是一种机械的运用。

第二步，用企业价值模型（DCFM）计算万科基于现金流量的企业价值。企业的未来现金流量以及把未来现金流量折算成现值的折现率，是决定企业价值的两个非常重要的参数。他非常强调重视折现率。折现率是一个反映风险程度的指标，企业风险通过影响折现率，影响着企业价值的大小，风险越大，投资者的预期收益率就越大，企业的资本成本也就越大。他说他集中思考的一点就在折现率的多少。

第三步，强调只有站在系统的角度，才能够看清楚万科的价值所在。企业价值还存在于与其他企业互补互换的关系之中，万科的每一次并购重组都是这种系统论哲学价值原理的体现。与许多投资者相比，朱湘无疑是下了很大功夫在研究企业上，我们的工作与他类似，东方港湾的周明波等同事，主要的工作就是做这种细化的研究。但就万科而言，基于选择权，即万科期权如何影响企业的价值，我们也在认真思考。

聊天的过程中，朱湘曾说，他的工作就是通过适当的分析方法和技术，对公司价值进行估值，以求无限地逼近它最真实的价格。我想这也是所有职业投资人所共同追求的事业。但我内心也有一种疑惑，理论上说企业价值等于企业未来现金流量的折现值，如果属于自然物理意义上的，这种确定性容易把握，但企业生长在政治、经济、社会环境的变化中，单就经济环境而言，竞争对手的行为、管理决策的行为、运营效率的高低都会随机影响企业的“未来”。折现率也会随各种风险状态和经济环境处在不断的变化之中。“未来”和折现率的不确定性及不可预知性，某种意义上决定了企业价值本身的不确定性和不可预知性。我们可以通过强调安全边际（股价与企业内在价值的差距，巴菲特强调至少要有25%的安全边际），来规避其缺乏的确定性，较大的安全边际空间能帮助我们应对岁月的变迁，但安全边际也必须要经得起时间的磨损。

谈到这点我给朱湘出了一个考题。我说我们现在不估值万科，就估70年代罗杰斯先生花费10.7万美元买进，1600万美元卖出的那座房子。房子是静态的，属于自然物理意义上确定性高的事物。请你用所有能找到的估值方法，在给出它足够的安全边际的情况下，站在70年代的角度来估值这座房子30年后的价格，还有就是你自己现在住的房子，也请估出它30年后最真实的价格，我希望你能无限地逼近。

我不是倡导企业估值的不可知论，但我们确定一座物理意义上的静态房子的真实价格都如此困难，更不用说“确定”影响因素繁杂、随机变化中的企业的价值，这实际上更是估价者的一种主观认定和评价，是一种预测和期望。企业估值是一个非常深邃思考计算的过程，对任何人来说，它都是一种挑战，需要付出艰苦的努力。要达到极致非常艰难！

2008年2月19日随笔

投资的难题

2008年6月21日听一个朋友说：“他太太在刘元生手下工作。刘先生坚持持有万科，他非常信任王石，相信王石先生的持久‘竞争力’。”

2008年6月24日的此刻，似乎已经没有多少人再愿意提起刘元生先生，而刘先生本轮在万科上的财富也从高峰期的约33.65亿，下跌至13.13亿。当然，他并没有在王石变“王10”的过程中，有任何抱怨，而是一如既往地像他当初用400万元支持王石一样，坚定地站在王石一边。厚道有眼光的人，自然会受到上天的眷顾与厚爱。

当然，刘先生在万科上的投资用的是个人的钱，他只要说服自己就可以坚持，但假如是“刘元生资产管理公司”（虚拟名）持股，而且能够随时买卖，这个公司应该怎样操作？“刘元生资产管理公司”的决策者，（忽略掉无数次中小型的市场波动）当然希望能做到（之前黑市交易的两次大的波动不算）在 1993 年 1 月将万科在 36.70 元时卖掉，等到 1996 年 6 月的 3.19 元时再买入，到 2001 年 4 月的 15.83 元时卖出，2005 年 7 月 3.12 元时再买入，2007 年 11 月 40.78 元时卖出，2008 年 6 月 24 日 9 元再买入。这是一个最理想的皆大欢喜的资产管理公司的运作模式，挑选一个最具竞争力的公司，在上面进行“价值 + 价值投机”。我 1992 年开始从业，到今天已经 16 年，从来没有听说任何一个机构“价值 + 价值投机”做得比刘元生先生更出色。如果有，当然希望有人能告诉我。

2008 年 6 月 23 日，我们在做一个香港上市的运动品牌公司的 DCF 估值，在贴现率与分红率确定的情况下，根据情景法，将奥运会后其增长由正 10% 变成负 10%，结果相差甚远。这可能也是许多大行报告估值多变的原因。2007 年许多人非常羡慕那些做风投和市梦率私募的投资者，2007 年有些未上市企业的叫价已达 10~15 倍市盈率。今天那些“久经考验”的许多蓝筹股能以约 10 倍的动态市盈率在交易，也是基于很多投资者估值的背景板变换了，让他们产生了最坏的情景想象。根据这些多变的因素做决策的投资，是一种不错的选择，但那些被关“紧闭”，“做牢”做了很多年，无法根据情景想象，让自己的恐惧和贪婪实现的大小非们，在有 20%、30% 折价的情况下，再次惊人地以它们用时间换来的低成本（如果当时能即刻买卖，我相信，很少有人和机构能坚持到今天），让今天的市场参与者惊悚和“愤怒”。

基于背景板不断变幻的投资——价值+价值投机，基于企业长期竞争力的投资，两种投资方式，谁优谁劣？这是一个投资难题。为什么长期投资难于坚守？基业长青很难——发现挑战智慧，时间越长，不确定性越高。波段操作诱惑巨大。“投资心理倒错”扼杀长期投资——前景理论：亏损的痛苦=2.5倍赢利的快乐，盈利减少的痛苦=1.5倍持续赢利的快乐。估值的艰难——模糊的正确与精确的错误，同行业比较充满挑战，跨行业比较，对判断力更具挑战性。市场跌宕起伏，世界动荡不安，守股比守寡还难！

虽然面临这么多挑战，但彪炳投资史的还多是长期投资的胜利者。细心的朋友可能会注意到我的名片上有一句话：与伟大企业共成长。为什么我们在二级市场上，要借鉴主要是做风投和私募的这种说法，是因为我们更信任基于企业长期竞争力的投资。

2008年6月24日

价值、安全边际与长期投资

格雷厄姆在《聪明的投资者》中提到，对谨慎投资的归纳浓缩到一个词就是“margin of safety”（安全边际），即证券价格相对证券价值的折让。证券包括了债权和股权，我们这里仅讨论股权。

不论证券本身是否盯市计价（mark to market），价格都是相对容易获得的。

价值是什么？

对于无法永续经营的企业，就是清算价值，对应收账款和存货、PP&E（机器设备厂房）等根据实情进行打折，忽略无形资产特别是商誉，当然也会考虑与债权人对债务的协调结果，来得出股东从变现资产的过程中，可以回收什么。

能够永续经营的企业（永续更多时候只是假定的理想状况），其价值就是存续期中能够给予股东的现金流，按照合理贴现率贴现加总的现值。

①我们假定一个模型企业，权益资本为1000万，无负债，ROE为15%，折旧与维持企业的资本开支一致，盈余就是可分派现金流，并且完全以股息方式回馈给股东。社会要求的股权资本成本是10%，这样的企业，其价值是多少？

$$V=\frac{1000\times 15\%}{10\%}=1500\text{万}$$

如果社会对股权资本的要求回报率长期而言保持在10%，那么市值可能就始终维持在1500万。

股东付出的价格是1500万，得到的价值是每年150万的股息，对应派息率10%。

②我们对上述的模型企业稍作调整，假定现金流中的$\frac{1}{2}$用于

股息分派，$\frac{1}{2}$用于再投资，那么企业的价值又该是多少？

根据戈登增长模型：

$$V_0=\frac{D_1}{(1+r)}+\frac{D_1\times(1+g)}{(1+r)^2}+\cdots+\frac{D_1\times(1+g)^{n-1}}{(1+r)^n}=\frac{D_1}{r-g}=\frac{1000\times15\%\times(1-\frac{1}{2})}{10\%-\frac{1}{2}\times15\%}=3000\text{ 万}$$

将盈余现金流用于再投资，会大幅提升企业的价值（当然前提是 *ROE* 超过权益资本成本 *r*）。

股东付出的价格是 3000 万，得到的价值是 75 万的股息（派息率 2.5%）和股价的提升：

$$V_1=\frac{D_2}{r-g}=\frac{75\times(1+7.5\%)}{10\%-7.5\%}=3225\text{ 万（资本增值 7.5\%）}$$

价值就是加总股息与资本利得的 10% 复利回报。

长期持股对于模型企业①而言，绩效会远远低于模型企业②，因为①是单利模式，而且投资人一般而言都不能善用分派的股息，找到高于社会资金成本的投资机会；②在股价的资本增值方面是个复利模式，这是由企业运用盈余的方式和效果决定的。如果一个企业所处的行业提供的发展机会，合并企业管理层的能力，能够创造一个长达 20~30 年的“复利机器”，那么长期持股的投资人就可以获得惊人的回报。

菲利普·费罗在《普通股与不普通的利润》中着重讲的是如何寻找模型②（他将之定义为“成长股”），并且归纳了这种类型的企业需要符合的 15 个要点，要投资人进行对照，包括：

要点 1：这家公司的产品或服务有没有充分的市场潜力，至少几年内营业额能大幅成长？

要点5与6：这家公司的利润率高不高？这家公司做了什么事，以维持或改善利润率？

以刘元生在万科的投资利润，就是长期持有模型企业②，获得优厚回报在现实世界的一例。万科自20世纪90年代初上市以来，历年的平均摊薄净资产收益率为13.68%，高于一般的权益资本要求回报率，这既有地产行业的钱比较好赚的属性，也有万科管理层保持合理投资回报率的诚信和能力。历年的盈余中平均有26%用于派息，74%用于再投资，这既有地产在中国城市化进程中有发展空间的因素，也有万科管理层异地扩张的雄心。尤其不能忽略的是万科经常性地以高融资补贴老股东的模式，新股东投入的资本金大幅增厚了刘元生占有的净资产，使得刘元生获得了相对其他后续投资万科的股东同期同比更快的利润增速。

安全边际

对证券的价值达致合理认识后，安全边际的存在，就是以折扣的价格购买的意义在哪里？

1. 计算证券价值的过程中，会对诸多因素进行假设，比如获利能力和再投资机会，涉及行业和公司能力的复杂评估，出错的机会很大，安全边际的存在，使得如果实际情况比假设差，真实价值低于当初的评估价值，投资者仍不至于遭受重大损失。

2. 如果假设的情况兑现甚至实际情况较佳，那么投资者可以获得远高于社会平均的权益资本成本的回报率。一个面值100的存续期30年的6%复利零息债券的价格，理论上应该是17.41元，但是如果以理论价格（实际工作中要考虑当时的市场利率期限结构）的5折，即8.71元买到，那么付出8.71元的价格，得到的价值是30年复合8.48%的回报，远远超过了6%。

安全边际的反面？——对长期持有投资策略的探讨

理论上，无论是上述的模型企业①或者②，如果能在价值与安全边际上给出企业“精确”的判断，最好的做法当然应该是在企业价值低估时买进，高估时卖出，以此循环往复，但问题是定量这种东西往往是以大量的定性假设作为基础。企业是“活”着的东西，时刻处在“人和环境”变化的过程中，要想精确地计算其每天都在发生变化的价值是非常困难的。巴菲特在2002年伯克希尔的年报里说：“我和我公司的CEO查理，不仅不知道我们企业明年赚多少钱，我们甚至不知道我们公司下一个季度赚多少钱。我们对那些能准确预测自己企业赚多少钱的CEO保持怀疑，如果他们经常能达到他们预测的利润目标，我们就要保持高度警惕，并开始减持他们公司的股票。”格雷厄姆追求“价值远超过价格的安全保障”，这种证券分析方法永远不会过时，但它对巴菲特投资理念的更大帮助，可能在于格雷厄姆提供的是投资的智力理论和应具备的精神状态，而不仅仅是分析方法。

常识告诉我们，投资的基准和确定的过去无关，只和不确定的未来相关。投资的不确定性是商业活动固有的本色，建立在大量信息收集和严密逻辑推理基础上的分析和判断的过程，无论如何严谨，依然是预测而非事实，这可能也是投资某种意义上部分是“艺术”的根源所在。也许我们只能粗略而非精密地估算企业的价值。投资更多需要从动态的角度判断企业运用有形和无形资产创造未来现金流的能力，“有钱难买早知道”，与时俱进的动态评价过程的难度要高很多。

一个卓越的组织，在资源分配方面表现出色，从而持续提升企业价值，极可能超越投资人的初始和跟踪过程中的判断，我们追寻的可以长期投资的公司类型便在此处——最好是在有足够安全边际的条件下买入，但在持有的过程中，在某一时点上，安全边际或在一定程度上消失了，但上升的价格对应着持续上升的公司价值，如此，通过持续跟踪，业务经营卓越的公司就可能被长期持有而没有被抛售，比如伯克希尔、沃尔玛、菲利浦莫里斯、富国银行、西南航空、汇丰、长江实业等公司的长线投资人，中间一定碰到过安全边际消失的局面，甚至遭遇过复杂的政经环境对判断产生极大的干扰。当然，遇到上述情况，出于审慎原则可以即刻卖出，但也可以从更长远的角度探索企业的价值与该企业市场价格之间的差异，从而选择坚持。要做出一种正确的判断，选择坚持或放弃都不是一件容易的事。

长期投资的成功，除了格雷厄姆强调的安全边际、财务分析和费雪的优秀企业外，商业思维和对一项投资事业未来的“天赋”预期以及冥冥之中的运气，都是成功投资的基础。

2009 年 9 月 2 日

（部分内容由周明波先生协助完成）

忧虑、希望和梦想

读书的时候，常和同学一起讨论中国的未来和希望……

1991年，和许多怀抱希望和梦想的青年一样只身南下广东，1992年到了中国改革和开放的先锋城市——深圳。

几乎是到了深圳，就开始从事投资事业，而某种意义上一个投资者的未来，其根本取决于一个国家的未来，因此，我对中国未来的思考从来没有间断。

早期的投资虽然基于技术分析，但在敢不敢长期持有股票这一点上，其实交织着一种深深的矛盾。当年，生活在深圳的我看到的是日新月异的变化，但回内地看到工厂倒闭、职工下岗，问题与矛盾重重，又心生忧患与疑虑。但中国就是在这种彷徨和坚定中一路走来，并迎来了改革开放的第30年。彷徨的人，来来去去；而坚定的人，有了真正的未来。

2007年12月，在我尊敬的许小年教授上“宏观经济学及政策分析”课的时候，我很用心地听了许教授关于宏观经济的逻辑推理过程，特别关注了长期分析中的新古典增长模型，中国经济增长的可持续性、新增长理论，以及制度与长期经济增长的部分。

对新古典增长模型，我非常认同他对索罗模型的深层见解：不可能仅依靠增加储蓄和投资来维持增长；资本收益递减法则将发挥作用；当资本收益率降至零，增长就停止了；实现持续增长的关键是技术进步。中国目前的困难在于固定资产投资占GDP的比例已突破40%，并呈现继续上升的势头，中国经济增长的可持续性面临重大的挑战，需要转换经济增长模式。

他谈到新增长理论：一是与新古典增长模型的区别。（1）技术进步不再是外生变量；（2）投资于技术而不是产能扩张；（3）技术进步突破要素边际收益递减的制约；（4）生产函数线上移而不是提高储蓄率。二是技术进步的含义。（1）劳动力效率的提高，教育和培训；（2）资本效率的提高，新技术和生产方式，研发和管理；（3）资源的更有效配置，市场经济制度。三是促进技术进步的政策。（1）财政：消减预算赤字，增加教育和基础研究投入；（2）制度改革和制度建设。

在这部分，他认为“西方的兴起”，是界定和保护产权的结果。英国“光荣革命”确立的议会制政体，国王剥夺臣民的权力被消弱并受到限制，纳税者控制议会，产权保护得到信赖，产权制度得以确立。产权保护推动了私人投资的发展，为金融革命奠定了基础，刺激了储蓄和投资。尤其是知识产权保护：（1）没有知识产权的保护，企业家就无法得到研发投资的全部收益；（2）1624年垄断法包含了专利法，英国为世界上第一个形成完整专利制度的国家；（3）1698年塞弗伊申请了蒸汽驱动的抽水机专利，用于矿山排水；（4）在专利的保护下，瓦特对蒸汽技术做了一系列改进，1775年瓦特成功地将其专利延期25年，并于同年开始蒸汽机的商业化批量生产；（5）到1830年左右，英国基本完成了工业的蒸汽化，一跃成为世界头号经济和军事强国。

许教授提醒我们思考，持续增长的关键是技术。技术提高了投入要素的效率，但为何一些国家有更先进的技术，而另一些国家的技术却相对落后？

制度决定技术。“四大发明”在中国的遭遇：火药，我们放炮仗，洋人造枪炮；罗盘，我们看风水，洋人用于远航；纸张与活字印刷术，二千年间刊印四书五经，禁锢思想，在西欧成为大学和文艺复兴的技术支持。

在制度与长期经济增长部分，许教授引入了威廉姆森的4个制度层级：一是非正式制度，风俗、传统、宗教、文化，其变化频率为100~1000年；二是正式制度（博弈规则），正式规则，宪法、法律、产权；政体、法律、司法、政府，其变化频率为10~100年；三是治理（博弈执行），公司治理、政府治理、交易治理，其变化频率为1~10年；四是短期的社会资源分配制度。较高的层级对以下的层级施加限制。

然后，许教授引用了韦伯关于非正式制度对经济影响的观点：一是近代资本主义发展的地理路径。荷兰、英国、瑞士、法国、德国、美国，均信新教。二是《新教伦理与资本主义精神》中所论述的。（1）信徒直接面对上帝，获得解救之路在自己手中；（2）职业为上帝指定，职业成功增加上帝的荣耀，因而增加自己获救的机会；（3）“贫穷是对上帝荣耀的贬损”，“以赚钱为天职”，“赚钱就是职业美德和能力的表现”；（4）追求财富不是目的，而是为了增加上帝的荣耀；（5）“以合理而系统的方式追逐利润”；（6）禁欲主义为资本积累创造了条件，同时准备了一批有节制的、尽职、勤奋、把劳动视为上帝所希望的生活目的的现代工人；（7）

合理化的信徒生活需要法律规范。上帝将主权赋予国家和社会各阶层，两者关系的界定也需要法律。

为什么资本主义没有在中国出现？按韦伯《儒教与道教》的论述：（1）儒家对盈利的鄙视（“君子喻于义，小人喻于利”，“存天理，灭人欲”）；（2）君子追求修、齐、治、平，赢利的技术手段为“奇技淫巧”；（3）不择手段地逐利，享受奢华生活，而不是理性化地为增加上帝荣耀而经营；（4）“政治资本主义”，而不是靠精细的计算和理性的经营增加财富。

还有就是社会结构、观念与资本积累的差异：（1）士农工商的社会等级，商人赚钱后买地、建房、捐官，提高社会地位；（2）均平思想，诸子平分遗产，日本为长子继承制。

听完许教授的课，我最后举手提问：“许教授，从你的经济可持续性增长——技术进步——治理（博弈执行）——正式制度——非正式制度的理论和推理看，中国有没有光明的未来？”许教授回答说：“从他的推理和分析看，中国的未来很艰难。”

回顾过去中国几千年的历史，确实我们的未来之路可能艰难曲折，但一个民族经历了那么多的磨难，好运也该光临了。

生前身后都遭到诟病的李鸿章曾有“三千年未有之变局”来形容列强凌夷、国运多舛、清末时期的中国。今天的中国，情形已大不一样，中国的未来——何去何从？曾以《万历十五年》等著作名世的历史学家黄仁宇先生生前对中国历史与现状颇多个人见解，比如他认为中国今后不会乱。他指出：历史不会平白地重演，尤其以中国过去几十年牺牲之大，破坏之深，才能达到今日之局面。如果小不如意，即认为现局不能算数，须要一切重来，那不符合他所说的“历史上长期的合理性”……四分五裂，不是历史基点所指的方向，长期的合理性是需要统一。统一的方式有很多，如联邦制、邦联制、自治等，都可以讨论。任何一个国家现代化，都可能在新体制上产生问题，荷兰在16世纪的例子可供参考……他曾向大陆的朋友说过，在合适的阶段，以放宽视野的历史取代过了时的意识形态，也就是接受历史的仲裁，传统经典里的社会价值与现代经济生活必会引导出来一套新的伦理观念。这都不是动乱可以解决的问题，动乱只会距这些目标更远……

我相信历史学家黄仁宇先生的判断，当一个民族经历了巨大的牺牲，在我们的父母辈还残存着战争、动荡年代悲惨的深刻记忆时，重回老路绝不是选择的方向，中国总的倾向应该是和平、温和、向上地发展。历史从来不是某一两个人在某个时间确定的，历史是所有人在不间断的时间长河中利益对撞平衡后的凝固状态，于是，过去的形态往往会表现出未来一种不可逆转的趋势，过去30年中国总体上呈现一种稳健向上的局面，虽然有挑战，但是一如既往发展下去的概率还是非常之大，这是所有人利益最大化的保证，也符合绝大多数人的利益诉求。那些对中国发展持怀疑论、犹豫的悲观者，也许会错失整个时代。

中国的国运，给了邓小平改革中国命运的机会。今天的中国面临着非常好的历史机遇，中国人民有机会一起推动中华文明的发展，迎接中华文明的伟大复兴。每一个热爱自己国家和民族的人，都充满了梦想和希望。

祝福我们的祖国和民族吧，希望它强盛、伟大！无论路途多么艰难、漫长，这应该是全球华人共同的心愿！也是投资人共同的福祉所在！

高估、坚持与商业模式的选择随想

4 年前，茅台 30 元的时候，假如涨到 40 元，一般人会认为它被高估了。今天涨到五万至八万人民币一平方米的深圳顶级高层豪宅，4 年前卖的时候，七八千一平方米，如果它当时叫价一万一平方米，一般人也会认为它不值这个价钱。但一个标的物到底值多少钱，包括我们正在估值的东西，只有未来的岁月才能证明。

但未来是什么？长期看，我们每个人都会死去，甚至包括人类。月亮会在约 10 亿年后脱离地球，北极冰雪之地会成为沙漠，如果那时还有人类，也会消亡！在可见的未来，人类还能繁衍，据科学家分析，地球上生物的繁盛与衰落遵从一个长度大约为 6200 万年相对固定的周期，平均每 3000 万年，地球物种就会遭遇大规模毁灭。3000 万年，足够我们持续千秋万代，但问题是，我们往往低估了自然法则在万物中的重要性，而高估了自己或生活着的当代人的重要性。我们对企业的估值，是从一代人、10 代人、100 代人的角度，还是只是 1 年、3 年、5 年？

在伯克希尔股东大会上，一位来自慕尼黑的投资者在第二提问区问巴菲特先生：你能不能点醒一下我们，投资时是怎么决定内在价值的？你是用什么样的数量方法？巴菲特幽默地回答：我明白你的问题，但要装不明白，由查理来回答。芒格回答：尝试决定内在价值、安全边际等，没有一个简单的办法。你需要一个多重的方法。我觉得你成为一个出色的投资者不会比你成为一个鸟类学家来得快。在我理解，此类问题根本没有答案，从一年到一代人甚至更久远的岁月，思考的哲学体系完全不一样……每个人的答案完全取决于自身的天赋与思想的极限……

2007 年 9 月 6 日晚上，一位朋友问我：什么样的投资是最好的投资？我回答说：坚持就是最好的投资！以房地产住宅投资为例，如果有能力，你只需要凭常识，买入一个国家中最核心城市的房子，然后挑选城市中靠海、靠江、靠湖、靠山、靠公园等风景极致地区的房子，不要担心经济危机或经济萧条，多考虑几代人的事，坚持就是福祉。

就股票投资，以专注长期股权投资方式持有伟大的企业，回馈更惊人。如果一个家族，从 1896 年道琼斯指数第一次发布时，每年用定投法选择性买入构成指数的股票，无论是经历战争还是处于经济萧条期，历经 111 年，绝对可以让这个坚持信仰的家族富可敌国。但如果这个家族真的想这样坚持，要经历什么样的心灵折磨呢？在 1914 年第一次世界大战来临、股票市场关闭前，他们要做出决定，是回避可能改变人类历史命运的重大战争，还是要继续买进；1929—1933 年当股票跌了 89%时，这个家族也要面临同样的选择——在有史以来最残酷的经济危机面前，是要保留家族仅存的果实还是要持续买进？在珍珠港受袭、美国要参与前途未卜的第二次世界大战时，还要面临痛苦的抉择。

人类的历史有必然也有偶然，如果德国早于美国拥有原子弹，也许人类历史就将改写。看看人类经历的重大历史事件，每隔十几年就要发生的历史性事件会不断冲击考验这个家族的信念。一个人的投资在有限的生命中，也许可以赶上风调雨顺的好时光，但如果让一笔财富永续地穿越各个时代，有些事情就无法避免，危机本身其实是投资的一部分，对于做投资的人而言，这是伴随一生的事情，唯一的路——你只能迎头而上，不退缩回避，勇于经受苦难与艰辛的岁月……

为什么要在苦难与繁荣的岁月中坚持？因为这是利益最大化的保证！上帝没有赐给人类在所有的时间知道所有事情的能力，但上帝赐给了我们短视与远见、软弱与坚强，赐给了我们所有好的与坏的天性。我们努力锤炼自己，就是想让自己的美德更多地融入我们的生活与事业之中。

我们学习到的知识告诉我们，长期持有卓越的企业会有多么美好的未来。我们尝试着让我们的伙伴，和我们一样有信心、有理想，相信未来。我们的商业模式，需要有客户坚定的支持，否则，即使是最佳投资策略，也无法创造出骄人的业绩。巴菲特于1969 年解散了他的合伙公司，因为他厌倦了作为合伙公司的投资者带给他的压力，他选择自己收购企业，自由决定投资方向与投资策略。

1969 年巴菲特向他的投资合伙人推荐了平均持股周期在 10 年以上的红杉长叶伙伴基金，那些转投红杉长叶基金的投资者，有些选择了离开，而那些在艰苦环境下仍然认同这种非主流的长期股权投资的投资者，最后获得了丰硕的回报。有许多朋友讲，资产管理是不能选择长期投资的，无论是公募基金还是私募基金的委托者，眼光未必那么遥远。罗斯福总统曾说过："最佳总裁是这样一个人，他精心选用一些优秀人才做他想要完成的工作，并约束自己，避免干预他们的工作。"

我们多么希望，东方港湾的伙伴都是罗斯福总统所说的"最佳总裁"，因为我们深信这是财富管理的长远利益之所在。

2007 年 9 月 7 日随笔

难以复制的沃伦·巴菲特

"经历过无数次的沉浮，我们最终取得了成功。"沃伦·巴菲特有资格用古罗马诗人沃格尔的著名诗句回顾过去。但后人如果以巴菲特为榜样，想取得成功并非易事。

1956 年，沃伦·巴菲特在丛林大街，用 100 美元租了一间房子，开始经营合伙公司，其管理的资产是 10.5 万美元。作为投资经理，巴菲特不告诉合伙人他买卖什么股票，怎样经营公司，他每年收取盈利的 25%作为个人所得。那个时候，巴菲特经常到城里游说别人，主要是医生，加入他的合伙公司，当然，我们可以想象他可能曾经遭受的质疑与"白眼"。这个阶段的巴菲特是容易复制的，无论是他的商业模式还是投资方式，中国目前很多以股票投资为主营业务的投资公司都在重复走这条道路。

1965 年，巴菲特收购濒临破产的价格极其低廉的伯克希尔纺织公司。收购伯克希尔纺织公司是巴菲特走向成功的起点，也是他第一次失败的经历，他最后不得不将纺织公司业务廉价卖给别人。《华尔街日报》曾评价，“这是少数几个让巴菲特赔钱的业务之一”。国内有些朋友，有的已收购有上市公司，其中有人告诉我他就是想从收购上市公司开始复制巴菲特的神奇……不过，巴菲特先生承认了自己收购伯克希尔纺织公司的错误。当年年报中记载着这么一段话：“我知道这是一桩很难做的生意……当时的我或者是傲慢自大，或者是天真无知。现在，我吸取了很多的教训。”

吸取很多教训，从“傲慢自大”变得谦逊的37岁的巴菲特先生，由此开始了一段人们可能永远无法复制的真正传奇的投资经历。1967年3月，伯克希尔出资860万美元购买了奥马哈的两家头牌保险公司——国民赔偿公司和火灾及海运保险公司的全部流通股，合计拥有2470万美元的债券和720万美元的股票组合。至此，伯克希尔公司抛弃了纺织主业，开始了保险帝国的打造。1968年，国民赔偿公司保费浮存金收入2000万美元（浮存金是一项保险公司持有但不属于保险公司的资金。在保险公司的运营中，浮存金的产生原因在于保险公司在真正支付损失理赔之前，一般会先向保户收取保费，这期间保险公司会将资金用在其他投资上。通常保险业者收取的保费并不足以因应最后支付出去的相关损失与费用，于是保险公司便会发生承保损失，这就是浮存金的成本），税后利润达到220万美元。巴菲特利用保险公司稳定的现金流进行证券投资组合操作。1969年底，巴菲特清算并解散了拥有

100 名股东的巴菲特合伙人公司，其合伙人的应得资产以伯克希尔股份的形式支付。

整个 70 年代，巴菲特一共购买了 3 家保险公司，并另外组建了 5 家保险公司。1976 年下半年，伯克希尔买进了大量的 GEICO 股份，到 1980 年底，巴菲特总共投入 4570 万美元取得该公司 33.3% 的股权。由于 GEICO 不断回购公司的股份，15 年后，伯克希尔在 GEICO 的持股比例逐渐增加到 50% 左右。

自伯克希尔 1967 年全力投资保险业以来，伯克希尔的浮存金每年以 20%多的复合成长率增加。1968 年底浮存金 2000 万美元，2006 年底时，浮存金达到 509 亿美元，这些浮存金大部分时间的成本为零，甚至是负的，2002 年伯克希尔的浮存金成本只有 1%。如此低的资金成本成就了巴菲特的投资梦想，当然，他的伟大成就并非靠“垄断”的保险业得来，他还需要凭智慧、经验、直觉和勇气在正确的方向上运用财富，购买并长期持有美国运通、可口可乐、迪士尼、吉列刀片、麦当劳及富国银行等许多伟大公司的股票，让巴菲特一手创建的伯克希尔 – 哈撒韦公司经过 40 年的风雨后屹立至今。

环绕在沃伦 · 巴菲特身上的财富传奇，让无数人敬仰。我们可以学习他的正直、谦逊、远见、洞察力、阅读和思考、坚毅的性格与面对压力下的沉着，但我们可能永远无法复制他，特别是其 1967 年以后运用的商业模式。

2007 年 9 月 22 日随笔

基金管理人的华发

2008 年 1 月 10 日晚上，与中欧几个同学小聚。其中一位同学问：“你头发怎么白了这么多？”“白发三千丈，缘愁似个长”，我开玩笑说就像李白《秋浦歌》形容的，是“缘愁”。

市场跌荡起伏，基金管理人承受压力是必然。深圳“早生华发”，见面孩子有可能喊他“爷爷”的基金管理人，就有同威资产管理公司的韩涛先生、万利富达资产管理公司的胡伟涛先生。他们的“满头华发”和我一样，也许就来自“缘愁”的股票市场。

2005 年在河北去调研王朝葡萄酒厂的葡萄园的路上，看到农民鞭牛犁地，心生羡慕。对一个普通农民来说，他的生活如此简单，在大自然的广阔和远离尘世的山村中，他有可能静静地过一生。我虽然无法完全体会到农民最本质的生存压力，但对做投资的人来说，能做到巴菲特每天像跳着踢踏舞一样的心情去上班的毕竟少见。一睁眼，你就要思考所有影响企业与市场的因素，哪怕某个信息源自天边，甚至与所投资的企业毫无关联，你也需要抽丝剥茧。遇到忧虑的信息，焦虑便会涌上心头……

当然，还有来自客户的压力。2007 年 12 月 20 日，我的同事发来一条短信：“昨天又被好几个客户追问，×× 甚至开始说再这样刻板地做下去就只能用脚投票了，×× 的客户也表达了类似意思。”我回复：“输掉一批客户不怕，但如果没有理念和信仰，我们会输掉整个事业。”

没有任何事业是容易的。投资在我看来不是个容易产生成就感的职业，你今天的成功可能会为未来的失败埋下隐患。你需要不断地挑战和考验自我，你需要把深邃的、影响人类生活方方面面的事情想清楚，并贯穿到自己的投资事业中。台上一分钟，台下十年功。在外人看来一帆风顺的事业，其实背后有着艰苦卓绝的努力。长远的目标、忍耐、坚持，简单的行为，背后的结构一定是复杂的。

为什么这个世界上只有极少数人有成就？读中欧国际工商学院时听过一个“30 年理论”。从大学毕业开始的第一个 10 年，是以一技之长求生的阶段；第二个 10 年则靠人际关系的处理，靠团队，靠处理与他人关系来成就自己；第三个 10 年靠性格，真正的领导力，取决于抵御逆境的坚强性格。我相信只有来自内心的力量，才能在人生道路上行走得足够久远。

为什么理念和现实很难真正协调统一？为什么有些人在投资中想的和做的不一致？为什么会发生这种背离？我们每个人都有人性的弱点：贪婪、恐惧、懦弱、侥幸……但这个市场和世界很残酷，你有什么人性弱点，他就在哪里攻击你。某种意义上，早生的华发也许可以让我们更好地理解苏东坡《赤壁怀古》中“大江东去，浪淘尽，千古风流人物”的人生情怀，进而通过学习和思考让我们变得更睿智、更有远见，更有面临重大压力时做出痛苦抉择的能力和执行力。

2008 年 1 月 13 日凌晨随笔

追求真理

多少年过去了，但一个人的名字永远留在了我的记忆里。那就是以写出《论无限、宇宙及世界》一书，信奉并传播哥白尼《天体运行论》，52岁时被视为“异端”和十恶不赦的敌人，被烧死在罗马百花广场上的乔尔丹诺·布鲁诺。

布鲁诺反对亚里士多德—托勒密的地心说。他提出了宇宙无限的思想，“认为宇宙是统一的、物质的、无限和永恒的。在太阳系以外还有无数的天体世界。人类所看到的只是无限宇宙中极为渺小的一部分，地球只不过是无限宇宙中一粒小小的尘埃”。不仅如此，他还提出了更为惊愕、“骇人听闻”的连那个时代被尊为“天空立法者”的天文学家开普勒也无法接受的思想：“千千万万颗恒星都是如同太阳那样巨大而炽热的星辰，这些星辰都以巨大的速度向四面八方疾驰不息。它们的周围也有许多像我们地球这样的行星，行星周围又有许多卫星。不仅在我们的地球上有生命，那些人们看不到的遥远行星上也可能存在生命……”

布鲁诺以其勇敢的一生，将束缚人们思想几千年之久的“球壳”捣得粉碎，但他也为坚持自己的信仰和思想自由而付出了生命的代价。我们是普通人，坚持自我认知真理的精神未必如布鲁诺那样坚韧，但好在我们不是身处中世纪，在我们认知真理的过程中，不会像那些先驱有可能成为殉道士。

在真理中追求生命的精神！庆幸自己选择了证券投资这个职业，对证券市场的认知也是一个追求自由思想、在生命中追求真理的过程。某种意义上，这是一个可以通过怀疑和思考，通过逻辑与实证，通过激发自己内在智慧和思想，凭借一己之力或几个人的力量有所成就的事业。

这个领域里没有权威和束缚，它的成功建立在“不轻信的基础之上”。它取决于勤奋、努力、思考、清醒并真实客观地认识自己，这其中少不了磨难，但正如巴特菲尔德所言：“我们只是伟大历史过程中的一部分，我们自己不仅是开拓者，也是过客。”

2008 年 4 月 2 日随笔

投资札记之四：给新股民的建议

发现伟大的企业，长期坚持投资，这种办法不仅仅成就了历史上那些最伟大的投资家，它应该也能够帮助那些愿意尝试改变的朋友。你只需要多阅读几本书，然后谦逊、耐心地学习，有一点天赋，也许就能成就自己的命运。

请善待自己的财富

要我给新股民一些建议，我首先想到的严肃的事情，就是请股民朋友，特别是刚刚进入股票市场的朋友——善待自己的财富！

多年的职业生涯告诉我，投资一定要用自己的余钱；不能透支，不能借钱；一定在满足医疗、孩子的教育、达到基本的生活保障的前提下，再来进行投资。2007 年 7 月 1 日晚上与另几位朋友的交流中，有人告诉我，他的一个深圳检察院的朋友，把房子抵押了炒股票，这次一个大跌，压力非常大。

我希望股民朋友们，千万不要做这类有可能让自己面临困境的事。很多人生活虽然不富裕，但很快乐，创造更多的财富，并不一定是我们必需的，千万不要牺牲自己内心的宁静来换取刺激的有可能导致万劫不复的生活。

我们可以狂热地工作，但请一定采取正确的方法，就我理解的投资而言，如果我们有一笔不断积累的财富（哪怕很少的钱），我们只需要选择好的企业，投资真正好的企业。而且投资并不是一件非常困难的事，找到好企业，并不是少数人的专利。真正伟大的企业，一定是公众的，能让多数人参与、分享。我们只需要买入持有它，让企业为我们持续创造价值与财富。

投资是一项非常严肃的事情，我们要好好善待自己的财富，要少参与泡沫型资产的投机活动。

2007 年 7 月 2 日

投资改变命运——致那些愿意尝试改变的朋友

2007 年 8 月 3 日，看到汪丁丁先生发表在《财经》网络版的《这是怎样的再分配？》一文。丁丁先生对民众的人文关怀值得敬佩，他的核心观点是："全面膨胀的资产价格和不断攀升的物价，最沉重地打击了都市里最贫困的群体。"

我相信税收的高增长（因企业盈利增长强劲，据说 2007 年深圳税收增长可能超过 50%），将使政府有能力做力所能及的事。当然，如果我们就是弱势群体，可以怪罪社会环境造成我们贫穷，也可以因此被动、消极等待，但我们能否尝试着讨论一下——我们是否有机会通过投资改变自己的命运。

资产价格的全面膨胀是历史发展过程的客观规律，在美国也一样，1930 年的一美元到 2000 年只剩七美分的购买力了。根据《经济学家》（*The Economist*）公布的数据，过去 60 年中，英国有 4000% 的通货膨胀，美国有 1000% 的通货膨胀。通货膨胀对财富的损害仅次于对财富的创造，这是经济学常识。所以把辛辛苦苦积累的财富变成银行储蓄的人，是被动地将自己绑在历史车轮前行的车痕中碾压，这注定不会有美好的结果。当然，我相信随着国家的强大，人们有基本的生活保障还是可以做到的。

但另一方面，即便我们没有能力参与固定资产的投资，是否可以通过股权投资在这场“全面、持久、深刻的购买力再分配运动中”主动改变我们的命运呢？

2006 年 10 月，回开封见到了我们初中排球队的队友，其中不少是下岗工人，有几位命运可以用悲惨来形容，当年我们英姿勃勃、扣球犹有雷霆之势的主攻手，如今不仅下岗还病魔缠身，全家三口靠着低保维持生活。见面的时刻，心里酸酸的……当年我们当中最有希望成才，也是老师最喜欢的学生，仅仅为了早接班，早有一份工作做，就这样彻底改变了命运。

还有一位冯胜林同学，他父亲就是我们球队的教练和老师，至今还记得初一刚入学时冯老师教我们“滚翻救球与鱼跃救球”的情景。那次见面后，他把家里的积蓄陆续拿出来让我帮他理财，

2006年10月19日他在自己的股票账户中存入4999元人民币；2006年10月23日转入5000元；2006年12月5日转入10000元，他说："我们全家就靠你了！"一句话让我百感交集……

从开封回来，和周明波说起这事，明波说这是你应该帮助的人，你能改变他们家庭的未来。一个人的能力有限，基于社会关系的无私帮助也是有限的。东方港湾曾想将传播价值投资视为公司核心理念，我们是这样想，也是这样做的。

发现伟大的企业，长期坚持投资，这种办法不仅仅成就了历史上那些最伟大的投资家，也帮助了我这位拿出19999元人民币的同学，它应该也能够帮助那些愿意尝试改变的朋友，它确实是一个好方法。你只需要多阅读几本书，然后谦逊、耐心地学习，有一点天赋，也许就能成就自己的命运。

2007年8月4日于深圳

2018年的感悟

同学账户这些年的获益情况。截止到2018年2月28日，浮动盈利：458009.19–98999元=359010.19元。希望投资伟大企业的复利的威力，能至少改善同学的生活。

注：2006年10月19日接手时总资产为4999元人民币；

2006年10月23日转入5000元；

2006年12月5日转入10000元；

2010年3月5日转入5000元；

2010年4月27日转入20000元；

2015 年 9 月 01 日转入 20000 元；

2017 年 2 月 13 日转入 30000 元；

2018 年 1 月 5 日转入 4000 元。

因此，转入总资产合计为：4999+5000+10000+5000+20000+30000+4000 元 =98999 元人民币。

投资成功必备的七种性格

成功的投资人取得成功，必然有一些关键的要素。实际上，投资者彼此的知识结构相差不多，差别只在于个人的性格。每个人所经历的生活苦难和挫折，所受到的教育和教训都将构成自己丰富的阅历，这些阅历最终会凝结到性格上，成为个人的财富。比如格雷厄姆和巴菲特倡导的价值投资，理解很容易，关键在于你能不能接受，能不能坚持下去。

德波诺的“驼峰效应”认为：“在任何生物系统中，这是最重要、最困难、最危险的效应。生物系统的运动总是以希望获得的事物为目标的。但是，眼前想得到的东西从长远来看可能是有害的。而长远的利益可能要求预先付出代价，做出牺牲。”人们全神贯注地盯着眼前利益，可能会失去将来更大的长远利益。这可能就是问题的关键所在。

基于人性，有人会受到性格驱使放弃或者坚持自己的投资。比如我的一个朋友先买了贵州茅台，结果赚了一点点钱就跑掉了，理由是赤水河可能被污染。后来他买东阿阿胶，听说当地原料驴皮出了点问题，又赶紧卖出去。类似的操作还有不少，这完全是他过于敏感的性格所致。

再比如坚持。我们在2003年买了高速公路股票，正好碰上SARS（严重急性呼吸系统综合症），情况很糟糕，一般人会赶忙把股票卖掉，但我们始终持有，这也是性格所致。

怎样的性格可以在投资中获得成功呢？根据我的经验，应该有以下几点：

第一，坚忍，应对困境的韧性和达观态度；

第二，坚持原则，在纷扰变化和外界压力之下不偏离原则立场；

第三，追求真理，持续学习，相信自己；

第四，与人分享的人生态度；

第五，大局观，放大看世界的视角；

第六，执行力，谋定而后动，绝不犹豫；

第七，细节不放松。

相信常识

现在入市的散户、新股民越来越多，很多人做股票很浮躁，投机心态很重。这是因为他们看不清股市投资的真正逻辑，忽视了一些最简单的常识。

做一个假设，假如巴菲特来中国了，在深圳大剧院召开一个大会，向大家阐释价值投资观念，鼓励长期持有股票。比如一万个人去听了，过了半年、一年，99%的人该怎么做还会怎么做。

价值投资不是任何人都能做到的，这种人本身要有很高的悟性，要有人生阅历。

事实上，财富的涌动方向就是让少数人有很大的盈利，而这些有很大盈利的少数人的办法一定和多数人的办法不一样，如果都一样，行业利润就会是平均的了。为什么在资本市场都想赚钱的行业当中，有少数人成了全世界最富有的一些人？就因为他们采取的办法是绝大多数人没有运用的办法，而事实上它又是常识！很多人认为资本市场是零和游戏，相信买是徒弟、卖是师傅，但资本市场的本质是共赢的游戏，企业发展好了，所有的人都是共赢的，企业赢、员工赢、国家赢、投资者赢，这是资本市场最本质的逻辑，也是常识。但如果是常识的东西很多人又不愿意坚持，却把错误的东西当成常识，这就给按照合理的逻辑选择交易方式的人提供了一个很好的机会。这个市场对于价值投资者来说，是一个非常好的运用和创造财富的机会。

买最好的企业，莫要投机

对于最近新入市的股民朋友，面对现在的行情，我建议要买最好的企业，即便它有些贵。

投资胜出的关键点在哪里？我认为第一个是要在正确的地方赚到足够多的钱。比如说我有 100 万人民币，平均配置在精心挑选的 10 个最伟大的企业上，如果 50 年下来有 5 个企业倒闭了，另外 5 个屹立不倒，仍然有强大的竞争力，则最终赚钱的多少，不取决于 5 个倒闭的企业，而取决于剩下的 5 个企业。如果挑选的企业经得起时间考验，即便剩下不到一半企业，50 年的积累也是很可观的一笔财富。我们的投资不可能全对。截止到 2007 年，巴菲特重仓过的 13 只股票，其中 7 只股票赚了约 270 亿美元，成功的概率为 53%。最伟大的 NBA 运动员乔丹，其职业生涯共出手投篮 21686 次，命中率为 50.5%。所以，只要选择正确一部分，长期坚持，就足以保证我们成功，这也是为什么要做组合投资的原因。

第二个，好股票不是说不跌，它也会跌。但是好股票的关键是什么？关键是它跌了以后还会回来。为什么不能去做垃圾股的投资？因为垃圾股跌完它可能就回不来了，它就倒闭消失了。我有朋友 2001 年用在内地市场养成的投资习惯，去买香港的股票，专挑便宜股、题材股，最后选择到股价一毛多钱时有李嘉诚出手相救的庆丰金，当跌到几厘钱的时候，缩股回到两毛钱，然后再次跌到几厘。香港商业罪案调查科经调查发现，庆丰金在 2001 年 2 月至 4 月间，涉嫌与多家公司在内地开设多家珠宝金行，并通过在公司的财务年报中利用会计原则作假，进行虚假投资计划。随着庆丰金的退市破产，我的朋友也倾家荡产了。国内还很少有上市企业破产清算，但长期来看这种情况一定会出现。现在港股直通车，内地居民可以直接买卖香港股票，其中很多股票交易价格低得可能超出想象，但其中隐藏的风险也是巨大的，香港的普通投资者通常只买 10 元港币以上的股票，价格低廉的绩差股曾害苦过他们，养成好的投资习惯非常重要。

所以对投资者来说，如果你是一个短跑选手，在一年当中肯定 90% 的企业不会破产，你可以在广泛的范围内去投资。但如果你是一个长跑选手，那就要很慎重地选择企业。

因此我建议新股民要买就买那些公认的好股票，那些蓝筹股通常能经得起时间的考验，但如果你去参与这个投机狂潮，那对不起，有一天你可能输得很惨，我想这是世界通行的规律。中国股市不可能每年翻番涨，这是毫无疑问的。即便是大牛市，我们说 10 年牛市，它也是震荡向上的牛市，这个震荡的过程当中，从 4000 点跌到 3000 点，或者从 6000 点跌到 4000 点都是很有可能的。如果你参与投机，即便是一个很伟大的行情，可能在某一个阶段就把你消灭掉了。

一个美国人所走过的人生历程

1809 年 2 月 12 日，出生于一个贫苦的家庭；1816 年（7 岁），全家人被赶出住宅，开始居无定所的流浪日子；1818 年（9 岁），母亲去世，悲愁的生活雪上加霜；1831 年（22 岁），经商失败，债务缠身；1832 年（23 岁），竞选州议员落选，同年工作丢了。想攻读法学院，未获入学资格；1833 年（24 岁），再次借钱经商，同年年底再次破产，接下来他花了 16 年时间才把债还清；1834 年（25 岁），贫困潦倒的他再次竞选州议员，居然当选；1835 年（26 岁），订婚后即将结婚时，未婚妻死了；1836 年（27 岁），精神一度崩溃，卧病在床半年之久；1838 年（29 岁），争取成为州议员的发言人，没有成功；1840 年（31 岁），争取成为选举人，连参选资格都被否定；1843 年（34 岁），参加国会大选，又落选了；1846 年（37 岁），再次参加国会大选，一举当选，前往华盛顿特区，表现可圈可点；1848 年（39 岁），寻求国会议员连任，失败；1849 年（40 岁），自荐州土地局局长一职，遭到拒绝；1854 年（45 岁），竞选美国参议员，落选；1856 年（47 岁），在共和党内争取副总统的提名，得票不足 100 张；1858 年（49 岁），再度竞选参议员，再次落败；1860 年（51 岁），当选美国总统，但 5 年后就被暗杀。

这个一生充满打击、失败和屈辱，历尽磨难的美国人就是美国历史上最伟大的总统之一——亚伯拉罕·林肯。林肯在生前的一次演讲中说道："每个人都应有坚韧不拔、百折不挠、勇往直前的使命感。努力拼搏是每个人的责任，我对这样的责任怀有一种舍我其谁的耐心、毅力和信念。"

证券投资是一个看起来容易、实际非常艰难的事业，投资这条路并不好走，充满人性的诱惑和考验。经历过几轮牛熊市的投资者应该有些体会，现实的情形是：10 个参与者，7 个输、2 个平、1 个赢。对任何一个选择其中的投资人来说，要有经受坎坷的心理准备，如果你选择，就要像林肯一样，从意志上不受命运的左右。这样，通过你的持续努力和学习，也许会有一个光明的未来！

2008 年 3 月 22 日

偶遇港股两次大跌

2007 年 8 月 17 日到香港参加平安保险 2007 中期业绩发布会，正好赶上美国次级抵押贷款引发的港股大跌。2007 年 11 月 16 日到香港调研港交所与中保国际，再次遇到恒生指数下跌 1136 点，只是这次是在港交所的交易大厅里感受这种氛围。

在港交所投资者关系总监陈心愉女士介绍港交所历史的同时，我翻阅了港交所提供的《细说当年》的小册子，对其中两段有关股灾的描述印象深刻：

> 1973 年 3 月 9 日，恒指在短短 4 个月内由不足 700 点升至 1774.96 点。怎料至 1973 年底，泡沫破灭，恒指急挫至约 433 点。翌年 12 月底，恒指收报 177.11 点。
>
> 1987 年 10 月 1 日，气势如虹的恒指冲上 3968.70 点的高位，但到 1987 年 10 月 16 日这个黑色星期五，全球股市崩溃。在随后的星期一（10 月 19 日），恒指急挫，收市报 3362.39 点，其后人称这一天为黑色星期一。

联交所于 1987 年 10 月 20 日至 23 日停市四天，其间恒指期货亦暂停交易。市场信心动摇，以致 10 月 26 日重新开市时，恒指一日内暴跌约 43%（现货月份的恒指期货跌至 1976 点，下跌 1544 点，跌幅达 43%）。

也许是经历过股灾，港交所的投资业务做得很保守，完全没有贷款，只是利用滚存的券商保证金做隔夜的拆息等无风险的业务。我的职业生涯也告诉我：不透支、不融资、不借钱可能是股票投资事业走得久远的保证。巴菲特2007年10月18日在接受福克斯新闻网商业频道的专访时，曾就“如何看待通过融资来购买股票或者说借钱买股票”的问题说：“我认为这有点疯狂。你看看伯克希尔公司，我们买入的时候是每股7美元，现在是每股129000美元。但在1974年期间，它的股价下跌了50%，2002年时，股价也从高点大跌50%。如果你的资金中有50%是通过融资获得的，则意味着你已经破产了。但你不应该因为拥有一只从7美元涨至129000美元的股票而破产。1987年，伯克希尔的股价在两周内下跌了40%。因此，如果你通过融资来买股票，你的命运就掌握在他人的手里，这太疯狂了。”

股市潮起潮落，就像月有阴晴圆缺。但我相信人类总的发展基调，是螺旋上升的。如果没有乐观和信念，没有谁能在伯克希尔的股票上用42年的时间赚上近18000倍，这中间要经历多少次金融危机与市场萧条。但就风险管理而言，用余钱投资绝对是未来辉煌岁月的保证。否则，不用说大熊市了，一个波折就足以致命。如果我们知道我们的客户中有谁不是用自有的闲置资金投资，我们一定第一时间劝退他！

当然，此刻的港交所也处在因中国崛起而拥有的繁荣中，从2003年约40亿港币/天的成交量，到2005年180亿港币/天，2006年300亿港币/天，2007年700亿港币/天，十月份1600亿港币/天的成交金额，这都让港交所有了更理想的收益。听同行的中信研究员说，内地交易所也有可能要上市，这可是引人关注的一个信息。

听陈心愉女士介绍，港交所新增业务的90%与中国相关，它的成功也取决于中国与中国企业的未来。港交所2002年至今，已派息90%给股东。

会后参观交易大厅，一个很深的印象是，穿着红马甲的交易员多是头发斑白的老人，陈女士说："他们是香港股票市场发展起来的见证！"

这些老人，再次经历了港股暴跌的一天。当然，这也是他们不平凡生命中平凡的一天。

2007年11月17日随笔

钱被"上帝"拿走了

2008年1月22日股市暴跌，晚上，一位做投资的朋友约我见面，结果来了三位。约我的朋友一见面就说："约你就是想看看这历史性的一刻，有纪念意义的夜晚，你是什么样子。"

他说："风雨飘摇的这几天大长了见识。他的主管平时是个谈笑风生的人，这几天郁郁寡欢。有个你认识的朋友（在国内负责一家大型券商的研究部门）刚才来电话说他的钱被'上帝'拿走了，他在香港炒涡轮，2000万变成了200万，几年牛市赚的钱又回去了。电话里他说另一位比他更不幸，炒涡轮，2000万一分钱都没了。40多岁的男人在电话里哭泣……"

我问："为什么？他们平时不都是价值投资的认同者，为什么会去做风险如此大的事情？”“他们也是被一些以少胜多的故事感染和自己的才智所激发才去做的。”他又说了一位这次损失也不小的我认识的朋友。听到他的名字，我大吃一惊。怎么也想不出，对每笔投资甚至买自住的房子都要列出数十项指标，严格论证后才去做投资的人，会高额透支炒涡轮。无论多么自信，也不该冒如此大的风险，可能让自己的家庭也陷入极大的危险境地。

2008 年 1 月 22 日，对做投资的许多人来说确实可能是个不眠之夜，那些在香港或内地做透支盘交易的人，我相信此刻有可能正在盯着美国股票市场的交易情况。这次全球股票价格的变化还是源于市场行为，如果遇到像战争这样更重大的危机，投资人的日子会更艰难。但愿美联储此次将银行间隔夜拆借利率由 4.25% 降到 3.5%，下调 0.75 个百分点的降息，能救正身处危难之中的人们。也希望这样的事情，能让后来人汲取教训。

对职业投资人来说，遇到市场危机与动荡，甚至极端情况的变化是再平常不过的事了。能帮助我们度过危机的办法，最终取决于我们如何看待这个世界，取决于我们头脑中哲学体系的价值取向。有些事业一次“挫折”足以要命，但投资这个事业是马拉松比赛（甚至是与永恒的时间相抗衡的比赛），首先坚持到终点才会有最终的成绩。在你途中跑遇到极限的时候，有人给你鼓励和掌声，这种激励会让你牢记并获得力量。但遇到喝倒彩与扔臭鸡蛋的人，你也不要介意，你只需要知道坚持下去，就会有不一样的未来。

在人类的投资史上，最大的概率事件是指数的螺旋上升，这是不以悲观和怀疑者的意志为转移的。看看道琼斯指数，虽然在关键的历史时刻都被危机和悲剧事件标示和占据，但人类仍顽强地创造着更美好的生活。对长期投资者而言，在慎用资金的条件下，我们的未来永远取决于我们选择的企业是否卓越，是否有足够的历史穿透力。做到了，危机降临的一刻就会和平时一样，安枕梦中。

血汗钱怎么成了沉没成本

金融市场发生危机，股票市场大跌的时刻，一般人选择退出，通常的做法是首先选择卖出赚钱的股票，留下亏损的股票。但16年的从业经验告诉我，正确的做法应该是卖出亏损的股票，留下赚钱的股票。选择补仓，也要补大跌中仍然有盈利的股票。为什么？

2008年1月19日，教我们管理会计的许定波教授在讲管理会计相关分析中“相关收入、相关成本和决策过程”一节时，提到了“沉没成本”，并用股票投资来做比喻。我觉得非常有道理，经济学中有许多概念不仅有利于经营企业，而且对于认识投资，甚至认识人生也是有益的。在现代经济学和商业决策制定过程中，会用到“沉没成本”（Sunk Cost，或称沉淀成本）的概念，所谓“沉没成本”是指那些根本不可能再为企业带来任何利润的资本投入。投入得越多，损失越严重。从经济学的观点来看，对于那些纯粹是“沉没成本”的企业，不但不应该再有任何的投入，而且应该要通过兼并、破产等方式坚决关闭。

曾有人用一个收藏古董的老人的故事来释疑沉没成本的深刻含义。说是有一个老人特别喜欢收集各种古董，一旦碰到心爱的古董，无论花费多少钱都要想方设法地买下来。有一天，他在古董市场上发现了一件向往已久的古代瓷瓶，花了很高的价钱把它买了下来。他把这个宝贝绑在自行车后座上，兴高采烈地骑车回家。谁知由于瓷瓶绑得不牢靠，在途中“咣当”一声从自行车后座上滑落下来，摔得粉碎。这位老人听到清脆的响声后居然连头也没回继续向前骑车。这时，路边有热心人对他大声喊道：“老人家，你的瓷瓶摔碎了！”老人仍然是头也没回地说：“摔碎了吗？听声音一定是摔得粉碎，无可挽回了！”不一会儿，老人家的背影消失在了茫茫人海中。如果这种事情放到一般人的身上，又会是怎样呢？不少人一定会从自行车上跳下来，对着已经化为碎片的瓷瓶捶胸顿足，扼腕痛惜，有的人会好长时间精神难以恢复。

许定波教授说，他在香港科技大学会计系教书的时候，有一个教授在 27 元港币时买了香港人俗称“8 号”的电讯盈科，该股跌到 15 元的时候，那个教授请教他，他通过研究和分析告诉该教授，电讯盈科不值这么多钱，他失去的是“沉没成本”，劝该教授卖掉。该教授反应激烈：“卖掉后，我的血汗钱不都没了。”后来电讯盈科差不多跌到相当于 1 元多港币（5 股合 1 股）的时候，该教授卖出了股票。许多投资者在计算他们的财富时，记忆永远停留在他们曾经达到的最辉煌的那一刻，常将某一天的最高市值视为已到手的收益，然后以那一刻的市值来计算他的得失。结果，变化的市值与最高市值相比，难免心态失衡。投资应该超越这种“财富观”。过去的市值包括买入价格等都属于“沉没成本”。有的人天天看自己账户上市值的变化，其实这没有任何意义，更容易唤起一种心里错觉，患得患失。据说，亏一千万的痛苦是赚一千万快乐的两倍，这也是人类奇妙的心理变化。做投资最重要的永远是未来，是投资的企业有没有更好的未来。无论牛市还是熊市，每一刻我们该反思的都是我当初以及现在的决策是否正确！

无论投资还是人生，我们总难免走过一些弯路，经历一些难以承受的挫折，如果利用沉没成本的概念来认识这些事，我们可能会赢得一种更为积极的人生！对投资而言，如果一笔投资无论做出何种选择都不能收回，理性的人只能忽略它。因此，无论此刻我们的处境是艰难还是畅顺，请保持我们的判断力。真正有意义的行动是如菲利普 · A. 费雪所说的：“真正要紧的，是不要放弃在未来会大幅度增值的投资。”

2008 年 1 月 29 日随笔

投资札记之五：股市知与行

世界上什么距离最远——知与行。股票市场可能就是这句断语的经典体现之处。

投资像孤独的乌龟与时间竞赛

龟兔赛跑作为一个古老的寓言故事，对资本市场却有着特殊的意味。故事讲的是：领先的兔子，由于骄傲与松懈，让勤勤恳恳的乌龟最终赢得了胜利。

如果拿龟兔赛跑的故事寓意投资，就我的理解而言，兔子根本没有获胜的机会。因为投资是项长期的事业，有句古话，“千年的王八,万年的龟”。兔子跑得再快，也只能活几年，而乌龟可以爬一万年。考虑时间因素，胜负自然分明。

就投资而言，我们所扮演的角色，实际上是在乌龟与兔子之间进行抉择。从哲学的角度看，如果只能做一个选择，交易频繁的人只能成为兔子，而类似巴菲特式的长期投资者更倾向于成为乌龟，在岁月的历练中成长壮大。

投资像种树

我的一位极要好的朋友，看到了一段投资大师对投资比喻的文字。这位投资大师说：投资像种树！要想树长高、长大，只能是天天浇水施肥，看它的根是否扎得深、扎得牢，而不是看着树干，只想着它长多高。

那些频繁交易的人，恐怕是很少有耐心用几年、几十年的时间来对一个企业进行精心的研究与打理，他们只想着在有生的岁月里多拿猛跑，快速致富。只要那里有机会，哪怕道听途说也会迫不及待地买入。

大部分的人永远都无法保持理性，更不用说专注于长期目标，有耐性、制订计划并确实执行。听消息者、“只争朝夕”的人根本不可能相信，还有脚踏实地打败市场这样的事。

要为长期而买进

我的一位朋友，1989 年 6 月初的一天，在香港汇丰银行跌到 4~5 元港币的时候，拼命地买，100 万股、100 万股地买。当时他在一家日本的基金公司打工，这样做的时候他面临着巨大的压力，这样做完以后他面临着更大的压力。仿佛每个人都在找他，问他为什么要这样做，最后他只好关掉手机，来躲避老板的盘问。

这是他告诉我的故事。直到离开那家日本基金公司的时候，那些当年他买入的股票还放着。当然，公司为此赚了大钱。假如当时他是个人投资者，能够按自己的意愿投资，500 万港币买入 100 万股持有到现在，1999 年 1 拆 3，100 万股变 300 万股，不算股利再投资，按照汇丰 2003 年 12 月均价 116 元港币算，市值有 3.48 亿港币，每年股息收入也有约 1800 万港币。我常跟他讨论的问题是：为什么他能做到这一点？更重要的是，为什么有人能一直持有汇丰几十年的时间？！

我想在香港只要是玩股票的，可能超过 80% 的人买过汇丰银行的股票，在其上赚几十块港币者也不在少数，但能够一直持有，历经岁月沧桑、繁荣萧条并享受到巨大盈利的人还是非常少见。

西方有一句古老的谚语：要为长期而买进！时间是最有价值的资产，我们今天所买入的股票不仅仅属于我们自己，还是整个家族的。我们应该为我们的子孙担负起此刻的职责。

和时间抗衡

2003 年 12 月我们和一位合作者 Amy 女士制订并完成了一个从现在开始的十年投资计划：现在买入，十年以后卖出。我们挑选了一些公司，希望十年以后它们还在增长发展。我们的投资是基于对国家和民族的信仰，是基于中国经济增长将拥有 10~20 年黄金岁月的判断。如果赢利了，我们约定：拿出一部分钱用于中国的慈善事业。

乌龟在千年、万年的爬行中默默承受着孤独，因为一切的过程都要历经岁月的磨练，甚至恐惧的事件，投资又何尝不是如此。我们只能祈求上天赐予我们做出正确抉择的智慧，然后做我们应该做的事，余下的交由上帝来完成。

生活中面临着许多抉择，从哲学（思考）的角度，如果你想让投资变得更成功，可能必须学着控制我们的思考方式。但有些抉择却是在开始时就必须明确的——成为什么样的投资者？选择寓言中的兔子还是乌龟？答案是唯一的，没有第二种选择。

也许从这里到永恒，我们只是在跟时间抗衡！长期的投资人请永远保持谦卑！

2018年的感悟

真正的伟大公司，经过2008年的金融危机、2013年白酒危机，以及2015年的股灾，在不断完善风控的过程中，更坚定了对伟大企业的坚持和信念。十年来，我们也不断地做了一些慈善的事情，也希望我们有能力做得更多。

致10亿年后的投资家

不知道10亿年后是否还有人类？如果科技的进步能让人类的心弦跳动不息，不知是否还有投资这个职业？

如果有，我真的很想知道，当月亮变成星星远离人类的时候，当我们以及后代的墓碑变成尘土，当我们熟知的潺潺的河流、碧绿的湖泊、深深的海洋变成荒寂的土地时……当你们永远离开地球故乡，从此飘忽于地球之外，踏入繁星苍穹的星际旅行时，你们怎样总结这10亿年来人类在地球这个资本市场上的博弈？你们将会在你们到达的每一个星球上都建立股票、期货等交易市场吗？

那时侯，你们之间又会谈论什么？是安全边际？长存的企业？投资理念？去某个星球调研某个企业的情况？还是我们今天的人类穷尽所有智慧也想不到的东西……

我真的很想知道那时侯你们的追求和梦想是什么?！你们最珍视的又是什么?！

2007年4月15日夜 星空下感怀

三百年一幅画

这应该是一本书、一部著作而不应该是一篇文章的名字，可惜，我是一个股票市场的实践者和预见者，没有时间也没有精力，更没有充足的资料让我完成对英美股票市场三百年的描述。如果有完备的资料、充足的时间、缜密的思考，以十年为一集，三十集为一部著作，也许我们可以勾勒出一幅恢弘的历史画卷。

据说，投资思想史在美国也仅属于少数人才能教授的顶级学科，这需要有广博的学识、深刻的思考和对投资实践的理解。这让我想起两年前看过的一套由丹尼尔·J. 布尔斯廷所著的描述美国历史的三卷本著作《美国人》，如果说我们编辑的历史书像轻描淡墨的山水画，那么这部著作浑厚深沉得就像用油画表现一片树林的四季变幻。

人类的投资史就是一部人类为个人幸福而奋斗、追求眼前欲望和未来尊严的历史。1929 年 10 月 24 日，这一天有 8 个金融投机家用生命抵偿了巨额债务。“黑色星期四”不仅导致了席卷资本主义世界的经济危机的爆发，而且还导致亚洲（日本）、欧洲（德国、意大利）法西斯主义的登台，在美国带来了罗斯福的“新政”。这是股票市场影响力的最好说明，精炼地囊括了一段人类历史。

“昨日的梦的确是今天的希望，也将是明天的现实。”液体火箭的发明者美国人戈达德完成了将自己的梦想变为现实的努力。1926 年 3 月 16 日，他完成了世界上第一枚液体火箭的发射，实现了离开地球到别的星球作客拜访的第一步。可以想象当时的人们对技术进步有怎样的希望，那时成千上万人必然有一种共识，就像 1998 年岁末人们对网络革命的幻觉一样。每次人类历史上重大技术成果的突破都将带来一次投资狂潮。1929 年与 2000 年，对于某些人的记忆是一样的，过去的历史是未来岁月的档案和记录。

整个 20 世纪 20 年代，德国人体会着深深的屈辱和挫折感，以及对战胜国英、法的愤怒。从美国的历史文献和电影中，我们可以看到旅居美国的德国人对他们母国的贡献，一些银行家与投资家的资金输入，导致那个只为强者而存在的国际讲坛——国联，不得不重新接受德国又成为一个举足轻重的国家的事实，为其留下了一个永久性席位，并几乎导致巴西和西班牙退出国联。今天人们对这些金融家的评价往往做另类处理，但对于一个爱国者而言，三百年的情爱亘古未变。导致第一次世界大战发生，将奥匈帝国王储斐迪南大公和夫人刺杀身亡的塞尔维亚青年爱国者普林西斯有过一段著名的遗言："我建议你们把我钉在十字架上，把我活活烧死，我燃烧的身体将成为一个火炬，照亮我们人民通向自由之路。"

当然人类历史并不总是由这些沉重、不平凡的话题构成。在中国北伐战争开始的时候，1926 年美国迪士尼公司推出了米老鼠卡通，此后，它那精灵般可爱的形象便赢得了一代又一代人的喜爱。股票市场实质上是由社会精英富有创造性的想象力、管理天才与辛勤劳动一点点缔结起来的，正是他们使股票市场成为活跃三百年商业社会最直接的智力源泉。

股票市场的视角比任何人都更广阔、更深远，它每天都处理着无数的信息，这包括投资市场、货币状况、商品价格、对外贸易、农作物状况、银行结算、建筑和房地产、信息产业、政治因素和社会条件等。这些信息又影响着市场的波动程度，并预示着商业繁荣与萧条的广度和深度。无论在哪个国家，只要建立了自由的证券市场，它们将自动地、不可逆转地发挥重要的作用。幸运的国家，当无情、公正的股票市场提醒前方有恶劣天气时，能抖擞精神全力以赴渡过难关；不愿接受市场无情判决的国家却会让市场成为经济萧条的替罪羊。这也是历史！

"彗星来去匆匆，而古老的地球既没变得更好也没变得更糟，更没变得更聪明。”希望我们不是如此！当我们执着、虔诚地创造历史并伴随历史前进时，至少能将山水画变得像一幅厚重的油画……

2001 年 4 月 29 日

让股票市场自由运动

从实证分析的角度，我们可能很难理解为什么股票平均市盈率达到了相当高度，股票市场还在上涨。

其实股票市场并不总是价值投资者与实证分析者等人的天堂，它一经产生便自己主宰着自己的命运，若即若离地体现着它赖以产生的基础资产。每前进一步，它都代表着一种严肃的、经过深思熟虑的努力，而非像某些人所理解的如醉汉般在行进。股票市场是最公正无情的，它拥有所有的知识和见解，不管你是否理解都将面对它无情公正的判决。它行进着、运动着，以自己的方式、自己的规律。这是一门艺术，参与表演的人们拥有各种道具、面孔——伪善的尽管装饰吧！如果将它赋予一种符号的意义，说它是赌博也可以，它经常容忍内线交易者的“嘀嘀咕咕”以及“让某某股上涨或下跌之类的狂妄之语”……可惜股票市场的天空中多是一闪即逝的流星，少有恒星，不管它依赖的基础是什么。

我们的市场波澜壮阔地前进着，这背后一定有故事发生，它的内涵一定比我们任何人知道的都要大得多、丰富得多、深远得多。我们尝试着抚摸它、热爱它，但也仅此而已。我们的市场本质上倾向于牛市（即便有做空机制），它对繁荣的预见显而易见，但人们记忆深处却是对熊市的恐惧。上涨一倍没过多久就会让人遗忘，但下跌超过50%似乎就足以建立起所有的怨恨和烦恼。也许人们内心深处在不接受悲剧性艺术品的同时，又莫名其妙地参与着悲剧性艺术品的制造，否则早已要求不再参与这种演出。我们在旧中国的废墟上重新建立了股票市场，50多年的岁月让我们对这门艺术认识得更深切、体会得更清楚，我们终于知道了让股票市场自由运动的道理。

股票市场的运动从来不是偶然的、孤立的，一旦它向我们走来，就不再是个人的，而是一个民族、一个国家甚至整个世界的。在人类共同成长的家园里，这件艺术品以上涨的基调象征着社会的文明和希望，它需要一种冒险精神，以及一种靠智慧承担失败的能力，它不是猜测，也不是赌博，而是辛勤地工作，不停地工作。

2000年5月17日

庄家背后是什么

听过很多庄家的故事，都是如何厉害、身手如何了得等，而有的股评者也添油加醋，类似“如能摸透庄家的思路，必能百战百胜……”的文字常见报端。普通股民听起来似见真神，佩服者有之，满世界找庄家套消息的更是多数人的追求。如果笔者要说没有庄家，必然引起众人的愤怒，我们追求的东西你竟敢说没有！

数字告诉我们什么

假如市场上真的存在庄家，而且如某些人所理解的那样身手了得，这又意味着什么？我们多少知道些积少成多的知识，但你真正理解过复利的威力吗？10万元，如果每次赚一倍，第十次就是一亿零二百四十万元。如果庄家的说法成立，以10亿元作为坐庄的条件，复利计算第十次将达约一万亿。如果所谓的庄家的游戏规则成立，现在市场上所有人的钱很快将被一小撮人或一个小集团赢光，所有的投资者将只会剩下裤衩，连外套也不会给你留下。所以，想象中的庄家概念肯定不成立，资金再大，也只能是市场的一部分，有输有赢是必然的，而且左右市场输赢的小比例获胜的概率，同样适用于大资金，大资金输多赢少是必然的。

谁能赢钱

赚钱与否与资金大小无关，胜负取决于智慧和眼光。大资金不一定赚钱，但大资金的关系者有时候可以赚钱。比如用一笔大资金买入一只股票，5元钱开始建仓，买入完毕股价已达10元。5元到10元是大资金的建仓成本价，假如此刻有一位老兄正好与大资金的操作者关系密切，5元进、15元出，他是赚到了三倍，但大资金建仓成本、拉抬成本与最终离场的成本合计，在15元甚至更高的价位也不一定能赚到钱，甚至被套牢离不了场也是可能的。当然，大资金的“合作者”偶得富裕是可能的，但不会长久，因为如果这种游戏延续下去，复利计算，很快变得比原先的资金规模更大。当然，在任何国家这种现象一定会最终成为重点打击的对象。所以，就赚钱而言，偶得富裕的小捷径有，但成就伟业还需大智慧。

成功的梦想与评价

如果从10万元起步，理论上可以很快成为亿万富翁，只要你技艺超群。从这个角度看，人人都有靠勤劳与不断学习获得成功的可能性。生活中，有靠先人的福祉过着富裕生活的人，这种人我们没有办法比，也不羡慕；也有靠自身努力成就事业者，长存者有关荣辱的事迹都在这里。相比靠出售股份，用资本运作赢得厚利的人，我更敬重踏踏实实创造出Windows成为世界首富的比尔·盖茨。对我们这样大的一个国家，盖茨这样的故事才真正让人动心，笔者的理解，这也才是国家强盛所在。所以，就投资市场，笔者眼力所及：庄家背后其实什么也没有，没有任何你可以立命的基础，我们应该追求更本质的东西。生存之道，不在庄家，不在消息，甚至也不在资金规模的诉求。真正的豪杰靠的是智慧和眼光，靠的是脚踏实地，靠的是辛勤汗水与努力。

2000年1月16日

灯下“黑”

2007年7月31日晚上和几位朋友吃饭，其中有张裕和招商银行的职员。谈到投资问题，我和朋友讨论说：“你只需要买你们自己公司的股票就行了，如果买进不能卖出，正好被动做长线，也许赚得更多。”

还有一次，也是几位朋友吃饭，其中有两位朋友相互持有对方公司的股票。腾讯的朋友持有招商银行的股票，招商银行的朋友持有腾讯的股票。我说：“为什么你们不持有自己公司的股票，难道是对自己公司没信心吗？”他们回答：“不是的，总觉得别的公司才是更好的。”而他们谈起自己公司的前景，都是充满肯定与希望。

上述现象，经常碰到。2004年在茅台时也有人问：买什么股票好？说到这点，管理审贷业务的招商银行的朋友用了一个很形象的比喻说，“这就叫灯下‘黑’”。

记得电视剧《雍正王朝》里有这么个故事：大将军年羹尧奉命到青海平叛，军耗巨大，但叛军避开锋芒，年羹尧没有办法找到叛军决战，同时，朝廷内外压力越来越大，年羹尧陷入困境。这时一位谋士对年羹尧说：我知道叛军在哪里。年大喜。这位谋士指出，敌人就在不远处的一座皇封寺庙里。年不信，谋士不慌不忙地说：这就是灯下黑，离自己越近就越不可能意识到，但却是最可能的地方。果然，大军一出，大获全胜。

我曾跟深圳税务局的朋友说：“实际上你们做投资，应该更有胜出的概率，企业的税收资料你们最全，而且产业背景与人脉俱佳，我想不出，还有哪个职业比你们更了解企业的真实情况。”

生活在深圳的投资者是幸运的，这块土地上多数公司是一点点靠着市场的力量做成优秀企业的。某种意义上我们不必满世界寻找企业，因为众多优秀的企业就在你身边。你看看我们身边有多少优秀的企业——平安保险、万科、华为、华侨城、中集、腾讯、赤湾港、招商银行、招商地产（还有将上市的招商证券）等等。如果你说招商银行服务有多好，内陆的朋友恐怕没有机会亲身感受到，但也有极大的可能，我们就对身边的事情视而不见。

就投资而言，我们好像到处都可以看到灯下“黑”的故事……

2007 年 7 月 31 日

你居然不知道证监会副主席是谁

2007 年 6 月 27 日，相交多年的老大哥郭总从北京过来，带着他的儿子来和我交流投资。这位人脉、关系与背景极为深厚的兄长，早年给过我很大帮助，1992 年开始学习投资时的 50 万人民币就是这位兄长提供的。当年靠着技术分析与听消息，一轮牛熊市下来，50 万从终点又回到了起点，郭大哥最后拿走钱时还是约 50 万人民币。想想这一切，仿佛又回到了 15 年前毛糙小伙时的岁月，时光荏苒，历经沧桑变幻……而当年的小朋友——他的儿子已成了英气勃勃的青年人。

在我之后，郭大哥委托过几个人不间断地炒过股票，但他说都不理想。他现在想将这份担子给儿子来挑，他准备一部分钱做长线，一部分做短线，也参与些有重大资产重组的股票投资。我相信郭大哥在中国的人脉资源能够让他有足够的信息来处理投资，但如果想通过证券市场积累很大的财富，而且能不断地保持增长，这样做是远远不够的，而且有时候，如果没有正确的理念做支撑，恰恰“关系投资”是害人最深的游戏。我试着告诉郭大哥，我认为好的投资方式——找到好企业，然后耐心持有，比什么都重要。

我举例：我的一个朋友，曾买了上百万股的东阿阿胶，本来最少能赚5000万，但听到公司一个高管告诉她，企业内部在斗争，一害怕就早早卖掉了。我告诉她，类似东阿阿胶这样占据了国内70%、外销90%的市场份额，在专业领域有高壁垒、垄断优势的企业，不管哪一方斗赢了，还会继续经营好企业，这样的企业不该以这样的事为卖出理由。就像茅台，总经理出事时，也是这位朋友同样吓得要在92元卖掉，但投资类似的企业，其实开始的时候应该想清楚它和充分竞争性企业的区别，否则，私人关系越深，越容易动摇，特别是当你和要斗败的一方关系为好时，更是如此。人类的天性，这个时候容易让人失去客观的判断，从而对企业产生误判。

谈到这，郭大哥说他和茅台关系非常熟，接着他说：“XXX也出事了”，我跟了一句，这个“XXX是谁？”“XXX你都不知道！他是证监会副主席，搞投资做股票的连证监会副主席都不知道，这可是我第一次经历。”郭大哥很惊讶地表示。我告诉郭大哥，我确实不知道证监会副主席是谁，我们守法经营，万事不想求人，平时也不愿跟政府官员打交道，我们不愿意活在各类人物的阴影下，更何况，我们的这份事业是求自己的内心，求自己的智慧。

郭大哥表示认同，他告诉我：他的关系人都已近60岁，到了大批离休的时候了，以他的年龄，和50岁的人交往还有可能，和再小的交往有代沟。他的生意、他的路，儿子是没有能力重复走的，他也不希望儿子走同样的路，所以，他不想让儿子待在北边，他想让儿子往南走。他考虑要将事业交给新一代的人。

2007 年 6 月 27 日 日记

投资需要开放的心胸

投资需要不断地学习，还要有开放的心胸。绝大多数人年轻时充满理想和胸怀，但随着年龄增长却失去了对“自由精神”的追求……我讨厌唯我独尊的人与事，我希望不带任何偏见地看待投资。

当然，我知道一个人能做到客观是极其困难的。

我们多数人无论思考投资还是人生，往往是从自我的角度出发，但是自由的精神就是让我们尽量站在他人的角度，理解别人的精神。当然，能做好，在我也是困难的。

在历史长河的每一代人里，孜孜追求、永不放弃的人，很少，我希望学习和思考如何让自己变得杰出。我尽量按照我理解的自由精神在做事，我也希望它深藏在每一位投资者朋友的心中！

2007 年 7 月 12 日

“小人”也能帮助我们成长

一位朋友曾发给我一条短信，非常精彩。短信内容：成功人士需要四人帮，即高人指点，贵人相助，小人监督，情人鼓励！

一位对投资感兴趣、正读大三法律系的小伙子，结束了他在东方港湾两周的实习，临别他问我有什么对他的“忠告”，我说：“如果你真想走投资这条路，能做好当然更有利于自己的成长。但不管怎样，永远不要放弃自己的追求！”

不过，现在想想，除了这些，就人生感受而言，还有更重要的东西。我也算走过些曲折的路，想想走过的每个关键时刻，有那些值得你一辈子感激、记忆的人，但也有一些“小人”实际上在帮助我们成长、实现飞跃式的发展。

2007 年 8 月 6 日晚看金庸访谈，他 13 岁就颠沛流离、逃避战乱；日机轰炸、从死人旁爬起继续赶路；少年失去母亲；中年失去妻子；深爱的大儿子因情感问题在 19 岁自缢身亡于美国。经历过这些苦难的岁月，很能理解金庸先生的话，包括他曾两次遭“小人”暗算，被学校开除。

人的成就有时并不十分重要，能活着、生存下去，就是一个成就。我常想如果时光倒流几十年，我可能正在新疆、内蒙古或大西北的某个地方数星星，我的头发已斑白、背部已弯曲、满脸沧桑，甚至只活在亲人的记忆里……

所以，我想告诉这位即将踏上人生旅程的同学，如果还有机会——请永远记住帮助过你的人，如果不幸遇到“小人”，他们有时伪装得很好，你甚至还以为他们是你的朋友，等到发生重大变故时才会暴露……但即便他们暗算你，你也要请上帝祝福他们，他们也不容易。你要相信自己！越过他们，走你自己的路！

这就是生活，请选择奋斗、选择坚持、选择忍耐、选择坚强！

2007 年 8 月 7 日

2018年的感悟

大概是2008年前后，凭空捏造的两个谣言，让我见识了小人的“伎俩”。先有被打之谣言。试想如果真被打了，谁打的？一定有发生打人事件的时间、地点和人物。如果这些都没有，岂不是凭空捏造的谎言。真实的情况是：不仅没有发生过打人事件，让我感动的是，即便遇到席卷全球的金融危机，在2008年如此艰难的环境下，东方港湾的客户连打电话抱怨的都很少，来电更多的是激励甚至增加投资。资产管理行业，是为信任奉献回报的事业！从开始一直到现在，直到永远，我能感受到永不止息的爱！

第二个就是捏造的所谓内部会议纪要。2015年以前东方港湾的主要商业模式是专户理财，也就是说客户不赚钱，东方港湾一分钱的收入都没有。谣言出现的2009年，更是如此。

制造以上谣言的人，我把他当成成长经历中的“反向激励者”。我成长过程如此，相信其他的人也会面对。刘晓庆说当女人难，当名女人更难，你越成功，越可能会有“敌人”，人的嫉妒心很可能会让一些人做出龌龊、卑鄙的事情……这也是生活的一部分，对内心强大的人来说，它不会成为羁绊，你必须面对并成长。

股票投资的“义”与“不义”

“投机家的反应就像食腐肉的秃鹰，将猎物的生命垂危视为一件好事。”这可能是许多人对资本牟利的看法。2007年5月曾有北京领导来公司考察，当我们将东方港湾专注长期股权投资的理念及做法路演完毕后，他说："我原来以为类似的机构多少都有坐庄违法牟利的情况，没想到你们会这样做。比基金还坚持价值投资，这也是我听到过的关于长期投资最好的演讲之一……"

曾就股票投资的义与不义的问题，与几个较有人文精神的朋友交流，他们的观念有的还停留在三十年代旧社会投机家穷奢极欲，挥金如土，有钱不骗是王八蛋，不劳而获的印象里。他们不想给那些想骗人的人施展拳脚的机会，所以他们不买股票。如果仅仅从博弈的角度理解，这也有点道理，就像开赌场，全世界只有少数国家或地区允许赌博业合法，因为它是一个你赢我输的零和游戏。但资本市场为什么在这么多国家获得支持和发展，其实它的本质是非零和游戏，是参与者能共赢的游戏。

为什么美国近 100 年来，能不断崛起？为什么众多的高科技产业在美国兴起并能够迅速地在全球占到领先地位？它的发现机制和创新机制的源泉在哪里？美国得以在包括高科技产业等经济领域保持巨大优势，与它有一个强大的资本市场有关。正因为有了资本市场一整套发现、优选与聚焦社会财富的机制，才有了 1971 年的英特尔公司，1980 年的苹果公司，1986 年的微软和甲骨文公司，1990 年的思科公司，1996 年的朗讯公司、时代华纳公司与雅虎公司，1997 年的亚马逊公司，和 2004 年的 Google，才奠定了美国在计算机、通信与网络科技行业在全世界的垄断地位，也由此奠定了一个人民生活富裕、国家强盛的美国。

在近百年大国崛起的历史进程中，资本市场发挥着在现代经济中举足轻重的作用，当然这个过程中也充满股票投资者的贡献，他们作为一个整体不仅要有智商和头脑，还要预测经济、政治和社会发展的动向，预见财富涌动的方向并设法从中赢利，进而帮助市场建立一个筛选机制。

在许多人脑海里"不义"的股票投资之举，我们可以不加思索地指斥它，但这个"不义"不只是"投机"，不只是赚大钱，它应该给生活在今天的人们一个严肃的启示——股票投资可以帮助一个国家强健其体系，它是强国之道，可以使国家变得更美好；它是富裕的催化剂，长久来看它也懂得用金钱创造丰富的心灵。

2007 年 9 月 20 日

"关系投资"是害人至深的游戏

2005 年，一个春意盎然、暖风徐徐的日子里，和同事张弘，还有杭州的一个朋友谈合作。2007 年这个朋友，因杭萧钢构事件被波及。其实按他的身价，完全没有必要用此法赚钱。我猜想有两种可能，一是有意识地利用各种资源坐庄违法牟利；二是被动养成的投资习惯导致。因人脉资源丰富，正好知道内幕消息，就积极参与，只是钱太多，买多了自己成了主力，赶上形势大好，想不赚钱都难。如果遇到大熊市，说不定，买多了最后自己成了大股东。

我倾向于他是基于第二种情况。一万年太久，只争朝夕，这是中国股票投资者普遍的心态，由此，即便是做庄与内幕消息明显违法还要听。但当以消息为依靠做股票时，其实，就等于把自己的性命交予他人手上。从这位朋友的例子看，如果不是他的有意为之，那么正应了有人说的："跟消息炒作就像把命运交到了魔鬼手里，现在赚的钱是魔鬼借的高利贷，不定哪天魔鬼收账，连本带利甚至身家性命一并偿还。"

没有正确的理念做支撑，对消息与内幕形成依赖，天天想着送来的"鱼"，而丧失自己"渔"的能力，这个是投资的大忌。依靠命运来赚钱，必须做好命运把你的钱拿走的准备。

2007 年 9 月 20 日

与伟大企业共成长
——东方港湾 2017 年报

2017 年是中国股市走向成熟的一年：两市 IPO（首次公开募股）发行数量雄冠世界，监管令密集发布，对市场舞弊行为零容忍，大额罚单不断开出，定增新规抑制市场融资乱象，减持质押新规限制大股东鱼肉市场，中国 A 股也在 2017 年被纳入 MSCI（明晟）全球指数。

青山遮不住，毕竟东流去。滚滚大势最终抛弃了靠"概念"和"故事"营生的公司，以乐视为代表的一批公司原形毕露，以高市盈率为依托的外延并购类企业也纷纷被发现"裸泳"，已过业绩承诺期的被投企业 2016 年平均业绩下滑了 57%。市场重回价值，创业板中位数 PE 从 2017 年初的 73.4 倍继续下滑至 2017 年末的 46.9 倍，主板中位数 PE 则从 2017 年初的 35.1 倍下滑至 2017 年末的 28.2 倍。而代表优质蓝筹公司的央视 50 指数的 PE 平均数则从 2017 年初的 27.6 倍上升至 2017 年末的 32.3 倍，加上蓝筹公司的业绩增长，2017 年央视 50 指数整体上涨 45.43%，而上证综指只上涨 6.56%，创业板反倒下跌了 10.67%。这体现了 2017 年 A 股市场的一道主旋律：优质公司从折价到溢价，以及劣质公司从溢

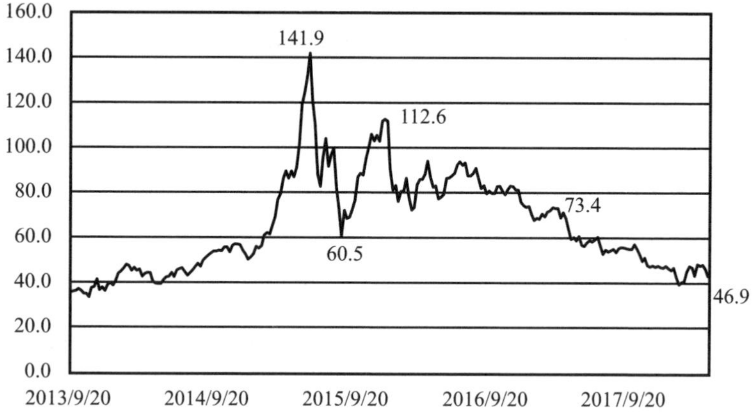

图 34　创业板指 PE 中位数

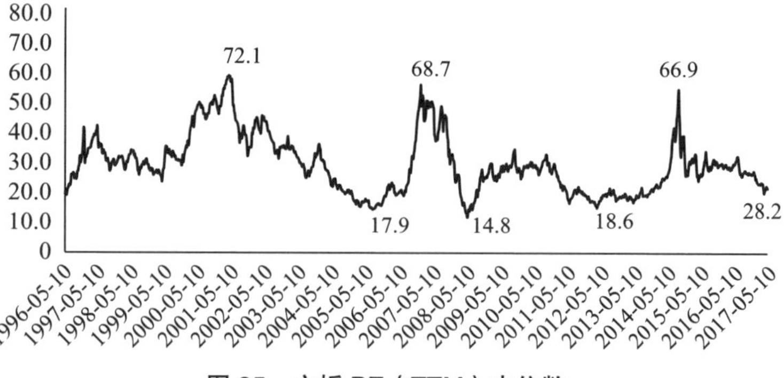

图 35　主板 PE（TTM）中位数

价到折价的转变。企业质地和业绩增速的差异，导致股价的表现截然不同，这本该就是证券市场的应有规律。

港股和美股市场在各行业龙头企业业绩增长的带动下持续创出新高，恒生指数上涨35.99%，纳斯达克指数上涨28.24%，道琼斯工业指数上涨了25.08%。我们认为，A股过往“牛短熊长”现象的核心驱动是PE的涨跌；而成熟市场的慢牛走势，核心驱动力是领导企业的持续高质量盈利增长。历史上，美国股市曾经经历过多轮慢牛，本轮牛市从2008年金融危机以来，虽然已经持续9年光景，但1942年和1982年启动长期牛市维持了15~18年。相信随着经济发展，市场构成优化，监管架构越发成熟，投资者更为理性，A股市场进入长期慢牛的根基也在悄然成形。

2017年，我们投资的企业交出了令人满意的成绩单。截至当年三季度末，国内外持仓的20多个公司，除去仍在亏损的特斯拉，平均利润增速高达41%。加上优秀企业在A股市场估值水平回归正常，我们旗下的国内基金在2017年全年获得了平均66.27%的回报。根据Wind（万得）最新公布的排名，东方港湾位列2017年全国私募基金年度业绩榜单第4名。海外基金亦不负所托，东方港湾海外投资基金以73.86%的全年业绩，在摩根士丹利的对冲基金排名中，分别获得12个月及36个月第一名的成绩；在Eurekahedge截至11月的对冲基金排名中位列第6。

百舸争流，千帆竞渡，资本市场年年不乏闪耀的“明星”，但成为“寿星”却极为不易。东方港湾有幸能在资本市场上屹立14载，历经多年风雨的洗礼，对投资的学习和思考一直没停下脚步。

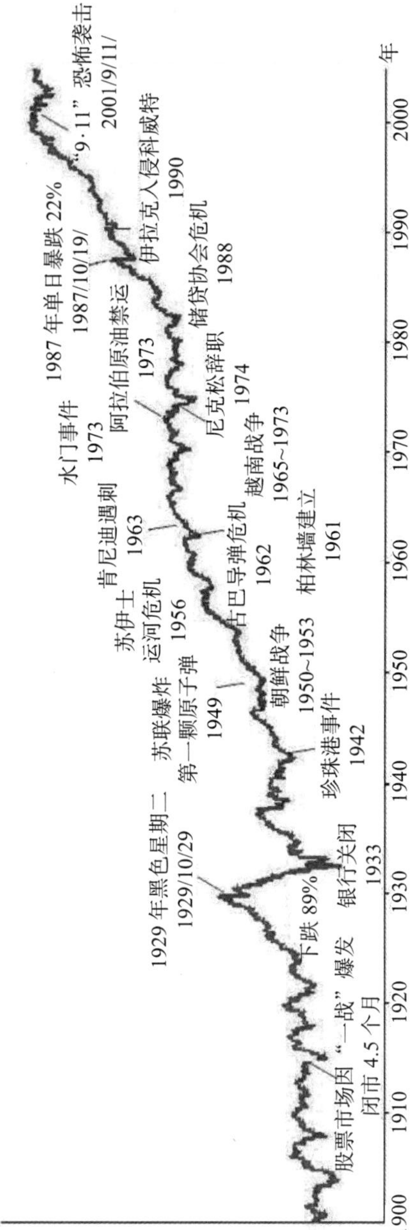

图 36　道琼斯走势图 1900–2004

在投资的路上越往深处走，我们也越发觉“做减法”的重要性。有人问米开朗琪罗创作《大卫》雕像时所秉承的方法理念，他简单地总结为“把无关的石料去掉”。我们也尝试着将对投资数十年来的理解和实践凝练为简单的一句话：与伟大企业共成长。

“如何在资本市场获得阿尔法收益”是每个专业投资人最关心的问题，所采用的方法大致可以分成两种。第一种方法希望依靠自身的聪明才智，比其他参与者更及时获得关键信息，抉择时机采取行动，通过不断的价差交易转移市场财富。另外一种方法则需要克制对大部分短期次要信息的过度反应，做少数重大的决策，放弃与市场争夺短期差价，凭借企业的长期盈利增长获取投资收益。

巴菲特讲过一个打孔理论，假如我们生命中只有 20 次投资机会，一旦卡片上打满 20 个孔，就不能再做任何投资了，我们的投资将会变得更加谨慎和严格，把机会留给真正优秀的公司，大多数人的投资成绩都会变得更好。概率学也告诉我们，如果一个决策正确的概率有 70%，那么同时做对两个决策的概率就只剩 49%，所做的决策越多，难度越大。东方港湾努力构建的投资体系，是希望投资收益来源于为数不多的优秀企业的长期耕耘与创新，而不是作为我们比资本市场其他投资人更聪明、更敏捷的回报。所以，我们会致力于寻找那些优势行业中最伟大的企业，以合适的价格投资，然后用岁月伴随企业去结出丰硕果实。

首先在标的选择上，我们坚持只选最优秀、最伟大的企业。有人说“好公司不一定是好股票”，潜台词是，好公司不一定伴随着好价格，而且短期若没催化剂，股价的表现也乏善可陈。另一面的潜台词则是，好股票不一定来自好公司，只要有个便宜的价格，或是当下有催化事件，短期内也能为投资人带来满意的回报。我们不同意这种说法。我们认为，用合理甚至偏贵的价格买一个伟大的企业，然后长期持有，要远胜于用便宜的价格不停地交易平庸的公司。我们以茅台为例，在过去 17 年时间里，茅台的涨幅只有 8 年排进了 A 股的前 20%，大部分时间因为当年没有催化因素或估值偏高，都表现平平，甚至中间有三年股价出现了较大回调。但这完全不妨碍茅台成为伟大的长牛股，公司上市至今上涨了 125 倍，年复合回报率 35%，在所有中国上市公司里位列第 7。这是一个“局部涨幅最大化”和“全局涨幅最大化”的抉择。所以，东方港湾不止致力于寻找“好公司”，更是追求好公司中的“伟大公司”。伟大企业诚然不多，但绝非无迹可寻，它们通常拥有广阔的行业空间，商业模式壁垒高筑，增长潜力巨大，财务水平健康，管理层优秀。这些公司常常在发展的前半程就已表现突出，进入投资者的视野。我们要做的只是重仓长期持有这些企业，若能在十年中发现两三家这样的企业，资产增值就会产生巨大效果。东方港湾在过去的 14 年，有幸能与其中近一半的公司共同成长，2017 年再次有赖于这些企业辛勤的付出和创新，我们继续获得了令人满意的回报。

表 9　茅台历年市场表现

贵州茅台	2001	2002	2003	2004	2005	2006	2007	2008	2009	2010	2011	2012	2013	2014	2015	2016	2017
当年收益	8.4%	-26.1%	10.6%	89.2%	50.8%	341.2%	163.5%	-52.5%	57.5%	9.3%	16.9%	9.8%	-36.6%	66.9%	28.8%	56.5%	111.9%
A 股总数	1055	1123	1190	1289	1303	1369	1495	1572	1670	2018	2299	2454	2456	2580	2803	3030	3443
当年排名	22	683	200	3	41	31	732	452	1423	854	51	741	2385	637	2087	268	170
（rank%）	2.1%	60.8%	16.8%	0.2%	3.1%	2.3%	49.0%	28.8%	85.2%	42.3%	2.2%	30.2%	97.1%	24.7%	74.5%	8.8%	4.9%

表 10 中国上市公司牛股

代码	公司	上市时间	上市长度（年）	年复合涨幅	上市至今涨幅（倍）	2017 年前三季度增速	ROE
0700.HK	腾讯控股	2004-06-16	13.5	59%	504	66%	26%
2382.HK	舜宇光学科技	2007-06-15	10.5	42%	371	149%	34%
TAL.N	好未来	2010-10-20	7.1	41%	11	28%	23%
2018.HK	瑞声科技	2005-08-09	12.3	39%	59	42%	34%
1177.HK	中国生物制药	2000-09-29	17.2	39%	294	16%	24%
2313.HK	申洲国际	2005-11-24	12.0	36%	39	24%	18%
600519.SH	贵州茅台	2001-08-27	16.3	35%	125	60%	29%
NTSE.O	网易	2000-06-30	17.4	31%	117	19%	29%
002035.SZ	华帝股份	2004-09-01	13.3	30%	31	55%	22%
EDU.N	新东方	2006-09-07	11.2	29%	16	12%	28%
600877.SH	伊利股份	1996-03-12	21.7	29%	240	12%	26%
002032.SZ	苏泊尔	2004-08-17	13.3	29%	27	21%	25%
0698.HK	通达集团	2000-12-22	17.0	28%	65	-24%	18%
600276.SH	恒瑞医药	2000-10-18	17.1	28%	66	21%	21%
0425.HK	敏实集团	2005-12-01	12.0	27%	17	30%	18%
BIDU.O	百度	2005-08-05	12.3	27%	18	88%	17%
002007.SZ	华兰生物	2004-06-25	13.4	26%	21	2%	18%
000651.SZ	格力电器	1966-11-18	21.0	26%	126	38%	34%
600436.SH	片仔癀	2003-06-16	14.5	25%	24	40%	18%
000568.SZ	泸州老窖	1994-05-09	23.6	25%	186	33%	17%
600487.SH	亨通光电	2003-08-22	14.3	25%	22	59%	19%
600309.SH	万华化学	2001-01-05	16.9	25%	41	212%	38%
CTRP.O	携程网	003-12-09	14.0	25%	21	44%	3%
600741.SH	华域汽车	1996-08-26	21.3	25%	107	8%	16%
000002.SZ	万科 A	1991-01-29	26.9	24%	293	34%	20%
2318.HK	中国平安	2004-06-24	13.4	24%	16	17%	16%
000538.SZ	云南白药	1993-12-15	24.0	23%	153	10%	18%
002008.SZ	大族激光	2004-06-25	13.4	23%	15	137%	24%
000895.SZ	双汇发展	1998-12-10	19.0	21%	39	-4%	32%
1666.HK	同仁堂科技	2000-10-31	17.1	20%	23	-3%	13%
600703.SH	三安光电	1996-05-28	21.5	20%	54	59%	16%
000423.SZ	东阿阿胶	1996-07-29	21.4	20%	50	2%	21%
600521.SH	华海药业	2003-03-04	14.8	20%	14	26%	13%

注：A 股 + 港股 + 美股中，上市至今涨幅大于 10 倍，平均年复合增长率超过 20% 的个股（剔除异常走势的部分个股）。

其次，对于伟大企业的价格，我们的态度是“合理”即可，有“安全边际”再好不过。诚然，以低于内在价值的价格买入企业，能够形成一定的安全边际，缓冲无法预测的极端风险，也可提供额外的投资回报。但“伟大企业＋便宜价格”的机会太少，可遇不可求，大多数时候伟大企业的价格只是“合理”而已。简单来说，根据“股价＝市盈率 × 每股收益”的公式，如果能用合理的价格买到伟大的企业，通过每股收益的增长所带来的回报是长期而持续的，而通过市盈率增长所带来的回报或“安全边际”却是一次性的。茅台在 2013 年碰到“三公消费”危机的时候，市盈率一度跌至 8.8 倍，那时候的安全边际很高。但茅台股价在 2017 年初达到 330 元时，市盈率就已经修复至 25 倍的合理区间，这是否意味着茅台不值得持有了呢？是否意味着 2017 年至今 140% 的收益全是泡沫？我们认为，过度追求当期估值上的保障和回报，忽略企业成长所带来的回报和保障，实为买椟还珠，是舍本逐末的行为。当然，如果伟大企业的估值达到了“疯狂”的程度，比如兑现了未来 5 年的业绩成长，使投资的隐含回报率远远低于其他机会成本，乃至现金的成本，我们就没有理由继续持有该仓位了。

最后，伟大的企业还需要用“时间”去发酵，方能绽放价值的玫瑰。投资是一场下注未来的事业，股价是未来现金流的折现，企业的未来越是清晰可见，资本市场给的价格也会越准确合理。聪明的投资人企图通过量化“已知的未来”判断股价的走势，趋吉避凶，在阶段性高点出清持股，回避之后的调整，最后却戏剧般地与伟大企业和巨额财富失之交臂。随着未来的画卷徐徐展开，人们常常会发现，在“已知的未来”之外，永远还有“未知的未来”，其中虽蕴含着无数的风险，但对于伟大企业而言，却是无尽财富的源泉。在腾讯刚刚创立时，谁也料不到一个通信软件最后会演进为中国最大的游戏平台。同样在微信问世之前，腾讯还笼罩在会员和游戏增速见顶的阴霾之中。乃至于到了今天，联结着中国人民生活方方面面的微信，仍在不断地给我们创造惊喜。“未知的未来”可能结出财富的硕果，但却非投资者所能预见，更非靠“交易”所能把握，而是伟大企业和优秀团队在一次次创新和困境突破中创造的，给予极具远见和耐心的投资者应有的报酬。如果因为短暂的“已知的未来”，而放弃了长远的“未知的未来”，就是因小失大、得不偿失了。当然，“未知的未来”也蕴藏着许多导致企业从繁荣走向衰落的陷阱，这也是为何巴菲特一再强调“护城河”重要性的原因。

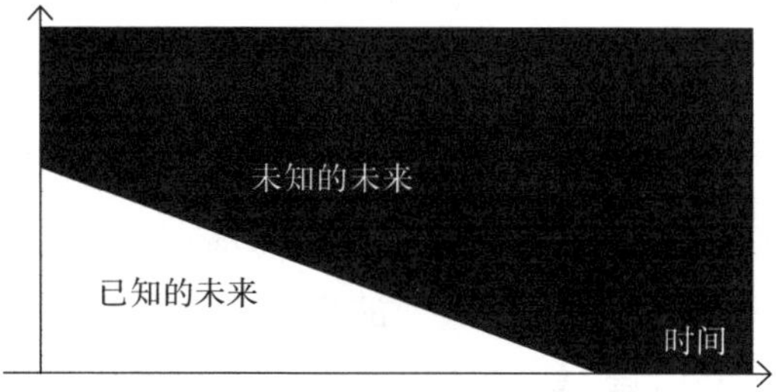

图 37　已知的未来与未知的未来

在“与伟大企业共成长”的核心理念的指导下，我们在 A 股、港股和美股选择了数个领域的 30 多个龙头企业，涵盖了白酒、游戏、电商、零售、家电、保险、教育、消费电子、人工智能、云计算、智能驾驶、VR（虚拟现实）、芯片、高端医疗机器人等诸多领域。2017 年，这些企业依旧在各自领域保持着绝对领先的地位，以持仓的 20 只个股为例，2017 年前三季度剔除亏损的特斯拉之外，利润增速高达 41%。步入 2018 年，我们的投资策略仍将一以贯之，这是放之四海皆成立，可以穿越时间长河的投资方法。无论是 A 股还是海外市场，我们仍会自下而上地去找寻、鉴别、跟踪和坚守那些优势领域的伟大企业。从目前的持仓角度看，我们部分列举了以下几类优秀的生意。

1. 高端白酒：由大众消费所承接的“无酒不成宴”的中华文化消费，对于站在金字塔尖且拥有行业定价权的高端白酒而言，是一次蜕变和腾飞。面对上千亿元规模的白酒行业，稀缺的高端酒是“液体黄金”般的存在，在酒质和品牌上无可撼动，成长空间巨大。

2. 游戏：互联网游戏“强者恒强”的马太效应已经牢不可破，游戏的研发、发行和分销渠道牢牢地被把控在两家行业巨头手里，消费者的虚拟消费习惯和支付能力不断在提高，游戏的格式亦不断推陈出新，这是个没有终点的“精神鸦片”。

3. 电商与新零售：中国电商的格局已经牢不可破，在电商以外，占社会零售总额 85% 的传统零售和服务，亦在移动互联网技术的改造下开发出了许多如网络外卖、无人超市、生鲜电商、商家服务号等新价值，原本分散的线下格局也在逐渐呈现出聚集效应。

4. 家电：大众消费升级体现在从“拥有生活”到“精致生活”

的转变上，在家电方面亦体现得淋漓尽致，品类不断推陈出新，功能不断智能化，品牌不断集中，拥有品牌、通路和研发实力的公司，更能够分享中国财富增长的成果。

5. 保险：以理财为卖点的保险业，随着人们对“精致生活”的追求，以及金融监管的升级，开始回归保障的本质，保险行业从“一条腿走路”变成“两条腿奔跑”，估值也逐渐与国际并轨。

6. 教育：课外辅导原本数千亿元的全国市场支离破碎，拥有完善教研体系和品牌优势的机构，在全国各地被成功复制，不停攻城略地，一点点地整合着这个分散的市场，空间巨大。

7. 人工智能：以人工智能改造互联网业务，一如过去以互联网改造传统商业，在各行各业已经开始星火燎原。传统的行业龙头拥有无可比拟的算法和数据优势，在此轮变革里占尽先机。

这是个对投资很友善的时代，代表时代发展方向的伟大企业卓然屹立，壁垒高筑，强者恒强。与这些伟大企业同行，将使投资事半功倍！

在尽职履行投资信托责任之余，东方港湾亦积极履行着社会公益责任。2017 年，我们以公司名义向多个慈善基金会发起慈善捐款，包括云南省少年基金会、中华社救助基金、红树林湿地保护基金、山西省汾西县光伏扶贫项目、东阳市慈善总会、上海联劝公益基金会以及云南省青少年基金会，总计 3913936 元，为社会扶贫工作尽了绵薄之力。

投资札记之六：资本的重担

金钱的背后有着不同的意义，但只在于你如何理解与行使权利，如果你懂得使用而且也愿意肩负重担，金钱就是你改变社会、影响他人、保持心灵自由的工具。

资本的重担

我从真正有思想的那刻起，就被中国历史上那些实业救国者深深打动。默默地，这种力量经久不息地在我的血液中奔腾流淌。我们的国家到底需要什么样的人？需要什么样的气质？

我们这个时代充满变幻，但在活力激情的下面，却有浮躁的金钱至上的暗流，就像股票市场充斥的多是题材、概念，背后多是一锤子买卖式的套现。人们的思维倾向极其明显，这不仅仅在投资界，我们的艺术、诗歌、小说等有的也缺乏深沉悠远。在投资界，许许多多的人可能幻想的是如何通过资本运作赢得厚利，他们很少愿意承受经营实业背后的艰辛和苦难。我们需要什么样的榜样？我们这样大的一个国家，可能真正需要的是类似踏踏实实创造出一个 Windows，成为世界首富的比尔·盖茨。

盖茨的故事让我心动，而今天的中国同样需要任正非、王传福、曹德旺等艰苦卓绝、奋斗成长的企业家。我的一位回国创办企业的加拿大籍朋友曾说："我们的企业从构思创立的那刻起，就盯着世界级大公司，自信凭借中国人的智慧和才干，完全有能力登上世界舞台。我们就是要在世界主流商业社会的中央创办企业，设立研究开发中心，干出一番由华人主导的现代经济形态下的事业……中国许多留洋的年青人，都有这样的志向，以前环境条件不允许，但现在无论在国外还是国内，都已经具备基本条件。像我在深圳感受到的就是一种极为刺激的战斗气息，这多少有点儿美国硅谷冒险进取的精神。"我的参与谈话、从事风险投资的朋友也说："如果可能，我们会在国内整合一个个企业，再将它们推向全球市场参与国际竞争……希望在企业这个层面上实现中华之复兴。"也许上述谈话梦想多于现实，但却实实在在印到了我的心上，也为此感动。

心灵高洁，志向远大，脚踏实地，上帝也会帮你实现梦想！真正的革命一定源于思想，源于思想的变革一定最持久。我非常敬佩俄国历史上的十二月党人，家境优越的青年军官与贵族真正为社会理想追求变革。在中国几千年的朝代更迭中，似乎鲜有这种人文精神的追求。无法延续的贵族传统，真正知识分子良心的缺失，造成了中国缺乏现代意义上的人文传统，无法将目光专注于未来。而且通常的情况是，一旦自身命运有所改变，便常常骄横无比、炫耀自己，对生活贫困的人漠不关心，不知道更加远大的目标在哪里。今天，让我高兴的是，不少才俊之士有了更为远大的目标，而且自觉地与国家的命运联系在一起。

看过的书中曾提到过，在美国与日本的某一个特别时期，卖出股票可能会被视为不爱国的行为。国内的投资者可能很难理解怎么会有这种认识产生，而且倾向于认为这是天方夜谭。但这是事实，这样的意思我不只在一本书上见到，也许这是一种基于美国与日本社会传统的价值观，虽然它在我们看来是那样的不可思议。

金钱的背后有着不同的意义，但只在于你如何理解与行使权利，如果你懂得使用而且也愿意肩负重担，金钱就是你改变社会、影响他人、保持心灵自由的工具。

2000 年 9 月 29 日

巴菲特的小屋

很多人一生都做着成为大富翁的梦想，不过那些有幸真正成为亿万富翁的人又是如何花他们那些看起来取之不尽的金钱的呢？美国《福布斯》杂志新推出的富豪榜出炉后，人们又给那些一掷千金的富翁们列了个“富翁挥霍榜”。

“挥霍冠军”非俄罗斯大亨罗曼·阿布拉莫维奇莫属。这位 38

岁的新生代富豪在 20 世纪 90 年代靠石油出口贸易发家，并参与医药品和重工业经营，目前共有 133 亿美元资产，2004 年世界排名第 21 位。孤儿出身的罗曼大手大脚得令人咂舌，仅在过去两年内，他就花掉 7 亿美元，平均每天挥霍 97 万美元。他花了 2.9 亿美元购买英超切尔西俱乐部，还花了 2.2 亿美元购买两艘游艇，其中一艘还带有直升机停机坪。他还把自己购买的飞机改造成了豪华餐厅。

世界排名第三、亚洲首富印度大亨拉克希米·米塔尔，这位钢铁大亨因印度钢铁需求猛增，个人资产从 2004 年的 188 亿美元跃升到 250 亿美元。他花了 1.2 亿美元购买了伦敦肯辛顿宫附近的一栋豪宅，创下了全球单座房屋交易额的最高纪录。他女儿 2004 年为期 5 天的婚礼中，一共花了 6000 万美元，承包了拥有 600 个房间的巴黎五星级大酒店，邀请 1000 名客人入住，婚宴更是租用了富丽堂皇的凡尔赛宫。新人的传统礼服上，还镶满了各式珠宝。

相比之下，以 210 亿美元资产名列世界富豪榜第 7 位的微软创始人之一保罗·艾伦的花钱方式显得更有意义。他花了 2000 万美元建造全球首架私人航天器“太空一号”，在 2004 年 6 月成功上天，为他赢回了 1000 万美元的安萨利奖金，被誉为“开创了人类太空旅行的新时代”。他斥资 2000 多万美元修建的一座“外星人博物馆”也在 2004 年 6 月开馆。几年前，他修建了一座“体验音乐博物馆”，以纪念和他同是西雅图人的摇滚巨星杰米·亨得里克斯。

巴菲特在 2006 年 6 月 25 日捐出总价值约为 370 亿美元的财富，他只在 1957 年 27 岁时花费 31500 美元买了一个小屋，还有就是 1971 年他 41 岁时在妻子的请求下，在 Laguna 海滩购买了（后来又卖掉）一套 15 万美元的夏天住的房子。

2007 年 3 月 13 日

以世界的眼光看行业，以婴儿的眼光看世界

2007 年 7 月 12 日下午，我的同学——亨吉利世界名表中心总经理方娟女士，在她工作的深圳科技园飞亚达大厦，给中欧 2007 EMBA 同班同学做《名表鉴赏与奢华》演讲。

演讲前我们欣赏了方娟同学专门为本次活动从全国各地名表中心调回来的名表。平时从不带手表，除了坐飞机要问问空姐时间外，我们的手机、电脑上都有时间，如果从功用的角度看，手表行业应该是一个夕阳行业。这只是我的一个直观感受。

图 38　2009 年 5 月论文答辩结束，和同学们在中欧校园合影留念！从左到右依次为王尉朝、朱晨、陈绮老师、方娟、我、肖锋

也许是穷苦人出身，当一路看下去，看到一只表竟然卖220多万人民币，据介绍还有1400万一只的手表时，真是太惊讶了。别说1400万，220万的价钱已经顶保时捷公司出产的最高端、最新款的SUN卡宴轿车了，对我们这些穷苦家庭出身的中国人来说，SUN卡宴比一块顶级手表要来得实惠得多，但也够奢侈了。“穷人玩车，富人玩表”，看起来我们确实需要洗洗脑，正确认识“奢华”。

三点多钟，配合着旋律动听的音乐，伴随着方娟亲手参与制作的异常优美的幻灯片，方娟同学开始给我们讲述一款款名表的悠久历史、雍容华贵，以及经典和强大的影响力所在。方娟同学的文字像诗歌一样优美，总能打动人心最柔软的部分：“一块百达翡丽经过百年，美丽仍不过时的……依然是可以传世的腕上瑰宝。”

据说百达翡丽能彰显非凡品位，与维多利亚女王有关，一次她莅临首届伦敦钟表博览会，被一款百达翡丽表吸引。这款表无钥匙上链设计，直径不过30毫米，精致而新奇。女王当场解囊买下。在她的带动下，阿尔伯特王子也买了一款百达翡丽表。消息不胫而走，从此百达翡丽更拥有纯洁与永恒的魅力。

莎翁说“一夜可以造就一个暴发户，三代才能培养一个贵族”，欧洲许多奢华品牌都与欧洲的贵族传统有关，商业社会的某些元素也与这些历史人文的变化有关。我们中国人有时候确实很难理解这样的文化与传统。中国没有真正意义上的贵族，所谓“朝为田舍郎，暮登天子堂”，纵观整部中国历史，王朝世系更迭频繁，从来就有“君子之泽，五世而斩”的说法，自然也就无法形成稳定的贵族社会，由此助长了因富即贵的等级意识与及时行乐的奢靡悲风。

今天的中国，由富而贵可能是许多人内心的欲望与要求，但优雅、高贵的生活方式，卓而不凡的人格魅力，却是需要社会长期安定和多代人持续努力的。当然，对从事投资事业的我们来讲，更重要的是看待一个事情不能仅仅局限于某一点、某一行业，或仅仅限于国内，而是要从世界的角度来分析。“以世界的眼光看行业，以婴儿的眼光看世界”，这也是我的同学，亨吉利世界名表中心总经理方娟女士演讲的经典之句。从这个角度看，也许可以解开曾经迷惑我们心灵的许多东西。

2007 年 7 月 16 日

2018年的感悟

真没想到，在和方娟同学整整相识十年的时候，她离开了我们。真的是太突然，太震惊了！和方娟同学不仅是中欧 2007 届 EMBA 班的同班同学，也在同一个课题小组，我们组做的课题报告就是方娟同学工作的公司。两个月前，她还参加了同学公司的上市仪式，我因出差未及时赶上与方娟同学见上最后一面。不过看她与同学合影的照片，根本看不出得了重病……方娟同学是那么善良、优雅、美丽，犹如一道绚丽的彩虹，虽魂归天国，依旧美丽！纪念！亲爱的方娟，2007 深圳班同学永远爱你、怀念你！

农民·贵族·奢侈品

1992 年的某天，和老友米川去由邓小平挥毫题写的蛇口“海上世界”游玩。“海上世界”是由一艘法国建造、戴高乐曾乘坐过，后来由中国远洋总公司购进的退役客轮改装的海上游乐中心。当年 9 层高的明华轮像现在的“明斯克”号航母一样矗立在海上，登上甲板可以近观碧波荡漾的深圳湾，远眺伶仃洋面上的一艘艘轮船。今天它已成了一艘旱船，深圳围海造地估计已填平了三分之一的深圳湾。

当年“海上世界”旁，曲径通幽处是两排临海的别墅，据说电影明星刘晓庆还买过其中的一套。和朋友米川漫步在海浪拍岸的别墅边的小路上，一户人家在装修，朋友非要进去看看，看完出来，米川带着京腔“破口大骂”：“他XX的，真他X的腐败。凭什么?！”

我祖上是浙江东阳虎鹿乡厦程里的农民，生活在会稽山脉的虎峰之阳、鹿峰之阴，因地少人多，多数家庭日子过得很艰苦。2008 年春节我还听姑姑说起：“我和你爸爸小时候为争东西吃打架……”我也是在普通工人家庭长大，艰难成长的岁月中对“不均”有一种天生的悲愤之情。所以，我可能和许多同龄人一样，对大富大贵、对财富本身有一种非常复杂的情感。一方面有“粪土当年万户侯”的气概，另一方面也有当年“如果能到蛇口的南海酒店住一晚就好了的阿 Q 式奢想”。

我相信只要是正常人，其“阶级情感”都是很复杂的，甚至一个宗教信仰、一个民族、一个国家的理想也莫不如此。据学者研究，民主古代的来源是希腊，近代的来源是新教的加尔文主义。新教脱胎于信徒只有通过教会才能与上帝接近的天主教，它主张上帝面前人人平等，信徒不必通过“腐败的教会”，通过自身的反省也可以聆听上帝。

当年，相信“信徒直接面对上帝，获得解救之路在自己手中”的新教徒们受到腐败的天主教会的残酷迫害，有部分人逃到了自然地理条件恶劣的瑞士，包括加尔文本人。但今天的瑞士却以为全世界最富裕、最有权势的人制造手表，并替他们“秘密”管理财富而闻名。

我的理解不一定对——那些几个世纪前反抗教会腐败的人，他们的后代却在为最富裕、最有权势的人制造全世界最昂贵的东西，并保守着他们财富的秘密。这是不是有点儿意思？

我不知道欧洲贵族和中国历史上的书香世家、簪缨世族是怎样思考“世代轮转”与“阶级”的问题的。一方面，为整个人类、为社会大同而战之目标，如星斗般永耀天空；另一方面，某种意义上，这个世界的历史似乎也在向着有利于贵族与权势的方向发展，至少长期胜出的与贵族传统有关的奢侈品如此，它们中有些并没有随岁月的流逝而消亡，反而历久弥新。

我是中国农民和工人阶级的后代，身上交织着中国古老社会的某些元素，凝望诸多沉浮繁杂的世事变幻，作为一个投资者，我好奇的是：中国大地上，那些属于传统的奢侈品的未来在哪里？它们具有穿越“历史回声”，走向光明未来的能力吗？

2008 年 3 月 3 日晚随想

衡量成就的尺度

智慧深邃的奥地利经济学家，也是世界近200年来，在经济学史上与亚当·斯密、马歇尔、凯恩斯等伟大经济学家享有同样卓越地位的约瑟夫·熊彼德先生，说他年轻时有三大人生愿望：

——维也纳最伟大的情人；

——欧洲最优秀的骑师；

——世界上最伟大的经济学家。

但在1950年元旦，年轻的德鲁克，后来的管理学大师，去看望奥地利经济学家熊彼德，熊彼德对德鲁克说："我现在已经到了这样的年龄，知道仅仅凭借自己的书和理论而流芳百世是不够的。除非能改变人们的生活，否则就没有任何重大的意义。"

8天后，熊彼德去世。德鲁克说他永远也不会忘记那次谈话，它给了他衡量自己成就的尺度。真正的成就！什么是真正的成就？我们从德鲁克与熊彼德的对话中知道了什么才叫真正的成就，从他们身上我感受的是一种长远的目光和深沉的思想，甚至是一种无法用语言形容的情怀……这份迅速变迁岁月中的平静、深远，与改变人们生活的志向，也许是我们真正缺乏的。

我们是普通人，注定要被流逝的时光湮灭，但有些因为自身命运改变了部分历史的人，将可能留在一代代人的记忆里，当然更有一些人不仅仅是因为他们的成就，还因为他们的品德、胸怀、目光、境界，让后来的人缅怀！

2007年6月16日

唯有思想更久远
——《查理·芒格传》推荐序

2007年5月9日，有幸参加了Wesco公司的股东大会。在入口处买了一本厚厚的朋友托带的《穷查理宝典》一书，据说这部借用富兰克林的同名著作为题目，讲述另一个查理——查理·芒格投资智慧的书，是投资者最值得一读的投资类书籍。等候股东大会开始的时候，先请芒格给帮朋友带的书上签了个名，在这方面，巴菲特非常讲原则，芒格就随和了很多，“需要被‘礼仪老师’多加培训的芒格”（巴菲特玩笑语），签名和照相的要求都一一满足。

很遗憾，当代最成功、最有资格、最有能力教导投资者的沃伦·巴菲特先生不写书，这令世人某种程度上担忧其思想和智慧能否得以流传。在彼得·林奇的《学会投资致富》中有一段讲述美国最早的百万富翁伊莱亚斯（Elias Hasket Derby）：“如今几乎没有人知道这个当时全美国最富有的人了。现在，他的豪宅已经属于国家公园，并对外开放，供人参观。但距离他的豪宅几百尺之遥，就是纳撒尼尔·霍桑（Nathaniel Hawthorne）所写小说《七个尖角的阁楼》（*The House of Seven Gobles*）的故事发生地。霍桑声名远扬，而伊莱亚斯却默默无闻，这种强烈的对比足以说明，在人类生活中，在教育领域，文学与金融孰轻孰重……”

好在与巴菲特的成功密不可分，能和巴菲特分享价值观和目标，被美国《财富》杂志誉为“巴菲特化身”的芒格，也许感染于曾经做过编辑、作家、立法者、科学家、发明家、外交官，独立战争英雄，还是美国国父之一的本杰明·富兰克林对推动社会文明的贡献，更喜欢通过复杂的概念和细致的分析，教给人们如何拥有正确的思考方式、道德准则和商业哲学，或可略微弥补这一缺憾。在帕萨迪纳与朋友邓航交流时，有朋友评价：单就思想而言，百年之后查理·芒格也许会比沃伦·巴菲特的影响力更大（当然，这只是他个人的认识和见解）。芒格这位造诣深厚的投资大师，博览群书，知识渊博，某种意义上是一位哲学家和思想家，也像一位教育家。巴菲特曾谦虚地表示："正是因为芒格对我们的教导，伯克希尔才得以成为一家更有价值而且受人尊敬的公司"。

在 2007 年 5 月 9 日 Wesco 公司股东大会上，当有人问及"为什么沃伦·巴菲特和他所创造的伯克希尔–哈撒韦取得如此非同寻常的成功"时，你可以从芒格的答疑中感受到他的诚实与高贵：这的确是达到一种极致的结果……汇集于同一方向的多种因素导致沃伦的成功，这种（通过将专注、好奇心、坚定不移和自我批评有机结合并应用于一个多学科知识聚合体而产生的一种临界状态）极致出色的效应并不是来自其他任何方面……第一个因素是智力。沃伦是非常聪明的，但从另一个角度看，他也不可能在盲棋比赛中击败所有的对手。所以，沃伦超越了通常意义上的智力范畴。他从 10 岁时就意识到这一点并保持至今，从而收获今天的良好效果。通向成功是相当困难的，直到你能够在你强烈感兴趣的领域迈出第一步。沃伦觉得没有任何其他领域能替代他对投资的兴趣，并且在他非常年轻时就迈出了第一步。成为善于学习的机器是至关重要的一点：沃伦是这个地球上最好的学习机器之一……伯克希尔至今的经营主要是来自一个人的头脑。当然，其他人也做出了一定贡献，但伯克希尔的成功极大地反映出了一个伟大的头脑所能做出的贡献……”

把伯克希尔至今的经营归于“一个人的头脑”，抛开芒格的谦逊，我们也看到了一种非凡的胸怀和气度。这让人联想起《查理·芒格传》中提及的一件小事，当盖林急需一笔钱，自己认为退出微型汽车工业品 K&W 股权只值 20 万美元时，芒格说：“你那份值 30 万美元。”这就是人性的闪光。更多值得我们思考的地方来自书中描述的查理·芒格成长过程的细节：如何平衡生活与投资，如何从离世的伟人身上学习，如何进行正确的思考，如何遵循正确的价值观，如何理解投资的游戏，大牌在手时如何下重注，如何对待社会责任和对人类文明事业的奉献……

进一步思考，我们也许可以认识到伯克希尔–哈撒韦为什么如此非同寻常。挫败感和恐惧心，是我们投资生涯和人生旅途中一定会面临的最艰难的挑战，怎么才能渡过难关？相比巴菲特看来一帆风顺的生活和财富积累过程，芒格更为艰难、“有些阶段甚至可以说是悲剧”的个人生活，或许更容易引起普通人的共鸣。书中所载芒格在 1973—1974 年投资不利时所经历的一段“非常不愉快的日子”，告诉我们有哪些人或事曾改变过他的想法，又有哪些是他一直坚持、不曾改变过的，而这些也可以变成我们的财富。正如芒格所言：“你永远都不应该在面对一些难以置信的悲剧时，因为自己失去信念而让一个悲剧演变成两个甚至三个悲剧。”“如果一个人能牢记生命中充满兴衰变迁这个道理，一生只进行正确的思考，遵循正确的价值观，他的一生最终应该发展得很好。”

2007年5月9日晚，我与一位20年前相识，芒格的关门弟子也是唯一弟子，后来将比亚迪介绍给芒格的朋友李录畅谈，他说：“芒格非常正直、高贵，有类似中国传统士大夫的精神和情怀，有机会的话应该将老人的思想在中国传播……”我知道他真正想说的是什么。在几千年的历史长河中，中国传统知识分子始终认同和坚守正心、修身、齐家、治国、平天下的理想，而这种精神追求在今天的商业社会遭遇了前所未有的冲突和挑战。尽管过去的三十年被普遍认为是中国现代化进程中最成功的时期，但坚持传统信念抑或接受商业规则一直是一个艰难的选择，在中国社会也难以找到将二者很好融合的先例。然而，在巴菲特和芒格两位智者的身上，我们恰恰可以发现这样一种近乎完美的融合——通过学习获取智慧，完全依靠自身修养实现商业成功，坚守理想和信念，遵循道德准则，理性、诚实、乐观，对社会充满终极关怀……从这个角度看，了解芒格的生平以及他的思想和精神，对中国投资者乃至所有搜寻自我定位的国人都是一次不同寻常的历程，它促使我们探索一个新兴的以商业为主导的社会的成功方式，并寻求中国文化灵魂复兴的答案。

2007年Wesco公司股东大会问答环节的最后一个问题是：“如何得到你所希望的？”芒格回答说：“判断什么是你不想要的并回避掉它，那你就会得到你所希望的。沃伦具有和我同样的本能。我们还未遇到人生中失望的那一部分，愤怒的人会毁坏许多的人生希望。而陷入这种境况却是很容易的。问这样的问题：你怎样能以最好的方式得到你想要的？答案是：付出应有的努力并实现你所希望！除此之外还会有其他方法吗？”

我想，单单一个股东大会问答环节的问题已足够我们学习与思考很久了，更不用说尽叙芒格生平的传记。“生命中有许多事远比钱更重要”（芒格语），付出应有的努力阅读它，也许我们能得到我们所希望得到的！

2009 年 9 月 9 日夜于云南澜沧县

向罗杰斯先生学什么？

有幸听过罗杰斯先生广东行的两次演讲，对他环球旅行线路图所展示的浪漫画面与战争国家的镜头印象深刻：“在非洲炙热的漫漫黄沙里驾车飞奔；在冰天雪地的冰岛欣赏夜晚湛蓝天空下五彩的烟花；在西伯利亚一望无际的大平原上，看郁郁葱葱的白桦林和贝加尔清澈见底的湖水如画似歌；在埃塞俄比亚拉利拉神庙读世界上最古老的经文；在印度恒河圣浴；驾车穿越 15 个烽火硝烟的战区……”

巴菲特先生曾评价：“罗杰斯先生对市场大趋势的把握无人能及。”作为一个用历史和哲学的角度看问题的战略投资家，有什么事情能比亲身经历与感受更重要？这可能远超用经济和数学的角度思考问题。所以，从这个角度看，罗杰斯先生有许多值得我们学习的东西，就像他曾说过的：“通向财富和自由之路，属于登高望远的投资者！你要有远见，这是好的投资者的成功秘诀。”在我们理解，投资确实是比谁看得更远！

如果我们相信罗杰斯先生的洞察力与远见，作为中国人来说，将是非常幸运的。在眼力所及的日子里，除非出现极端情况，罗杰斯先生不准备卖出中国股票，这是他在游历116个国家，历经15个战乱之地，从西向东开车横穿中国三次之后，得出的结论。他认为：21世纪一定属于中国，就连中国的蜜蜂也比美国蜜蜂勤劳，中国蜜蜂比美国蜜蜂多飞3圈。

渣打银行资深经济学家王志浩测算过一组有趣的“中国年”数字。通过计量一段时间内个体平均收入的增长速度，可以粗略地衡量某一社会发生变化的速度。按照他的计算，美国的1年相当于中国的1/4年，或2.8个月，英国的1年相当于中国的3.1个月。一位美国人或英国人在中国3个月的时间里感受到的变化，需要在他的老家待1年才能感受到。换句话说，中国的生活节奏快了4倍。例如，一个在中国生活了两年半的英国人在中国所见的变化，需要在英国等足足10年才能见到。这也是我们在游历发达国家后能感受到的，遍布祖国大地的高高耸立的脚手架就是证明。

罗杰斯对比了116个国家，发现中国以及未来的中国最好。未来的中国是最好的吗？我们每天都在问自己，这需要长久的时间来检验，当然，也需要你拿出实践行动来投赞成或反对票，你的选择会最终决定自己财富的多少。

知识不等同于智慧，其实，没有谁比谁更聪明，赢得博弈的关键是头脑，是看问题的角度以及之后的行动！

2007年9月20日

第三篇
投资可以看得久远

本篇是媒体对我的四次采访。一次简短的谈话，可能并不能改变多少人的观念，但我希望通过这种公开的对话，让投资者们认识到价值投资的核心与内在逻辑。只有看清楚资本市场的本质和价值投资的逻辑，你才能主动成为一个真正的价值投资者。

投资可以看得久远[1]

世界的本源是什么？人类不平等的起源基础是什么？法的基础和精神又是什么？这些问题曾深深影响我的学生时代。今天，同样的股票市场动力和源泉的问题也影响着我们的价值判断，进而也让我们思考得更多。

本文中有关投资的思索是经过我们多年艰苦而漫长的努力得来的，当然，可能我们的思考还不够缜密，需要更多的探索。不过，能分享以不同的视角去看去想这个世界，总是一个好事情。另外，也感谢我们的合作伙伴基于共同或相似的价值观，给了一个让我们一起实践理想的机会。

① 采访者：《VALUE》杂志主编张志雄；采访时间：2006年10月1日。

从技术分析坚定地转向价值投资

张志雄：您是从哪一年进入投资行业的？

但　斌：1992年底开始接触股票市场并尝试着用自己的一点小钱买卖股票。1993年2月，我进入深圳新兰德投资咨询公司培训部担任证券分析师，从事技术分析。两年多后，加入朋友组建的深圳巨澜投资分析科技有限公司，任副总经理。

之后进入君安证券，稍后到研究所当研究员。君安证券和国泰证券合并后，我又做了一年多研究。在证券公司研究所的3年里，我学会了用不一样的角度看企业，也就是基本面研究。在此期间，我获得过国泰君安董事会办公室颁发的国泰君安证券投资研究奖励基金一等奖。

离开国泰君安证券研究所后，我去了大鹏资产管理有限公司，出任首席投资经理。2002年12月，我开始了自己的私募基金经理生涯。2004年我们创建了深圳东方港湾投资管理有限责任公司。

张志雄：东方港湾成立三年来，每年的累计业绩如何？

但　斌：2004年全年的收益率是44.50%（上证综指同期下跌了15.40%）；2005年全年的收益率是38.00%（上证综指同期下跌了8.34%）；2006年1月—9月，收益率是122.20%（上证综指同期上涨了50.93%）。

张志雄：你进入投资业后的一个阶段中似乎对技术分析很感兴趣。

但 斌：在技术分析中，我主要研究波浪理论。如果从宏观层面来看，技术分析观察事物的方法和角度是有些价值的，比如波浪理论是以“人类社会的变化”展开叙述的，这是从远处着眼。

但在微观层面，由于每个人看问题的角度不同，会导致结论的五花八门。比如波浪理论最容易混淆的就是各浪的位置，如果分不清楚大小浪，而在一个小小的波动上斤斤计较，肯定会出问题。技术分析可以用作事后解释，在细微的市场变化中用来预测，效果甚微。

张志雄：你为什么从技术分析转向价值投资？

但 斌：最初我在新兰德用技术分析来研究股票，后来参与组建巨澜投资，走的也是这条路。对我而言，进入君安证券是一个很大的转折点，在那里我学会了基本面研究。君安研究所与后来的国泰君安研究所非常注重从行业、企业的角度分析股票，我的投资习惯在这里第一次得以转变。

在投资结果上，我用技术分析没赚到钱，改用价值投资方法后赚到了很多钱，从技术分析到价值投资的转变，是我学习改正、再学习再改正不断进步的过程。

张志雄：作为一名价值投资者，您如何评价当年从技术分析到如今的转变？

但 斌：大陆证券市场初期受台湾的影响较大，而台湾流行的就是技术分析，进入门槛很低。从这点而言，我能从技术分析进入证券行业是较为幸运的。

至于转向价值投资，我认为这是和巴菲特一样的选择。巴菲特刚涉足股市时足足画了10年的图表，师从格雷厄姆后才真正转变成一名价值投资者。

我认为，任何事物都需要经历成长阶段，内地证券市场第一代投资人首先接触到的就是技术分析。对我而言，是在不断遭受挫折，反复学习、体会海外各种投资理念的过程中逐渐演变为一名价值投资者的。

张志雄：1991年，我在上海证券交易所的时候，确实没有什么证券专业方面的书，记得有一本台湾人写得很浅显的股票书籍，我是如获至宝。不过，当时的证交所总经理尉文渊很不欣赏技术分析，他说看到这类股评就让人想起香港报纸上的马经。所以，我在当时就没怎么沾技术分析的边。当然，那时我们在《上海证券报》提倡的“长期投资”观念也很成问题。说来话长，令我好奇的是，您是怎么想到出来做私募基金的？

但　斌：20世纪90年代在证券机构工作期间，我有很多想法和投资理念，但受制于公司制度和各种内部关系而无法实施。既然在国营机构没有机会，那我自己要去创造机会，最终我选择了做私募基金，我觉得这样才有可能把这么多年的想法和理念付诸实践。

张志雄：当时怎么不去共同基金呢？

但　斌：当时共同基金大多是脱胎于券商，我觉得它们的内部制度差不多，不适合我。

张志雄：从1993年算起，你已有13年的投资生涯。你还记得第一次投资成功的经历吗？

但　斌：1993年，我的公司老板拿出50万元让我替他买股票，从当年2月到9月，我把股票市值做到了70万元。有一个很好的回报以后，这些老板的朋友或者一些其他朋友，觉得能挣钱，就拿一些钱来。那时候本加上盈利，差不多250万。

张志雄：然后呢？

但　斌：1993年9月，我听消息说深深房有大机会，就投入了所有资金，后来股市大跌，盈利全部回吐。为了弥补损失，接下来我不断做短线，结果亏了一半本金。1995年我做多国债期货，结果遭遇了最大的一次挫折，损失惨重。

张志雄：对这些投资成败，你现在怎么看？

但　斌：庆幸的是，我在很年轻、钱还少的时候严重失误了几次，否则，重新站立起来的机会便少了很多。至于成功，我现在还谈不上，未来的路更遥远，但愿上帝能给我足够的时间来实现他的旨意。

张志雄：你现在的投资哲学是什么？

但　斌：用“龟兔赛跑”概括我的投资心得非常恰当。以我的理解，兔子根本没有获胜的机会，因为投资是一项长期的事业。兔子跑得再快，也只能活几年，而乌龟可以爬一万年，考虑到时间因素，胜负自然分明。

从哲学的角度讲，我们在生活中面临许多抉择，有些抉择从一开始就必须明确——你要成为什么样的投资者？选择寓言中的兔子还是乌龟？答案是唯一的，没有第二种选择。

张志雄：在向价值投资者转变的过程中，什么人给过你启迪？

但　斌：本杰明·格雷厄姆、沃伦·巴菲特和菲利普·费雪等投资大师的思想是我取之不尽的源泉，他们都把研究企业作为投资的出发点。有所不同的是，格雷厄姆的价值概念和费雪的成长概念是价值投资的基石，巴菲特是价值投资最坚定的执行者，他承袭了前两位的理论，又把它们有机地融合并发扬光大。巴菲特还拥有超越世人的眼光，可以在困境中看出前途所在。

张志雄：什么样的投资书籍使你受益匪浅？

但　斌：《聪明的投资人》、《证券分析》、《巴菲特：从 100 元到 160 亿》、《怎样选择成长股》、《非同寻常的大众幻想与群众性癫狂》和《股票作手回忆录》等。

张志雄：现在很多人把巴菲特当成神来崇拜，其投资方法也被奉为圭臬。

但　斌：巴菲特的投资方法很简单，但是巴菲特的精神、境界、修养，一般人很难学到。巴菲特的财富观也很难为常人理解。就投资方法而言，巴菲特达到了极致。

张志雄：你为何对巴菲特如此推崇？

但　斌：我以前举过例子，一个人醒来，他发现自己拥有了巴菲特的财富，他会怎么想？绝大多数人肯定是以为老子天下第一，走路都可以横着走。但是巴菲特可能只是觉得：上帝假借我的头脑完成我应该完成的事情，荣耀是上帝的，财富是社会的。于是他又把财富交还给社会。只有这样的人，上帝才可能把足够多的财富交给他来管理。我达不到他的高度，但我会努力接近。

张志雄：借鉴了大师的投资心得后，东方港湾是否开发出了自己的投研体系？

但 斌：我们现在还没有开发出自己的投资研究方法，最多只是复制巴菲特的以公司价值为投资核心的投研方法。

张志雄：您觉得您的投资方法与众不同或有明显差别吗？请举例子。

但 斌：我不很清楚众人的方法是怎样的，如果是炒短线，抓时机做波段，或者坐庄，我想可能根本上就不同吧。我以合适甚至低廉的价格买入并持有经营优秀而又持久的企业，应该也有其他人这么做吧。我们只是普通的投资人，而且我们认为投资没有秘密。

张志雄：如何看待大师们所说的成长和价值？

但 斌：价值和成长不是截然分开的两面，就如巴菲特所说的那样，价值投资中包含了对公司成长的考虑。我们投资一家企业，不单纯是格雷厄姆说的“捡香烟屁股”的方式——仅仅评估其硬性资产的价值，我们还很重视企业的无形资产价值，比如品牌等对企业业务增长和盈利提升的持续正面作用。

坚持价值投资不需要任何借口

张志雄：您如何看待选时和选股？

但　斌：要持续正确判断时机的抉择，这是超越常人的能力范围的，也许有人能够做到，但就我的投资生涯来说，我不认为这是具有可靠性的做法。我们投的是公司，只是通过股票市场去持有一定的份额。

张志雄：请举个失败的选股或选时例子。

但　斌：在过去三四年中，我没有做过选时，而从选股而言，我认为持有的公司都很让我满意。

张志雄：如何看待主动投资和被动投资？

但　斌：我们主动投资一家公司，看好的是其产品及市场竞争力，欣赏的是公司管理团队，并以合理的价格买入。我们既不会消极地构建一个模拟指数的投资组合，也不会频繁干预公司战略和管理。

张志雄：你如何选股？有什么标准？有什么投，什么不投吗？

但　斌：第一，领导层必须诚信，具有专业能力，勤奋，战略正确，并愿意为股东创造价值；第二，它应该是行业中具有竞争优势的企业；第三，我们很关注企业的 ROE 和 ROE 上升的能力；第四，我们很关注企业收益的现金流质量。

张志雄：在你们的投资组合中也有万科，你们是什么时候发现它的？

但　斌：我们很早就注意到了万科，认可其经营能力，2004年东方港湾成立时我们就买进了万科。

张志雄：为什么在人们普遍看淡房地产市场前景时，万科能持续看涨？

但　斌：能否在行业遇到危机时表现得更出色，是判断一家好企业的根本标准。如果所谓的行业龙头在危机时不能表现得比其他企业更出色，说明其本身是有问题的。行业的不景气恰恰可以检验出这样的企业，我们可以借机放弃。

事实上，万科2006年显现出了行业龙头的实力，它本来预计拿地1000万平方米，而实际可能拿到了1300万~1400万平方米的土地。对比行业繁荣期，现在万科基本上没有竞争对手，因此其在杭州、厦门等地拿地十分容易，这是非常不错的表现。

伟大的公司往往可以利用行业危机来巩固自己的地位，例如中集集团，利用集装箱制造业整体低迷期消灭了自己的竞争对手。

张志雄：说到品牌企业，你觉得同仁堂这家公司如何？

但　斌：同仁堂是中国老字号品牌代表，但其缺点是，增长放缓，管理层进取心不足，因此我们一直关注，但在A股市场并没买入。

张志雄：你们在什么情况下卖出一只股票？

但　斌：真正的好企业是非卖品。但通常企业都有生命周期，在其经营开始转坏或者股价已经极度被高估的情况下，需要卖出股票。注意，我说的是极度被高估时，我们才会卖出股票。如果股价稍微有些溢价，我们不会卖出，因为用便宜的价格再买一家逊色的公司对我们而言没有吸引力。

张志雄：相比其他机构投资者，你们交易频繁吗？

但　斌：经纪商对我们很有意见。不同于大多数投资机构，我们现在基本上没有交易，买进后就一直持有。

我一直在思考一个问题：巴菲特长期持有获得了巨大的成功，为什么全球模仿他的人还是那么少？我的朋友们回答，中国有中国的国情。如果答案真是这样，印度有印度的国情，日本有日本的国情……总之各国有各国的国情，价值投资的标准就无从谈起。

我认为，价值投资应该有一个超越国度的评价体系。投资界总有各种借口：共同基金说资金的性质使我们做不到价值投资，私募基金也会说受到客户的压力更大，因而无法坚持长期持有，但对我们而言，坚持价值投资是不需要任何借口的。

张志雄：你们的客户难道没有给你们施加压力，甚至赎回吗？

但　斌：客户如果不认可我们的理念，我们一开始就不会接受其资金。在操作过程中，如果有人产生疑虑，我们会用事实说服他。

比如我们有些后来的客户刚买进烟台万华时，股价从 16 元多跌到9元多，有的客户动摇了，我们就和他一起实地调查上市公司，看看这家公司到底怎么样。我们投资的是实实在在的公司，市场波动无法改变公司的内在价值。经过和客户的反复沟通，现在客户都能理解我们的投资思路，认可价值投资的理念。

张志雄：但是遇到市场狂跌时，你们就没有动摇过？

但　斌：市场狂跌正是我们买入的机会。一家好公司平时是8元交易，股价随市场狂跌至5元甚至4元，这不正是我们一直寻找的绝佳买点吗？在这种情况下，只会让我有一种遗憾——没有更多的钱买入更多的股票。真正的价值投资者不惧怕熊市，在牛市中反而会发生一些问题。

张志雄：如何让客户与你们一起在狂风暴雨中坚守？

但　斌：好的企业像宝石一样珍贵，做投资就是要找到这样的企业并加以珍藏。但是长期投资者要穿越周期，穿越历史，如何才能坚持到底？这时候就要借鉴历史的经验，思考如何在乐观和恐惧中处理好自己的投资。

从历史经验中吸取投资的智慧，投资不是买进后再去应对，而是要让别人感觉到你每时每刻都在担负责任。这样你才能得到别人的信任，才能有效说服客户。

现在我感到我们不仅仅是在做投资，更是在从事财富管理。如何让财富穿越几代人，实现世代相传，这超越了炒股的观念。

张志雄：如何让客户接受你的世代财富管理观念？

但　斌：现在客户拿一笔钱找投资经理，一般是问一年或者五年回报多少。但我们会从他孩子未来的生活以及父母家人的角度来规划这笔钱，有时候客户会想到这笔钱另有用处，我们会建议他少投一点。

恰恰是因为世代财富管理，价值投资的长期稳定性回报才凸现出来。

张志雄：能不能列举3只可以持有10年的股票，让大家进一步理解长期投资理念？

但　斌：我们的第一个客户就签订了10年财富管理合同，我们给他做了一个投资组合，里面选取了我们判断未来10年可以战胜市场波动的股票，主要有贵州茅台、深万科、招商银行和烟台万华。

以烟台万华为例，它是在2001年A股行情最高点时上市的，过去几年大盘一路下行，上证综指最低至998点。但如果在烟台万华上市时投资1000万元，现在分红累计是606451元，股价则上涨了5.1倍，现在你账上应该有6016万元。而烟台万华也从2000年4980万的净利润，到2006年有可能达到8.2亿的净利润，净利润增长约16.6倍。所以，好的投资回报要靠企业分红和内生性增长，而不只是简单预测市盈率变动等这些不稳定的因素。投资好的企业可以穿越周期，即便是经历大熊市，也能获得不错的回报。

张志雄：介绍一下烟台万华吧。

但　斌：烟台万华的主营产品MDI是一种化工产品，烟台万华是 MDI 全球仅有的拥有自主知识产权的 6 家生产商之一，中国也因此成为第四个掌握这种技术的国家。

烟台万华在化工行业中的地位如何呢？石化行业有 18 个大门类，中石化拥有 17 个门类，唯独 MDI 不能生产，可见烟台万华技术壁垒之高。

张志雄：巴菲特在 20 世纪 60 年代末解散自己的基金离开市场，因为他判断股市总体已经绝对被高估。假设 A 股在 2008 年或者 2010 年处于绝对被高估，你们如何操作？

但　斌：如果出现这种情况，我们绝对是卖出股票。不过内地股市泡沫来得没有那么快，至少十年后才会出现这种情况。看内地大多数企业，比如万科，其总市值目前才 300 多亿人民币，而香港一些大型地产公司市值都在数千亿港元。就中国如此庞大的市场以及十五年左右的经济快速成长期而言，万科市值最终达到三五千亿人民币是很正常的。2008 年和 2010 年万科还达不到这个规模，需要十到十五年的时间。

张志雄：假设一下，万科达到四十多倍甚至五十多倍的市盈率，你也不认为它被高估？

但　斌：从静态看，肯定是高估的。但看动态市盈率，比如万科通过收购兼并，买进了 20 家 8 倍市盈率的企业，其市盈率就会大大降低。从长期看，企业通过内生增长会不断拉低市盈率，比如平安保险目前市盈率很高，但如果五年内平安资产管理的业务规模能达到 5000 亿元，其市盈率会被大幅拉低。再比如微软，早年在 80 倍市盈率的情况下股价仍能持续翻番，也是凭借其内生性增长。

实地调研与投资细节

张志雄：过去三年中你实地调研了多少家上市公司？

但　斌：50 多家。

张志雄：你觉得必须实地调研重仓的投资项目吗？

但　斌：是的，我很在意是什么人在经营这个企业。

张志雄：有人认为读企业的报表和研究报告比实地调研更好。

但　斌：实地调研对投资非常有好处，我去过很多家公司后，判断企业好坏的灵敏度大大增强了，一家公司的日常管理和文化制度等方面决定了其质地。比如说参加股东大会，你是有可能通过观察上市公司高层人员细微的互动，哪怕一个眼神也许就会让你感受到不一样的东西。当然这需要有极强的感受和阅读人的能力。

张志雄：你遇到那种善于做表面功夫的公司或者管理者，该如何判断？

但　斌：我的经历使我在判断能力方面有不少优势。小时候，我不是一个好孩子，打架闹事都有过。后来，又从社会底层开始奋斗，历经磨难，和三教九流的人打过交道。现在我看过一个人后，凭直觉就能判断其好坏，企业如人，所以看企业也差不多。

张志雄：举个例子吧，比如你去贵州茅台见到的是谁，对方是怎样的，由此对公司做出了什么判断？

但　斌：茅台接待我们的是季克良（茅台集团董事长），一位满头白发、非常慈祥的老人，出身江苏的酿酒世家，后来去了茅台，在茅台干了一辈子，他给我的第一感觉是非常好的一个人，值得信赖。

茅台其他管理层也很有眼光，股份公司的董事长袁仁国写过很多文章，比如《茅台品牌的传统继承与价值创新》，这篇文章让人感到袁仁国的境界非常高，其对企业发展观的阐述非常符合我们对好企业的看法。

真正的好企业需要一个好的经营者，带领一个好的管理团队，具备传承能力，当然还需要身处有前途的行业。具备了这些条件，企业将创造伟大的事业。

张志雄：再举一个你认为管理层有点问题而让你放弃的上市公司吧。

但　斌：有一家从行业和公司质量讲都不错的公司，我不必说它的名字了吧，但它的领导人是一位枭雄，能力确实很强，却让人不放心其内在的品质。我们就放弃了这家公司。

张志雄：你们现在主要投资几只股票？

但　斌：主要是 6 只，地产行业里有万科、招商地产和华侨城，这 3 只股票可以算 1 只，主要是基于行业投资，均衡这个行业中有显著竞争力的企业。

张志雄：你每天都看很多研究报告吗？

但　斌：并不是每天都看，很多券商出了不同的研究报告时会看一下。

张志雄：您每天阅读哪些类型的报告？

但　斌：主要还是看招股说明书、年报以及公司公告，还有一些研究员写的我感兴趣的行业或公司的研究报告，他们能够提供一些我没有考虑过的视角。

张志雄：您如何使用研究员？

但　斌：我希望他们能够独立思考，逻辑上要完整和合理，不要简单遵从常规看法，尽可能深入去了解一家企业，这很辛苦，也不容易，但是投资要成功就无法规避这些努力。

张志雄：您自己做研究的经历及心得？

但　斌：不要丧失大局观，这是框架，但是一定要兼顾诸多关键细节。

张志雄：如何防止选择公司失败？

但　斌：失败是无法避免的，只是通过细致的研究，持续的观察，尽可能减少失败的次数。

张志雄：您如何看待或利用市场共识？

但　斌：还是那句话，别人怎么想和我怎么做没有太多的关系，或者说没有关系。

张志雄：您认为目前的投资团队中最重要的人是您吗？还是其他人谁最重要？

但　斌：我认为这是一个协同工作的机制，没有说谁一定更重要，也许我的工作性质决定需要对很多事情做出决定。但是我得说，每个人都很重要，尤其是当他努力去了解一家公司的时候。

张志雄：您经常与多少位分析师通电话或见面？

但　斌：我会看对一个行业或者一家特定的公司，有哪位研究员具有超出他人的深度和准确理解力，我会和他保持联系。时间上并不固定，数量也不好说，好的研究员是很宝贵的，我很敬重他们。

张志雄：有过止盈或止损的事件吗？请评价。

但　斌：前几年我们投过深赤湾，在比较好的价位上我们把持股售出了，促使我做出这个决定的考虑因素是赤湾的地理局限，造成它的岸线无法扩张，这限制了企业业务的扩展。

张志雄：请举例说明您最后悔的一个投资事件。

但　斌：没有，即便是早年的失误，于我而言也是财富。

张志雄：您害怕过吗？请举例。

但　斌：因为我现在投的都是中国优秀的企业，我也在持续地观察它们的表现，所以如果这样都无法夜夜安枕，我想其他的做法应该更难。

张志雄：现在有一种说法，私募基金只不过利用了共同基金的研究投资信息，你对此怎么看呢？

但　斌：肯定不是如此。现在信息浩如烟海，真正赚钱还得看个人的价值观和判断力。共同基金自身的研究人员数量以及获得的经纪商支持，使得它们覆盖的行业范围和公司家数会多于我们，不排除在交流过程中给我们带来启发，但是我们投资的核心是选择有限的几家极为出色的公司，因此对个别公司的研究和人力资源配置，并不显示劣势，相反有更强的优势。

天真和质朴体现出企业的透明度

张志雄：你决定长期投资一家公司时，最看重的品质是什么？

但　斌：企业如人，个人的优秀品质，比如天真、质朴、待人真诚也应是好企业所具备的。好的企业都比较透明；相反，老谋深算的企业总存在着问题。天真和质朴体现了企业的透明度，好的企业不怕给大家看，不好的企业则惧怕透明。

张志雄：在诚信环境很差的中国，好企业家不容易找啊。

但　斌：中国历来不缺少救国救民的企业家，洋务运动、戊戌变法以来涌现出来多少爱国的企业家啊。

为什么我们看好烟台万华？在接触了丁建生等公司领导后，我发现他们就是民族的脊梁，他们不为国外企业高薪挖角所动，我们有什么理由去怀疑这样的企业家呢？

张志雄：当年四川长虹的倪润峰高举民族工业的大旗，但后来的表现却让人大失所望。

但　斌：产业的变革是自然选择的结果。比如一家企业过去生产马鞭，但现在已经不用这些东西了，它不变革，就会衰亡。每一代总有每一代的企业图腾出现，下一代人又用其他企业来担负这种责任，江山代有“名企”出。现在的华为就扛起了民族通讯行业的大旗。我认为，产业的变革跟个人的雄心并没有很密切的关系。

张志雄：你的职业生涯中，就有在好企业但没有成功的经历。

但　斌：从君安证券到大鹏证券，倒下的原因不一，但带来的震撼是相同的。

君安证券那么好的公司在一夜之间突然倒下，带给我的震撼非常大。以君安证券的资质和潜力，有可能成为中国的美林、摩根士丹利。至于君安证券是如何倒下的，有的人说是内部关系没有平衡好，也有人说是跟市场大环境有关，如果君安证券现在MBO（管理层收购）就会没什么事。大鹏证券是因为投资失误而倒闭的，本来我有机会去阻止错误的投资的，却没有发挥作用，就那样看着它一步一步垮掉，真的非常遗憾。

有了这些经历，我感觉到伟大的公司不能只关注自己的经营能力，还必须具备社会良心、开放、谦逊、负责任等品质。

人文精神和人文关怀

张志雄：您每天的日程是如何安排的（从早到晚）?

但　斌：每天 7:20 起来，8:30 到公司，通常工作到下午 6 点钟左右。如无应酬回家吃饭，然后锻炼身体，看书学习。大概 12 点休息。

张志雄：您周末或假日做什么?

但　斌：除去应酬，还是希望和家人在一起，也会抽出一定时间锻炼身体，当然，有时也加加班。

张志雄：您觉得自己幸运吗? 为什么?

但　斌：我觉得自己很幸运，生活在这样一个黄金般的年代，我有爱我的家人和朋友，我的工作为他人创造价值。

张志雄：您最爱的运动或娱乐?

但　斌：高尔夫，娱乐几乎没有。

张志雄：您最好的朋友是投资圈子内的吗? 如果投资界外的，是什么领域的?

但　斌：各行各业的都有。

张志雄：除了投资专业书籍之外，你比较喜欢哪方面的书?

但　斌：文艺复兴和启蒙时期一些名家的作品，美国联邦党人文集以及一些著名的小说。启蒙时期的作品对我影响很大，我小时候有上战场当英雄的想法，但到大学里，在接触了卢梭、伏尔泰等人的作品后，这个想法就改变了。

现在，每当生活或投资缺乏灵感时，我就去翻阅这些书，它们是帮助我找到灵感的钥匙。我越发感觉到这些书里的价值观和价值投资理念有很多相通之处，价值投资理念蕴含了丰富的人文精神。我为什么要讲人类经历了这么多挫折和苦难，因为我一直在用人文精神和人文关怀去观察和思考它们，然后把投资贯穿到人类历史中。

张志雄：你正在读哪些书？

但　斌：《圣经》、《进化论》、《论人类不平等的起源和基础》、《论法的精神》、《战争与和平》、《日瓦格医生》、《不战而胜》、《股市真规则》、《戴维斯王朝》和《伟大的博弈》，有新书，也有百读不厌的经典作品。

张志雄：基督徒认为《圣经》和《进化论》是对立的。

但　斌：我们年轻的时候都是唯物主义者，不信《圣经》之类的东西，我们都是用进化论来解释人是怎么来的。但《圣经》是在大学三四年级后才慢慢体会其含义的，小时候我们不信神，天不怕地不怕，对事物没有敬畏感，但是随着阅历的增长，体会越来越深，越能把握《圣经》里的那种敬畏感。

张志雄：达尔文对你有什么影响？

但　斌：对于爱反思社会、反思历史的人来讲，都会问一个问题：人是怎么来的。达尔文的《人类的由来及性选择》把进化学说推广到人类，它也帮助我们思考了为什么一个民族消亡而另一个民族强大并延续下来，为什么由农民组成的封建国家更容易取得强势等问题，这些问题的影响是深远的。

张志雄：你觉得最幸福的时刻是何时？

但　斌：看着孩子快乐长大，看着中国一天天强大进步，我心里充满感恩。

张志雄：看到自己管理的资产升值，你不感到幸福吗？

但　斌：我当然很高兴，不过这并不是一件很了不起的事情。因为做得好是上帝的指引，我们做了自己应该做的事情，哪怕再优秀也不是我们的功劳，而是上帝的。所以我虽然高兴，但内心非常平淡。

张志雄：在世俗化的投资环境下，你的言行有点高调和远大。

但　斌：我想得很实际。我们要反思年轻时用青春、用热血去追求的是什么，不就是希望中国更加美好吗？我们这代人都有这种信念，而且不会随着岁月的流逝而磨灭。这样的信念支撑着中国的进步，没有中国的进步，我可能还在经历磨难，我的青春、爱情、家庭和健康等等不就都没有了吗？我现在还在想，如果中国没有进步，我怎么能有今天的这些呢？所以我带着感恩看待中国的进步，有时候看着万家灯火，眼泪就止不住流了下来。

张志雄：您能否总结一下您管理的类别资产（股票、债券、商品或某一风格产品）的经验之谈？

但 斌：买好公司，拿住它。

张志雄：您展望一下您管理的类别资产的未来趋势？

但 斌：中华民族是勤劳创富的民族，这决定了中国经济增长的动力远未消退，优秀企业的业务成长空间非常大，盈利的增长对股票市场而言是积极的。

张志雄：您对未来有何预测？

但 斌：做我们认为正确的事，余下的交由上帝来完成。

张志雄：您推荐给读者的几句话、几个人或几本书。

但 斌：几句话——资本市场从来都是慷慨的，但它只惠及拥有智慧和善于利用别人智慧的人。

有的人从来没有坚定过，因为他从未真正思考过。

如果投资亏损了，一定是因为我们的专业技术，而绝不会是因为我们的人品。我保证！

几个人——达尔文、巴菲特、芒格、托尔斯泰等。

张志雄：你是有强烈社会责任感的投资人，你如何看待回馈社会？

但 斌：我们相信，一个融合了善意之心和社会良知的企业能够走得更加久远。如果我们真的能成就一个伟大的企业，那一定是上帝假借我们之手回馈他——永不止息的爱！

有一天我也会像巴菲特一样，做一些有意义的事，目前我只是救助一些贫苦学生。

张志雄：您的投资职业梦想是否已经实现？

但　斌：路才刚刚开始。

张志雄：您的生活梦想是什么？

但　斌：对其他人产生积极的影响。

张志雄：您给中国职业投资经理（如基金经理）的建议？

但　斌：和时间做朋友，与优秀企业站在一起。

张志雄：您给普通投资人（但也许他们已经接近甚至超过职业投资人）的建议？

但　斌：多考虑公司本身，少考虑股价波动。

张志雄：您愿意每隔三至五年接受我们的跟踪采访吗？哪怕您已经不再做投资经理了。

但　斌：十年一个周期可能更好。

张志雄：您想过退休吗？多少年后？

但　斌：没想过，但考虑到未来公司的继承性，我和太太说好，如果我老了，人不在了或者不能为公司出力了，我想我们只会保留一小部分公司的股权，余下的给有才华的年轻人。我相信真正的好公司一定是大家的、公众的。

张志雄：您认为投资大师的标准是什么？您喜欢什么样的投

资经理人?

但　斌：要有很高的人生境界，否则，我相信上帝也不会把巨大的能影响人类生活的财富托付给他。他是财富领域的社会良知!

我喜欢巴菲特这样让人景仰的投资人!

坚持是价值投资的核心[①]

从 2007 年 1 月 24 日上证综指的高点 2994 点，到 2 月 6 日最低点 2541 点，指数下跌了 15.13%，抛售股票的念头不知又充斥在了多少人的脑海里，但历史告诉我们持有并珍藏那些能经得起时光考验的企业会有多么不一样的未来！

坚持是价值投资的核心

《证券市场周刊》：你认为价值投资理论复杂吗？

但　斌：很简单。巴菲特提到价值投资观念的核心是“以 40 美分的价格买进一美元的纸钞”，而成长是优秀公司价值的一个必要组成，即是说，这个一美元的纸钞随着时间仍在继续增值。这

---

① 采访者：《证券市场周刊》吴晓兵；采访时间：2006 年 11 月 3 日。

个方法本身不是很难，很容易讲明白，但是坚持不容易。这里面我认为存在三个无法避过的阶段：一是理解和接受价值投资的观念；二是要本着严谨的态度，以逻辑合理的方法去评估企业的价值；三是在动荡的环境中坚持。规则很简单，但是坚持太难了。

价值投资理论不是巴菲特创立的，是格雷厄姆和费雪的东西。格雷厄姆的学生都很富有，只不过巴菲特最富，相信这个流派的人都是富人，这是缔造财富的一个流派。不是说学问很深，这个学问很简单，主要是看你能不能身体力行，你能身体力行就会很富有。另外价值投资跟你的人生阅历、价值观和看事情的角度有关系。

《证券市场周刊》：我们市场的效率还不高，有很多内幕消息，条条大路通罗马，各种道路都可以赚钱。巴菲特的方法推到10年前，在中国好像也不能适用吧？

但　斌：价值投资本身是全世界通用的，10年前如果你买了万科会得到回报，你买的所有好股票都是不得了的回报。

《证券市场周刊》：但这段时间肯定很难受。

但　斌：也不难受，10年涨10倍，怎么会难受。怎么说呢？因为中国证券市场刚开始的时候大家没有经验用这个东西，如果有经验做到了一样赚钱，10年前如果我们认识到价值投资，现在已经10年10倍了，我们知道有这样的案例，万科有一个股东叫刘元生，1988年12月在万科发行股票时认购了360万股，以后随着万科送配股加上刘先生通过二级市场增持，目前已经持有5827.63万股。刘先生认购原始股加上二级市场买入股票的成本，共约400

万元。经过 18 年，现在市值 4.8 亿元，赢利 120 倍。如果他很早就出来而不是一直投资万科，那才是真正的难受呢！

《证券市场周刊》：东方港湾大概是什么时候开始转向完全复制巴菲特的？

但　斌：我们公司是 2004 年 3 月份成立的。但我们都从业有 15 年左右了，我们是在做投资的时候慢慢悟到这种理念的。主要从 2001 年开始，正好是熊市开始的时候。在熊市里我们每年都赚钱，按道理说熊市肯定亏钱，怎么赚钱的呢？举个最简单的例子，烟台万华 2001 年上市，它在 2000 年有 4980 万元的净利润，到 2006 年有可能达到 8.2 亿的净利润，净利润增长约 16.6 倍。打个比方，如果你在 2001 年投资 1000 万，累计分红约 60 万，由于企业内生性增长强劲，5 年熊市下来，其上涨约 5.1 倍，投入 1000 万的收益就是约 0.5106 亿元。

《证券市场周刊》：看来 2001 年真的是个转折点，我听说很多机构都是 2001 年去投资香港了，也有好多在熊市里爆仓的。

但　斌：巴菲特说，退潮了才知道谁没穿裤头。

《证券市场周刊》：有很多私募基金是对冲基金的风格，譬如著名的索罗斯，对于对冲的做法你有什么评价？因为现在中国的市场还不是很有效，有些人确实对这个市场的转折点把握得很准。

但　斌：作为投资来说，成功的方法各式各样都有，但是关键是你想成为什么样的人。打个比方说，罗马军团要行军，必须逢山开道、遇水搭桥。遇到河流一百个人顺着沟就过去了，这是游击队的做法，这个做法本身可以打一枪换一个地方，但是正规军必须得走康庄大道。巴菲特是没有疆界的，不同架构下的不同文化、不同投资哲学，开始的时候没有什么太大的差别，但是走得远了差别就出来了。

《证券市场周刊》：巴菲特也投资了几百个企业，他就没错过吗？

但　斌：小的就不说了，大的投资他从来没有错过，或者说错的很少。作为重大的长期投资，必须要很严格地来筛选企业。打个比方说，2006年的投资，有很多热点，诸如有色、军工、3G和权证等等，如果以一年论输赢，你就需要不停地从一个弹坑跳到另一个更利于隐蔽的弹坑里。但如果投资是要留给孩子的，要几十年，要跨越几代人，就是另外一种做法。时间越长，实际上选股票的标准越高，找到的好企业越少。这是巴菲特的重大投资为什么只选那么少股票的原因。

《证券市场周刊》：价值投资是不是很容易就能讲明白？

但　斌：很容易讲明白，但是坚持不容易，规则很简单，写巴菲特的书很多书店都有，巴菲特价值投资本身就是一些规则——垄断、消费，这很简单，是个高中生、初中生就能看明白，但是坚持太难了。比方说天天早上起来跑步对身体好的道理大家都懂，可有几个人能坚持下来？

《证券市场周刊》：也就是说，买对股票以后正确的选择是一直不卖。可是几百年来总是有投机的高潮，然后有一个低谷，股票随着大家的情绪在波动。为什么不利用这一点呢？

但　斌：我举一个例子，一般理解最好的投资是A点买进，然后B点卖掉，C点再买进。但是按我们理解，真正的赢家不是做波段的人，而是在这几个点都在买的人——前提是你投资的是一个伟大的企业。对一般的投资者来说，他可能只有一笔钱，当然希望A点买进，B点卖出，然后再等低位买进；但是我们做的是一项事业，就像巴菲特，他的资金是源源不断的，他每时每刻都要做投资的决定，他思考的力度和角度不是一般人所能理解的。历来的投资实践证明，真正的赢家是持有不动的，而且不受外界的干扰，碰到任何问题都敢买。如果你投资一家价格不是极度被高估的优秀企业，那么你每个月都去买，不管高还是低，10年以后数目就大了。这中间隐含的逻辑是，我们所投资的公司因为具备持续增长的竞争力，它赚取更多高质量的收益，能够不断提升资源质量和股东价值。

比如沃尔玛，股价上涨到20世纪90年代，大概40多倍PE的时候，变得相对平稳。大概过了五六年PE又变成十几倍了，又开始涨。星巴克，现在是50倍PE，将来一定还会降下来。过去50年美国涨幅最大的企业是菲利浦·莫里斯，每年的回报是19.8%，一美元50年以后翻成8300多美元，就是8300多倍。这就是长期的概念，体现了长期持有优秀公司的巨大成功。再比如汇丰，有人赚10元、有人赚100元，真正赚得多的是拿着不动的人，这个不动看似简单，实际上做起来非常难。

《证券市场周刊》：那么买入股票就永远不卖吗？

但　斌：有一些情况我们是会卖的，就是这个企业本质变化了。2004年东方港湾成立以来，在较高的历史价格，先后卖出过深南电（理由成本变化）→深赤湾、盐田港（岸线资源问题）→同仁堂（进取不足）→云南白药（增长放缓）→张裕A（A股卖出，换了我们认为更出色的企业，B股我们坚持）。从来没有卖出过的是茅台、万科与招商银行等企业。投资是会错的，但我们要知道错在哪里？为什么会错？希望我们的投资决策越来越科学，更细化，这样我们的投资水平才会蒸蒸日上。当然，在艰难的时刻，我们也愿意坚守在未来能给我们带来收获的伟大企业里，与它们共经风雨。

《证券市场周刊》：不过多数人还是想做差价。

但　斌：这也是我们公司跟其他公司最大的不同。我们的投资要想得长远，大多数公司都是对冲基金的那种模式，他们思考的都是一年或者几年时间内的事情。我们进行的是财富管理，希望财富可以传几代人。

选择7只股票投资

《证券市场周刊》：刚才提到汇丰，我记得你曾经问过汇丰前董事长，汇丰经历了上百年时间、前后七任董事长，一直是个卓越的企业，这里边的根本原因是什么？我理解你的方法就是对内关注自己怎样能够在一个重大历史时刻坚持价值投资的原则，对外关注这个企业为什么能够成为百年企业。你是怎么看企业的？

但　斌：我们做长期投资，对企业的长期竞争力非常关注，也就是关注企业的生命周期。一个企业如果不能长期存在，投资它风险实际上是非常大的。所以我们看企业的时候，对企业长期的生命力要做定性的判断，要看它所处的行业是否能产生大企业，而且能否持续经营下去等。

巴菲特对企业的洞察力不是看报表或走访公司看出来的，真正的好企业是公开的，没有秘密。我觉得投资当中最关键的不是定量的方法，而是定性的东西——你怎么样看到这个企业长期的竞争力。既然特定企业的竞争力和它所属产业的持续能力是投资最关注的地方，那么怎么来做判断，当然也有一系列的具体步骤要考虑。

作为重大的、长期的投资，你必须要很严格。如果是短期投资，今年可以有很多热点选择；但是给孩子留的，要持续 20 年的投资，甚至要跨越几代人，就是另外一种做法。投资时间越长，选股票的标准越高，找到的好企业越少。这是巴菲特为什么选择那么少投资目标的原因。

我们的定位就是长期投资，希望得到 15% 的年回报率就很不错。实际上，长远看，连续达到 15% 增长的企业是非常少的。

《证券市场周刊》：发现这些企业的门槛不高吗？大家都能选

到吗？

但　斌：真正的好公司是公众的。大家很容易看出来，就是不愿意做。可口可乐很多人都喝吧，你说好不好？吉列，不是每个男人都刮胡子吗？《华盛顿邮报》很多人都在读，麦当劳很多人都在吃，你看不到吗？茅台好不好，全中国人都知道。这些都是很简单的例子。

《证券市场周刊》：但是这样的集中投资风险是不是比较大？

但　斌：我们对组合理论的理解，大概 7 个股票是最好的结果，超出了可能很难达到最大的收益，降低了可能风险就稍微大一点。好股就那么多。一个经济体中，企业的构成像金字塔，最好的企业就是塔尖那么几个，越往下越差。你的资金越集中在金字塔的顶部，收益越高。

巴菲特、芒格和林奇

《证券市场周刊》：就算都是价值投资，还是会有一些偏好的差异吧？彼得·林奇（麦哲伦基金的著名投资经理）、芒格（巴菲特的合伙人）跟巴菲特就不一样。

但　斌：林奇可能选择另外一些机会，但是林奇也说过最好的股票就是永远不卖的。

《证券市场周刊》：我是指他们两个看公司的方法，巴菲特主要是看财务报表，林奇更多的是跑到下面去看。

但　斌：巴菲特不只是看财务报表，他对企业的洞察力可不是看报表看出来的。

《证券市场周刊》：他也不去公司调研吧？

但　斌：早期巴菲特收购伯克希尔公司，以及GEICO，持股华盛顿邮报，都是亲力亲为去拜访上市公司管理层的。可能后来去得少了。我的理解是，定量的方法不是投资当中最关键的，定性的东西才是。你怎么样看到这个企业长期的竞争力，这个难度是比较大的。林奇去看企业，实际上也是这种方法，真正的高手可能都是这个方法。

《证券市场周刊》：不过林奇的侧重点更多的是看这个企业的市场占有率、市场前景等等。

但　斌：林奇管理的是公募基金，他的资产必须要分布在各个行业里，他不能像巴菲特那样就买几个，这是一个最根本的原因。但他实际上跟巴菲特看公司的角度是一样的。另外，他虽然买入的股票很多，但真正让他赚到足够多钱的还是持仓最多，坚持时间最长的少数股票。

《证券市场周刊》：林奇的做法难度更大。

但　斌：表面看是这样。但是在另外一个方面，实际上有些时候这样做难度反而更小。为什么呢？比如说我是一个波段操作者，高的时候我就卖掉了，或者碰到历史关头，一看不好就卖掉了，因为你不愿意承受这个煎熬，谁愿意承受这个压力呢？不愿意承受就卖掉了，这是最容易做的事情。最难做的事情就是坚持。投资其实是一副重担，你要怎么来扛它，这个是很困难的。

《证券市场周刊》：是不是对巴菲特就没有这种问题了？

但　斌：这种思考是不一样的。芒格推荐过一本书，里面说为什么这个民族留下来了，那个民族灭亡了；为什么有些民族发展壮大了，有些民族却变得弱小了，或者被淘汰了。我觉得这些大师从这些角度来理解投资，眼界和想法是非常不同的。

关于万科、招商银行和茅台的讨论

《证券市场周刊》：你们在香港市场也有投资，主要投什么？

但　斌：香港和内地两边股票差不多，主要有中石油、中海油、中国人寿、中国平安、招商局国际、港交所、腾讯等。

《证券市场周刊》：巴菲特也持有中石油，但很多人觉得国企不好投资。

但　斌：不是，你看招商局国际，那是李鸿章当年留下来的唯一企业，有上百年的历史。中国人对中国企业的文化等各方面更了解，中国的好企业大多数还是国有企业。

《证券市场周刊》：我在2006年初的时候看到摩根士丹利、美林的一些报告，非常看好中国大陆市场，后来走势确实跟他们的判断是一样的。以前中国香港、中国台湾也有这种经验，就是大摩一个报告出来股市就涨，是不是说国外大行已经部分掌握定价权了？

但　斌：那不是。2005年底我说中国股市的黄金时代来了，后来还公开发表过，题目叫《中国股市黄金时代来临》。而且这几年，我们一直也是这样做的，有钱就买进。当然，我这样说不是想说我们多么厉害，而是想传达一个规律性的东西。投资真正顺应的是时代的潮流，这不是哪一个人或哪一派团体所能决定的。另外从切身经历说，我们10块钱买招商局国际的时候，大摩的报告说不值那么多钱，但后来涨到28块钱。另外他们对中石油也老是估错。

《证券市场周刊》：关于万科我想听一下你的看法。

但　斌：房地产是“剩”者为王的游戏！现在万科是300亿元左右市值，中国房地产企业的长期趋势是越来越集中，香港在1977—1997年这段时间，早期有几百上千家房地产企业，后来就剩下一些大企业，现在香港大的地产企业有两三千亿港元市值。如果说十年到十五年后万科还是中国最大的房地产公司之一，5000亿元的市值很正常，而且房地产还有一个特点，资金密集型，谁能在资本市场很好地融资，谁就发展得快，万科在这方面做得很好。

《证券市场周刊》：万科现在还能买吗（当时每股价格8.30元人民币）？

但　斌：为什么不能买，闭着眼睛都能买。A股目前的情况是，真正好的房地产企业估值不高，尤其是跟它的成长性比，就更是不高。同样是房地产企业，重组的房地产企业可能30倍PE，万科才17倍，反而是这种好东西价格低。实际上大家都看好，但不愿意买，为什么？赚钱少，都想一夜暴富，这给了中国价值投资者很好的机会。

《证券市场周刊》：我看过一个研究，说因为房地产企业是周转率比较慢的公司，他们实际上在资本市场的外部融资不是非常频繁，比如两年一次，对这个公司成长性的帮助不如企业本身的ROE，即使外部资金进入，因为周转率非常慢，几年增长率特别快的话，资产负债率又非常高了。

但 斌：因为中国的时代背景不一样，不能简单理解这个问题。特别是亚洲国家，地产企业都是大企业，不能对所有的企业一概而论。你说两年做不到，万科几乎每年都在融资，它做到了，地产企业对资产负债表的管理，确实是我们关注的重点。但不能因为这个原因就否定整个行业当中的那几个佼佼者。更何况中国所处的时代，在这个时代不投资这种行业会失去很宝贵的机会。

《证券市场周刊》：再说招商银行，因为国内的商业银行之间的并购还是没有放开，招商银行只能凭借自己慢慢做大，不靠并购，自身能做到多大的规模？作为对比，在证券业，像中信证券可以通过并购成长。

但 斌：银行业跟证券业不太一样，证券公司这个行业比银行业周期更明显。银行业从全球来看，是一个能缔造伟大企业的行业，银行业之所以能够缔造伟大企业，主要不是靠规模大，而是靠文化、靠经营的效率，把一个小银行做成大银行。而且金融企业有一个特点，只要不出事，一百年以后一定是大企业，因为它是累积财富的过程。招商银行没有什么严重的问题，有一些小问题，但是总的来说它拥有很好的传统，能让它稳稳走下去。招商银行人均创收在银行同业里面遥遥领先，每个支行网点的收入盈利情况也是别的银行的两到三倍。

《证券市场周刊》：你们投资茅台也有几年了，因为市盈率高等，大家对于茅台的争议比较大，你怎么看？

但　斌：我们投资茅台有 3 年了。茅台今年销售了大概不到 8000 吨，到 2015 年能销两万吨，茅台镇所有能够用来造酒的地方大概可以生产 10 万吨茅台酒，这还是刚刚开始。由于中国的城市化、收入水平越来越高，以后茅台的消费人群会增加很多。

《证券市场周刊》：可茅台只是中国的品牌，能够成长得这么快吗？

但　斌：在世界六大蒸馏酒当中，中国的白酒是唯一用纯粮食酿造的，其过程是：高粱、玉米、小麦等谷物粉碎——曲粉——入池——发酵（60 天左右）——高温缓慢蒸馏——量质摘酒——分级储存（陶缸、酒海或不锈钢等容器）——自然老熟——勾兑尝评。世界上其他五种蒸馏酒基本都是糖化发酵生产的。比如：威士忌（Whisky，英国）是麦芽和谷物分别糖化发酵经储存陈化；白兰地（Brandy，法国干邑地区）是葡萄经破碎压榨后液态发酵蒸馏所得；伏特加（Vodka，俄罗斯、瑞典等国）是薯类糖化发酵（液体）用桦木碳过滤、配制；朗姆酒（Rum，南美和欧洲）是糖蜜或甘蔗汁糖化发酵（液体）过滤、配制；金酒（Gin，英、荷、法、德等国）是食用酒精为酒基，加入杜松子等香料共同蒸馏配制，主用于勾兑调和鸡尾酒。而茅台酒的酿造过程更需要与大自然中的微生物融合，是真正的自然饮品。

中国的白酒其实有它的核心竞争力，问题是怎么让世界认识中国最好的酒。因为是这种工艺，茅台这种酒理论上可以放一千年，越放越值钱。如果瓶口密封问题解决好以后，就不得了。白酒原来做不到超长时间储存，时间长了它就挥发了。但是当你把瓶口密封问题解决以后，它就可以超长期储存了。现在中国白酒的出口量越来越大，茅台酒现在还只是中国的品牌，为什么不能成为世界品牌呢？也许有一天法国人会喝五粮液，英国人会喝茅台，都有可能。

《证券市场周刊》：我还是对茅台有一点疑问，就是这个市场怎么能够连续 10 年、每年 50% 的增长？

但　斌：中国的消费人群会突然增加很多，像刚才说的中产阶级，随着中国的城市化，收入水平越来越高以后，总的消费能力是不一样的。而且，中国的白酒如果能走向世界呢？另外静态地看，即便不考虑销量增加，今天卖 300 多元一瓶的茅台酒，假设 15 年后卖到 2000 元一瓶，它又是什么情况？

《证券市场周刊》：听上去也有道理，但是相对而言，我很容易接受对万科和招行的预测。

但　斌：投资是这样的，不需要每个人认识都一样，这样才会有买有卖，才会有不同的风格。茅台还有一个问题，不知你是否注意到：我们小时候可能卖7块钱一瓶，现在你看贮存50年的酒卖多少年一瓶？茅台酒能抵御通货膨胀，你信不信！

《证券市场周刊》：现在对基金重仓茅台有些争议，这个不关心吗？

但　斌：对此我们不关心，也不知道，我第一次听说这种争议。你可以看一下袁仁国的讲话，看看他对茅台的评品与理解。你想一下企业的销售方式，先把钱打到酒厂然后等着把货提出来，而且现在的产能只能满足一半的需求，全世界哪有这样的好企业。

《证券市场周刊》：可是茅台确实市盈率太高。

但　斌：投资不能那样算，打个简单的比方，同样是中国真正的好企业，我们在香港买过腾讯，现在还在持仓，腾讯的PE去年70倍左右，那么按今年业绩增长100%计算，PE今年就是30多倍了。我们前几天接待一个日本来的投资者，他说在日本同样的企业估值是300倍。

《证券市场周刊》：你谈了买入的时机，那么什么时候卖出呢？

但　斌：真正好的投资是买了不动的。比如说沃尔玛在20世纪90年代PE达到过40多倍，然后就不涨也不跌。大概过了五六年PE又变成十几倍了，然后又开始涨。你说什么是高点，我看不同的人理解不一样。

买了不动就是经典

《证券市场周刊》：除了刚才谈到的对世界整体和长期的认识、看问题的角度，还有其他一些东西，对巴菲特投资风格的形成产生过重要影响吗？

但 斌：实际上还是财富观的问题。

《证券市场周刊》：那你讲一下他的财富观。

但 斌：就是说你对财富是怎么看待的。比如说一般的老百姓说我有钱了，要买好车，要买好房子，娶个好老婆。但是财富就是改变世界、影响世界的工具，就是这个财富应该被谁驾驭，这是一个社会问题。假设有上帝，上帝会进行选择，他会选择把这些财富交给什么样的人来管理，这是很重要的。为什么中国的富豪老出事呢？就是这个人如果不义，上帝也不会把更多的财富给他。

《证券市场周刊》：你只是借上帝来举例子，还是你也有一些宗教情节？

但 斌：我觉得应该是这样的。

《证券市场周刊》：就是认同这种文化？

但斌：是的，世界实际上很公正的，一个人会做到他应该做的事情。投资大师要有很高的人生境界，否则，我相信上帝也不会把巨大的能影响人类生活的财富托付给他。巴菲特代表着财富领域的社会良知！我喜欢巴菲特这样让人景仰的投资人！

《证券市场周刊》：用价值投资的方法来投资，在道德感方面没有什么问题吧？

但　斌：是这样的，巴菲特真正在做的是什么样的事情呢？就是回归到资本市场本质的一件事情。资本市场的本质是什么？就把社会财富放到最有效率的一个企业里，让最能干的人、最好的团队、有最好文化的企业来运用。把财富交到这些人手里，然后让他们去创造财富。巴菲特做的事情就是把钱放到这些好企业里。

《证券市场周刊》：但是金融市场很大程度上被异化了。

但　斌：这个没有办法，全世界都是这样。你不能说因为这个刀能杀人，就不做菜刀了，这不是工具的问题。但是一个人做了回归资本市场本质的事情以后，他就成为最了不起的人。比如说自己做的是别的行业，想做茅台酒，但是做不了，那就把钱投资在茅台上面，让茅台酒厂不断壮大，然后获得好的收益，实际上就是这么简单。

《证券市场周刊》：你除了投资以外，有没有自己做实业？

但　斌：没有，因为做实业本身很辛苦，做投资需要纯净的心灵，主要是求内在的，不是求外部的东西，这个跟做实业不一样。

《证券市场周刊》：大家对价值投资者的直观认识，就是很长时间不看股价，经常出去跑，你也是这样吧？

但斌：股价还是看的。不过我们确实经常跑，不是旅游，主要是看企业。

《证券市场周刊》：讲一下你们投资的经典案例吧？

但 斌：对那些可能成为伟大企业的股票，我们就是买完不动，如果这也可以算作经典案例的话。

价值投资的内在逻辑[1]

价值投资是一种信仰，是一生的，甚至是穿越几代人的一个目标。

价值投资的优势在于共赢

《证券市场周刊》：做价值投资是不是需要相对闭塞一些，消息太多的人恐怕做不了吧？

但　斌：这倒不是一个核心问题，如果你自己有主心骨，比如说巴菲特自己有信仰，谁告诉他明天加息，他没有什么反应的。还是你自己的这种抑制力、信仰和对投资的理解在起作用，一个成熟的投资者不会因为别人告诉他一个什么东西就跟随别人的做

① 采访者：《证券市场周刊》吴晓兵；采访时间：2007 年 8 月 9 日。

法，这是大忌。

《证券市场周刊》：跟其他投资方式比较，做价值投资的优势在哪儿？

但　斌：叔本华说人生总是在得不到时的痛苦与得到之后的厌倦之间徘徊，那这样的人其实总是有很多短期的目标，所以才会不断重复痛苦与厌倦。但是价值投资是一种信仰，是一生的，甚至是穿越几代人的一个目标，所以它是可以让人摆脱这种低级循环的。实际上一个价值投资者的一生会很沉稳，你要想让一笔财富穿越很长远的岁月，你更多的注意力就不会在这个短期的过程中。而这种对遥远岁月的判断和把握，会让你思考得更多、更深邃。

比如我一个朋友原来炒垃圾股，买呀买呀，一不留神变成第一大流通股东了，后来亏得很厉害。现在他做价值投资，你看他生活很潇洒，去非洲旅游，开摩托车横穿沙漠，他说夜里我一个人躺在沙漠里面，万籁俱寂，我想想我的股票，我可以不去管它，很放心地在外面玩十几天。他已经不需要天天动脑筋去想股票短期走势，他的生活完全不一样了。然后他做慈善，在思茅，现在改名叫普洱市，建立了一个希望小学。他设立了一个专门账户，我们帮他免费操作，这个账户只要挣钱，全部捐给希望小学。所以说价值投资这种方式，对自己、对他人、对社会，可以让各方都获益，而且大家都是一个比较积极的心态。

实际上价值投资的这种优势有内在逻辑性，它是一个游戏规则的问题。资本市场里有两种规则，一种是零和游戏，就是我输你赢，跟去澳门赌博没什么两样。多数人都是按照这个规则在玩，听个消息，赚一把就走。但实际资本市场还有另一个非零和游戏的规则，比如万科总是在增长，是这个企业给你带来收益，谁赢了呢？企业赢，国家赢，投资者也赢，参与者都共同获益，这才是资本市场的本质。大家更多的是合作而非博弈，用不着互相算计。它的核心是靠企业的增长。

这种规则，就像我前面说的，你只要选对了企业，躺着就把钱赚了，而且你跟其他人的关系是和谐的。像索罗斯确实很伟大，但是他在很多国家都不受欢迎。但是巴菲特呢？从政府到民间，每一个国家都欢迎他。巴菲特投资中石油，中石油请他来参加股东大会他没有来，那么中石油的管理层亲自去家里拜访他。如果10月份他能够成行来中国，我想他会受到极高规格的接待。就是说他是一个建设的力量，起一个积极的作用，他做的事符合资本市场的本质。

《证券市场周刊》：索罗斯似乎总是在挑起冲突。

但　斌：单纯从赚钱的角度来说这也没有错，就是发现漏洞，然后冲上去。但是一个社会、一个人身上有弱点，你去指责他、打击他，他本能地会抵抗，这是天性。那你表扬他，他总是高兴的，所以一个建设性的参与者更容易获得认同。从更大的、社会学的逻辑来说，巴菲特这种赚钱方法更符合社会发展的规律，我觉得是这样。

好股票卖了难回头

《证券市场周刊》：最近的操作策略是怎么样的？

但 斌：我们还是没变，基本上是有钱就买，买的股票也没多大变化。

《证券市场周刊》："东方马拉松"信托项目里一共多少股票？

但 斌：也就12个左右。

《证券市场周刊》：主要是哪些行业？

但 斌：银行，保险，地产，消费。地产配了3个股票，银行2个。

《证券市场周刊》：信托项目里边的资金受"双10%"限制吧？

但 斌：对，不过稍微好一点，是按照成本法计算的。

《证券市场周刊》：在东方港湾投资的整个过程中，卖出股票的情况多吗？

但 斌：寥寥无几，深赤湾、盐田港、云南白药和张裕减持了不少，但是张裕B股没有卖，更早的时候还有深南电。其实这些股票的基本面还是不错，主要是估值原因。然后其他股票更有吸引力，就换一下。应该说我们运气也不错，基本上都是在最高点减持，换到更好的股票里面。

《证券市场周刊》：假如股票长期不卖，随着股价的上涨，会出现缺乏安全边际的问题吧？

但　斌：如果真的能够发现非常伟大的企业，不断给我们惊喜，为什么要卖掉它？最好是永远不卖。但实际上在投资中，一个企业确实可能被高估，到底多少算高估？这是一个问题。如果是 50 倍的 PE，连续三年增长 50%，就变成 15 倍 PE，如果它仍然是一个伟大的企业，这时候看就是低估了，关键就是你能不能看远一些。

看远一些首先是心态上，你是不是价值投资。然后是判断能力上的问题。中国这一轮高速增长能持续多少年，这个你怎么判断？很多人一提黄金十年就想到股价上去了，其实它首先是经济增长、企业增长的一个判断。你要说真是黄金十年，就相当于中国台湾、新加坡、韩国、中国香港、日本高速经济增长期的那个回报，那为什么不可以长期投资？起码现在还看不到这个经济增长有刹车的迹象，今年深圳税收据说增长了 50% 以上，税收都增长 50%，你想想企业增长是什么样的情况。

再一个我们以前一直在说万科连续 10 年增长 30% 会怎样，那比如说中间有 3 年是 100% 增长，然后再回到 30%，这个差别又很大。就是说像 2007 年这样的高增长也许不能持续太长，以后即使增长率回来一些，但仍然维持在一个稍高水平，那么这个成长还是很可观的。

《证券市场周刊》：但是现在个人投资者普遍感觉股价太高，没有特别安全的股票了。

但　斌：熊市的时候有很多股票可以挑，打个比喻，就像打高尔夫球一样，很多球都落在地上，可以不断地打，打飞一个以后还有。熊市里，如果错过茅台还有招商银行，错过招商银行还有万科。现在是打一个少一个，快打光了。

很多人“5·30”空仓了，他想球还会落在地上，还会让他有一个合适的位置打，但是恰恰相反，他想买的东西不断往上涨，他不想买的东西不断往下跌，他没有球可打。更可怕的是，如果他认为这些股票高估的假设是成立的，也许还能够等到这个球，如果事情的发展超出他的想象，真的连续3年100%增长，这个球就永远打不到了。

如果思维方式不变，或者是对于这个增长老是持怀疑态度，他永远打不着这个球。所以投资难在哪？长期投资坚持的是什么？是对于一个国家、一个企业，它长期发展的逻辑有没有一个合理判断，有了这样一个合理的判断，你才有机会打出好球，否则的话会很遗憾。

《证券市场周刊》：茅台在达到百元之后，最近一段时间比较沉寂。

但　斌：去年茅台销量差不多是7000吨，相比茅台最终能够达到的产量，比如说四五万吨，现在实际上只是一个零头。另外，将来10年、20年当中，茅台提价能提多少？所以除了这个企业的经营、产量增长之外，它还有自然增长，能够提价抵御通货膨胀。实际上从投资来说，你能够抵御通货膨胀，某种意义上就胜出了。

人们往往高估了我们这一代人的重要性，低估了人类繁衍的持久性与未来久远岁月的影响力。我们比较容易看到自己眼前的东西，不愿多想 20 年后的事情。比如说 70 年代，茅台 7 块钱一瓶，那时候打死你也不会想到它变成 700 块钱。那现在让你想 20 年以后，你敢想吗？

《证券市场周刊》：对招商银行怎么看？

但　斌：招行实际上我们也一直在讨论高估低估的问题。还是从大的背景角度来看，第一次接受你们采访的时候，招行市值大概是 1200 亿元，现在招商银行 4000 多亿市值，也就是 500 多亿美元，第一大股东持股比例是 21%。假如我有钱，我现在愿意拿出多少钱来控股招商银行？假如我是美国比较大的金融集团，我拿出 100 多亿美元，就能够控制一个未来 10 年、20 年有可能是中国赢利最好的一个商业银行，我干不干？换句话说，招商银行能够这样便宜卖给他们吗？这是个判断的角度问题。而且说老实话，这个银行只需要在中国做业务就可以了，因为我们的经济体规模足够大。

谁也不能阻挡 13 亿人追求幸福

《证券市场周刊》：该怎样看待股市过热对工业精神的损害？

但　斌：我觉得应该分两方面来看。一个是最近一年多的这种涨法确实有些不正常，不可能持久。但另一方面，从积极的角度来看，它实际上是对全民财富观念的再教育。只有这种东西才能唤起全民的觉醒，包括现在猪肉涨价，很多人突然对通货膨胀有感觉了。实际上过去60年，美国的通货膨胀是1000%，英国是4000%，这种通货膨胀是一个必然的结果。好了，那我怎样来抵抗通货膨胀，通过什么方式保值增值、延续财富？实际上是一个全民的再教育。

说到工业精神，我的理解，可能在某一阶段会出现异常现象，挪一部分资金出去做短平快的事情，但真正的企业家怎么可能去做这个事情？他要投资也是请专家来做，比如华为该做什么还是做什么。股市热了才过来、冷了就撤出的人不会是价值投资者，一般也没有什么好结果。进来炒一把只能是短期的，真正具有工业精神的企业家自身能够抵御这个东西，而资本市场长期发展靠的就是这样的企业家和企业。所以说工业精神可能在股市过热的某个阶段看起来有点失落，但这个社会不会失去这种企业家精神。

《证券市场周刊》：您对中国经济增长很乐观吧？

但　斌：历史上中国曾经是一个经济大国，将来回归到经济大国的行列是很正常的。对于很多国人来说，好像中国变得这么强大是不可思议的，这其实是一个常识错误。你看中国和国外从硬件上来说，实际上差别已经不大了，要是给中国20年的机会，中国真的会成为很了不起的国家，这是我的强烈感觉。这期间一定会有一些最好的企业，它理应高于社会平均增长的水平，会有一些伟大的公司不断给我们惊喜。在这样一个大背景下，你该做什么呢？那就是挑最好的企业，做完这10年、20年的时间，就这么简单。至于它能涨多少，你是不知道的，谁都不知道，问题是你挑的这个东西能不能走过这10年、20年，如果能走过，你就赢了。所以说大环境是很重要的。巴菲特成功的因素之一，是他生在美国，他这几十年正好是美国蓬勃发展的几十年，这肯定是有关系的。

近代一些国家的崛起，都是伴随着资本市场的这种便利，资金的流入提供了更多可供建设的资源，导致一个一个国家的兴起，可以肯定地说，资本市场在中国崛起当中一定会发挥很重要的作用，今天（2007年8月9日）正好沪深股票总市值21.1466万亿元，首超GDP，2006年我国GDP总额为21.087万亿，这应该是有纪念意义的一天。另外一点，中国还不是完全市场经济的国家，随着市场化程度的进一步提高，比如并购，会给各行各业带来根本的变化。

《证券市场周刊》：消费主义的兴起对经济增长也起了很大作用吧？

但　斌：我觉得更重要的，是没有任何力量能够阻挡13亿人追求幸福生活的权利。这种强烈的愿望超过任何一个时代。中华民族压抑了几千年了，这样一个强烈的追求生活幸福的愿望，在此刻爆发了，压都压不住。包括股市上涨带来的对理财、对财富的重新认识，都是一个正面的东西。

价值投资的本质是什么？[①]

2018年1月5日，东方港湾荣获“《证券时报》2017年度金长江奖行业典范私募基金公司”，但斌荣获“《证券时报》2017年度金长江奖年度优秀私募基金经理”。价值投资的本质在于企业持续创造财富的能力，只有与伟大企业共同成长，才能够穿越时间的河流。对投资者来说，持续学习以及洞察世界的能力是最关键的。在这么长、这么深、这么厚的雪坡中，我们理当滚出和巴菲特一样的雪球。

关于中国股市

七禾网：但总，您好，感谢您和七禾网进行深入对话。您

① 采访者：《七禾网》沈良；采访时间：2018年1月21日。

1992 年就进入股市，这些年来亲历中国股市多轮牛熊。就您看来，中国股市以往的牛熊更替是否有一定的规律可循？这个过去的规律，以后会继续延续，还是会有所改变？

但斌：就我从业 26 年来看，中国股市每隔几年就会出现一次跌幅超过 50% 并持续 3~5 年的情况。A 股市场在过去的走势都是锯齿形的，上涨时只是蹭一下，下跌则往往都需要走三五年，这也算是过去 26 年的一个规律。我们不知道 A 股市场未来会不会像美国一样出现慢牛行情，但如果后续市场主要围绕前 100 个核心资产进行交易，那这个概率还是很大的。美国在过去出现过一次长达 16 年左右的牛市，这次已经是第二次长牛市的第九个年头。在美国，Facebook、亚马逊、谷歌、苹果、微软这五家公司的市值占了纳斯达克总市值的 42%~44%。也就是说，如果过去九年不买这五家公司，很可能就错过了美国的大牛市。我觉得，随着未来中国市场的日益开放，市场上的交易文化、投资者的心理以及结构变化都会对这个市场带来较为深刻的影响。中国股市大概率会出现类似港股化和美股化的趋势。事实上，2017 年已经是个预示了，但因为中国的发行制度不是注册制，而是审批制，所以在某种意义上供给关系还没有完全市场化。在审批制下，企业的估值是存在套利空间的。一家公司在上市之初并没有计入指数，真正计入指数的时候一般都已经是 50 倍甚至 100 倍了，在这种情况下，大多数股票在高位震荡一下以后都会迎来漫长的下跌行情。这些股票对指数的贡献就是不断拖低指数的表现。这样来看，指数走牛还是会非常困难，仍旧会保持锯齿形的变换。

美国的指数是由成分股指数构成的，中国的上证50、央视50实际上就相当于美国的道琼斯指数。可能成分股指数更能说明中国的问题，如果看这些指数的变化，实际上中国A股市场早已实现欧美化或者说港股化了。但一般投资者还是喜欢看综合指数，从这个角度来看的话，A股整体股市走牛可能还需要相对长的时间。在过去二十几年中，A股市场有这么一个现象，就是所有的股票都有交易，且交易量很大，有时候甚至是越差的股票交易量越大，要改变这个状态可能还需要5~10年的过程。

七禾网：就您总结来看，从1992年到现在，中国股市大体可以分为几个阶段？各个不同阶段有何主要特征？每个阶段主要是哪些人赚钱，哪些人亏钱？没有人在每个阶段都赚钱？

但斌：我觉得从大方向上来看，过去26年并没有什么原则上的区别，股票的需求大于供给的局面始终没有变过。过去A股市场的股票供给量较小，所以大家都喜欢高送转、喜欢炒新，市场的波动起伏大多也都与此有关。另外，政策的调节也会给市场带来巨大的冲击。以上算是A股市场27年来的一个主要特征。

但横穿这26年，我个人认为，如果你是价值投资，买最好的企业一定是没错的。1992年我刚从业的时候发生了股灾，指数从1429点多跌到387点，然后从387点涨到1558点，接着又从1558点往下跌到326点。当时哪怕你在1558那个历史最高点买了福耀玻璃，到现在也有47倍，如果是低点买入，则可能是167倍。如果你当时在最高点买到了云南白药，现在还有146倍，在低点买入的话大概就是570倍。也就是说，在这26年中，真正的好公司是可以穿越市场动荡，获得较好收益的。这不仅仅是中国现象，在其他国家也是如此，我觉得投资是一个世界语言。比如说我们去美国，会买Facebook、亚马逊、谷歌、苹果、微软等美国的核心资产。那么美国人来中国也是买茅台、美的、格力、海康威视等这样的中国核心资产。所以说，核心的企业，是能够穿越市场变化的。在二十多年的从业道路上，我见过很多领一时风骚的人物，但风吹浪打后就几乎都不见了，唯一长存的就是价值投资者。当然，并不是所有行业、所有公司都能够穿越时间，成为价值投资标的，能真正做到这些的往往是具有护城河的公司，而这些公司通常出现在消费、医药、互联网以及科技等领域。

七禾网：这些年来，中国股市的参与群体的组成情况，有没有明显的变化？

但斌：2006—2007年那个牛市是公募基金大发展的时代，私募基金在2004年左右开始萌芽，到2014年包括我们东方港湾在内的33家私募机构获得首批阳光私募基金资质之后，阳光私募迎来了大发展时代。现在私募基金的管理规模已经突破10万亿，超过了公募基金。那么，从去年到今年，私募界两极分化的现象变得非常严重，业绩优良的私募基金的管理规模有了突飞猛进的增长，表现一般的私募机构则越来越差。应该来说，A股市场的投资者结构变得更趋向于机构化和专业化。另外，随着QFII（合格的境外投资者），深港通、沪港通以及A股纳入MSCI指数等的深化，海外那些以核心资产为标的的资金也会陆续流入中国，进而使机构化和专业化这一现象更加强化。

七禾网：就您看来，2006—2007 年牛市的核心推动力是什么？2014—2015 年牛市的核心推动力是什么？ 2016—2017 年白马股结构性牛市的核心推动力是什么？

但斌：我觉得 2006 年那次上涨和 2017 年是比较像的。实际上 2006—2007 年也是茅台涨得最多，大概是 10 倍左右，比这次还多，是第一波黄金时代。当时云南白药、万华、万科、招商银行等都涨了非常多。现在和当年是有点类似的，只是经过大浪淘沙以后现在比当时更集中了。时间是最好的试金石，经过试金石的试验以后，在十三四年前就伟大的公司现在变得更伟大了，投资也更集中了。所以我觉得 2006—2007 年和 2016—2017 年乃至未来可能是相通的，或者说是一个逐渐验证的过程。

2014—2015 年的牛市是在大众创新、万众创业的时代背景下形成的。当时市场对所谓的新模式有一些想法，只是现在被证伪了。实际上“大众创新、万众创业”这个提法是没错的，可惜的是，中国能够体现这种想法的伟大的公司较多都在境外上市了。腾讯、阿里巴巴、百度、网易、好未来、京东、微博等一些伟大的公司，能够体现中国经济活力的公司都在美国或者中国香港上市了。从回报率来看，网易从 2001 年互联网泡沫到现在涨了 2942 倍，这个回报相当惊人。很多朋友都知道过去几年我们在茅台、腾讯上赚了钱，但实际上我们单只股票回报率最高的是好未来，它是在美国上市的。这些体现新时代的好公司，没有在A股市场中得到展现。A股市场展现出来的都是一些被证伪的公司，比如乐视、全通教育等。当没有巨头存在的时候，这些股票可能短期还是可以的，一旦巨头冲进去，市场份额就会受到明显影响。这些公司在被证伪之后股价就纷纷暴跌，这里面我们也要反思一下上市体制。据说小米马上要到香港上市了，另外，陆金所、蚂蚁金服等都有可能要去境外上市。我们既然已经错过了第一次互联网的机会，如果再错过第二次就会非常遗憾。我觉得还是应该把上市制度做适当的改进，让更多真正好的公司有机会在A股上市。

七禾网：2018年股市的格局会不会延续2017年的特征，还是说会有明显的不同？

但斌：我觉得延续2017年特征的概率非常大，特别是今年6月份加入MSCI指数以后，表现会更加明显。从中国台湾、韩国的经验来看，加入MSCI指数后海外的大钱都是围绕着两个市场中的核心资产来买的，那么我想，加入MSCI指数会让中国的核心资产更加强化。2018年最大的变化应该就是外资的进入，因为内资基本上能动员的力量都已经动员得差不多了。中国在今年6月份加入全球市场，成为全球市场的一部分后，会对中国市场的核心资产带来很大的影响。

七禾网：2018年您看好哪些板块？为什么？

但斌：我们这么多年始终围绕着消费、互联网、医药、非银行金融以及高端制造这五个方向在布局。从全球资本市场几百年的演变来看，真正能够穿越周期、拥有长达上百年商业壁垒的标的大多集中在消费类公司。比如说像化妆品、软饮料、烟草、蒸馏酒等，这些行业从长期看是拥有壁垒的，而且可以在时间长河中保持企业的活力、生命力和持久力。在全世界最古老的十六家公司中，有五家是酒类公司，这一类的公司生命力更长久，所以我们比较关注消费类。

互联网是新时代的产物，它的护城河不亚于传统企业，且形成以后要击垮它是非常困难的。像腾讯也好、阿里巴巴也好，它们的商业壁垒一旦形成就会非常难击破。美国纳斯达克的五大金刚占了总市值的42%，而且这个比例还在提高，没有放缓的迹象。如果人类的未来是由人工智能、大数据、无人驾驶决定的，那么，谁拥有数据谁就拥有未来。现在的商业壁垒就是数据，这些公司是拥有巨大数据的，而且是后人无法突破或者后来的公司想超越但很难超越的。这类公司的护城河更宽、更深。但需要注意的是，我们主要是看互联网平台类的商业模式，并不是说互联网行业中所有企业都值得投资，只能说互联网平台式企业的护城河非常宽。

另外，高端制造方面，总的来说，在一个国家经济长期上升的过程中，高端制造业的龙头企业也会获得一些长足的发展。医药行业也是能够长期保持核心竞争力的。非银行金融方面，从今年公布的GDP数据来看，已经突破80万亿元，中国人均收入已经超过9000美元，如果再过几年突破中等收入线，到1.5万或者3万美元的话，保险这个行业可能也会获得一些长远的发展。所以非银金融这块应该有比较大的机会。

七禾网7：有没有某些类型的股票，今后会持续涨几年？有没有某些类型的股票，后续可能很多年都不会再涨了？

但斌：我觉得很多好股票，就像生产万宝路香烟的菲利普·莫里斯，涨几十年甚至上百年都有可能。假设茅台的生命周期和国外的酒类企业差不多，是几百年甚至一千多年的话，它也会一直涨下去。尽管茅台在产量上存在天花板，但提价是没有天花板的。茅台从1951年1.28元的出厂价提到现在969元，每年的复合提价是11%，如果它能存续两百年的话，价格还会继续提。假设未来200年，它以每年2%~3%的提价率提价，最后的结果是很惊人的。所以对那些伟大的公司来说，只要它们的生命周期足够长久，就可以持续增长。当然，对很多公司来说这是很难的。大部分公司后续不仅不会涨，甚至可能就此消失了。因为很少有企业生命周期有那么长，可能在经营几年以后因为倒闭、被收购或者破产等原因就没了。

我们要从长远的角度去看待一家企业，大部分A股投资者的目光太短，很少从长期的角度看问题。美国的基金经理，像巴菲特88岁，芒格94岁，他们穿越的市场周期很长，所以能够知道什么样的企业可以穿越市场变化成为真正值钱的标的。但是回看中国，市场上的基金经理基本上都是年轻人，在市场待得时间并不长。资本市场是很残酷的，剩者为王，大多数企业都会消失，这个比例甚至可能达到百分之六七十。一百年前的世界500强到现在的存活率都只有3%，就更不用说其他一般的企业了。海外市场一直都是给蓝筹股企业溢价，给小股票折价，在A股市场却恰恰相反，这其实是不对的。实际上，当大风大浪真正打过来的时候，只有航空母舰才不会下沉，小船都会被打翻，而这也正是国内投资者亏钱的重要原因。

关于价值投资

七禾网：您是A股市场最早倡导和实践价值投资的，就您看来，价值投资的本质是什么？

但斌：价值投资的本质在于企业持续创造财富的能力。伟大的企业始终能够在风云变幻的市场上保证自己产品的持续竞争力，只有与伟大企业共同成长，才能够穿越时间的河流。我们从来不分价值投资和成长性投资，对我们来说最重要的就是寻找那些能够持续创造财富的公司。

七禾网：大部分价值投资者，都会研究巴菲特。您觉得巴菲特投资哲学的核心精髓是什么？

但斌：在我理解，对巴菲特来说，他就是一直在寻找可以持续创造财富的公司，然后牢牢抓住并坚持。另外，除了思想和理念外，商业模式也很重要。巴菲特收购的都是一些包括保险公司在内的能够产生巨大现金流的公司，这种商业模式有利于坚持。像我们这种基金化运作的商业模式就较难坚持，特别是有止损线的产品更是困难。去年，我们能够分红的基金都分红了。但是有些基金，比方说设定了8毛钱的止损位，赚到两块钱的时候分红分到一块一，可止损线并不会因为分红而下移。这时倘若出现一个较大的事件，市场瞬间下跌30%也是很正常的，这样就很可能会击穿8毛钱的止损线，这时候该卖还是得卖。巴菲特就是想明白了这个问题，所以他找的资金大多不需要止损，这也就使得他更能在时间的长河中坚持下去。

我讲过一句话："巴菲特之所以伟大，不在于他在75岁的时候拥有了450亿美元的财富，而在于他在很年轻的时候想明白了很多道理，并用一生的岁月来坚守。"当然，这个"坚守"除了他的思想以外，还有他的商业模式，甚至在碰到危机的时候，巴菲特还能够再买入，这就是他与一般投资经理最大的不同点。

七禾网：巴菲特的成功是偶然的，还是必然的？他的成功是否有时代因素？是否和当年美国所处的发展阶段紧密相关？

但斌：在A股市场上，很多人都认为买是徒弟，卖是师傅，但巴菲特的核心持仓是只买进不卖出。买进一样东西以后不打算卖出，并通过自己的理念和商业模式去坚持，这对一般人来说是很难做到的。虽然说巴菲特认为自己是幸运儿，生在美国，但是生在美国且和巴菲特同时代的人太多了，只有他成了现在的巴菲特。所以，我觉得他的成功在于拥有了独特的思考方式，并寻找到了一个很适合自己思想的运作体系。当然，美国成为一个伟大的国家也是巴菲特成功的其中一个很重要的原因。天时、地利、人和在巴菲特身上得到了较为明显的体现。

回到中国市场，回头看改革开放的40年，资本市场也存在了

28 年，按道理说也应该有很多人挣了大钱，但事实却是大部分人都是亏钱的。实际上巴菲特当时面临的时代与我们现在相比更加动荡不安。做股票的人很容易因为害怕就把手上的票卖掉，当时吓人的时刻比现在多很多，但巴菲特坚持下来了。所以我觉得巴菲特的成功是偶然中存在着必然。所谓的“偶然”是他生在美国，“必然”是他拥有了这种独特的思想，拥有了可以体现他思想的商业模式和运作体系，所以他成了最伟大的投资家。

七禾网：巴菲特绝大部分的财富是他 60 岁以后赚到的，您觉得中国会不会也出现类似的投资家？中国现在和未来的投资环境有没有可能诞生“巴菲特现象”？

但斌：当然。这是一种复利，复利就是一开始小，后面越来越大。不过这和巴菲特的学习能力也有很大的关系。就像芒格所说，巴菲特在 65 岁之后投资技艺突飞猛进。有句话是“人过四十不学艺”，指的是很多人到了一定年龄就不读书，不愿意学习了，但巴菲特一直保持着学习的状态。他是一个很谦逊的人，一生都在持续努力学习。尽管他曾说不投科技股，但在投了 IBM 不太成功的情况下，还是投了苹果，现在苹果已经是他的第三大资产了。实际上，我觉得对投资者来说，持续学习以及洞察世界的能力是最关键的。

中国当然也有可能出现类似的投资家，现在的中国横跨了摩根和巴菲特两个时代。1912 年、1913 年的时候美国发生了金融危机，摩根靠一己之力拯救了华尔街。当时大家对美国肯定是持悲观态度的，但现在回过头去看，那时正是美国开始强盛的时刻。同理，2007年、2008年经济危机的时候，大家对中国也很悲观，但事后去看，2008年奥运会开幕式上的巨大脚印，正预示着中华民族的崛起。拿破仑说，中国是一头沉睡的雄狮，一旦醒来，全世界都会为之颤抖。2008年奥运会就是颤抖的那一刻。中国这么多年的发展横跨了摩根和巴菲特两个时代，到了2025年、2028年，中国的经济增长大概率会超过美国，成为全世界最大的经济体。如果我们的两个梦想能实现的话，到2049年，中国的经济规模会是美国的两倍。在这么长、这么深、这么厚的雪坡中，我们理当滚出和巴菲特一样的雪球。尽管中国最好的企业不见得在A股上市，但如果从全球的角度去享受中国企业的好成果，我觉得是有机会的。

还有一点，中国投资者一定要保持世界的眼光，不仅要在中国这块雪坡上滑，还要嫁接到海外市场。总的来说，我觉得现阶段比巴菲特当时面临的时代要好得多，世界太平，理应有很多企业承载财富增长。现在的财富增长都是几何级的，因为技术进步是几何级的。我估计今年可能会看到一万亿美元市值的公司诞生，以后可能还会出现两万亿、三万亿甚至更高，人类的一个一个极限都会被技术进步突破掉。如果你能够持续不断地学习，保持洞察力，总的来说还是有很大机会的。

七禾网：和看着技术图形操作股票不同，做价值投资，需要有大局观，请问大局观在投资中体现在哪些方面？如何培养的自己的大局观？

但斌：我觉得投资是需要天赋的，这就像NBA球员一样，你也许能够成为一名职业运动员，但要成为像乔丹、科比或者詹姆斯这样的球员还是需要天赋的，并不是单靠训练就能够实现的。当然，你也要有一定的学习能力。至于大局观的培养，我觉得还是要多看书，如芒格推荐过的《枪炮、病菌与钢铁》。

七禾网：就您看来，到底什么样的行业是好行业？什么样的公司是好公司？什么样的股票是好股票？

但斌：以酒类公司为例，它们的生命周期可达两百年甚至一千年，所以最重要的一点就是要能在这个市场中长存。生命周期足够久远就证明了你足够优秀，商业模式难以被颠覆，这就是好行业、好公司。另外，如果具体到财务指标的话，要有创造持续现金流的能力，要有持续获取较高的净资产收益率的能力。某种意义上，好行业和好公司可以划等号。真正伟大的公司往往都出在天花板较高、能够形成壁垒的行业中。好公司往往会给我们意外的惊喜，而且会越买越便宜，就像茅台一样，2017年是接近40倍的市盈率，到了2018年也就25倍。从某些角度来讲，它就又具备成长空间了。

七禾网：一个已经持有的好股票，当它的行业或公司发生什么变化时，它就不再是一个好股票，而应平仓？

但斌：真正伟大的企业也会遇到周期性的问题，这时候往往是需要坚持持有甚至继续买进的。真正有问题的公司，它的商业模式可能在最开始的时候就是有重大缺陷的，或者就是从周期性的角度去持有的。比方说像地产、银行、保险都是周期性行业中的胜出者，碰到经济危机，哪怕这些是伟大的公司，也有可能出现巨大的问题，所以如果大家要买这些公司，就要事先想好这是属于周期性持有的。但是茅台这类公司就不一样了，基本上没有周期，因为它们的产品永远供不应求，理当没有卖出那一天，所谓的塑化剂和反腐，反而是给大家买进的机会。

七禾网：什么类型的公司，过去是一家好公司，现在是一家好公司，未来十年后，依然是一家好公司？

但斌：生命周期在100年以上的。实际上，衡量一个企业是否伟大或者一种商业模式是否良好的核心就是时间，只有时间能够验证一切。

七禾网：一个伟大的公司，需要最优秀的企业家来领航，请问，您觉得一位企业家必须具备哪些特质，才能把企业打造成伟大的企业？

但斌：守心。我觉得对很多企业家来说，站在人生巅峰时可能会遇到很多诱惑，这时能否坚守初心，好好运作自己的企业就显得非常关键。然后再在这个基础上不断寻求突破。当然，所谓的突破要以增强自己企业的竞争力为前提，而不是破坏原有的竞争力，也只有这样才有可能让企业不断地发展、壮大。有很多企业家到了一定阶段以后都会自得意满，以为自己做了很正确的决策，但实际上可能已经将公司引入了毁灭的境地。

七禾网：总的来说，A股市场是否适合价值投资？

但斌：当然适合了。就像我前面说的，从1993年到现在，哪怕你在1558那个高点买到了福耀玻璃、万科、云南白药，如果拿到现在回报率也是非常惊人的。我觉得刘元生先生400万投资万科最后变成57亿这个案例，就已经证明了A股市场是适合价值投资的。有些人认为A股市场不适合价值投资，是因为他们被错误的理念引导了，认为A股是政策市或者资金市。另外，零和游戏的观点现在在A股市场中也很流行，在蓝筹股涨得很多的时候，大家不会从企业增长的角度去考虑问题。投资理念不对，就永远都不会认为A股市场适合价值投资。与现在相比，巴菲特当时面对的是更残酷的世界，市场跌幅更大，很多股票都就此退市不见了，A股市场上最起码还有“咸鱼翻身”的机会。所以要说中国不适合价值投资，肯定是错误的观点。

七禾网：在以往的几次熊市中，好的股票也会跌较多，为此，您有没有对价值投资产生过怀疑？您价值投资的方法有没有随着时间的推移，而有所变化？

但斌：巴菲特的伯克希尔在历史上也有三四次跌幅超过50%。特别是在六七十年代美国滞涨期的时候，伯克希尔跌了50%，如果当时你就此把它卖掉，那岂不是很遗憾吗？再好的公司都会有经济困难的时刻，都会有波动的时刻，不可能是直线上涨，一个正常的市场肯定会有起伏波动，要理性看待这个问题。

七禾网：有人说，在中国A股市场“不能死做价值投资，而要活用价值投资，即便好的股票在市场疯狂时也要获利了结，并在熊市中保持休息状态”。对此，您怎么看？怎么处理好在熊市中的投资？

但斌：如果完全是自己的钱在投资，没有在运作基金的话，其实完全可以不理熊市，甚至在熊市中加仓。假设你持有腾讯，并有幸判断对了百年一遇的金融危机，在2008年的时候也不可能将其卖到70块的高点，可能60块就卖掉了。等到全球经济危机来临，腾讯跌到40块底部的时候你不可能买，可能会等到50块再买。判断对了一个百年一遇的金融危机，然后60块钱卖，50块钱买又有什么意义呢？而且很可能你还会因为判断对了经济危机而沾沾自喜，在你沾沾自喜的时候，腾讯已经触底反弹回升到70块钱，等危机真正结束的时候，它已经到了100块甚至160块。这样的话，你判断对了这次金融危机又有什么意义呢？所以对不需要承受很大的外在影响的资金来说，熊市没有意义，除非你买的公司受熊市影响很大。对于很伟大的公司来说，熊市反而是展示其强大生命力和魅力的时刻。比如说在2015年的危机时，茅台只是短暂地从270元跌到170元，现在已经涨到了近800块。实际上从市场的角度来看，这场危机还没有结束，现在还处在熊市的阶段。所以我觉得对于真正的好公司来说，应该放弃从市场牛熊的角度去选择。

我们做基金的毕竟有20%的平仓线，跌破20%就要止损，这在某种程度上限制了我们对一些理念的运用。但总的来说，对于好的公司还是应该以坚守为主，不要去过多考虑时机选择。除非是遇到系统性风险，基金因为有止损线，需要稍微考虑一下风险。但对个人投资者来说，基本上不需要考虑这个问题，应该把熊市、时机选择等都摒弃掉。这也是巴菲特的投资理念，巴菲特的核心持仓是只买进不卖出的。

一般老百姓去世之后留下的最大一笔财富就是房子。房子怎么买的？如果是按揭，付了首付以后，不管经济环境怎么变化都要付月供。类比到买股票，比如说茅台，不管怎么样每个月买一点，碰到2008年金融危机买，碰到2015年的动荡也买。但是往往很多人只会这么想，一旦真正碰到金融危机就害怕了。巴菲特的伟大在于他从年轻的时候就想明白了这个问题。也正是因为很多人买房是打算持有一辈子的，所以买房的人都是赚钱的。从全世界看，老百姓死的时候最值钱的是房子。但是很少有人这么做股票，所以你可以从买房的角度来看价值投资的魅力。在一个长期向上的经济体中，寻找到一个有核心定价权的标的，买入持有。买房，特别是在核心城市，核心地段就能体现投资的价值，买股票也是选择最优质的企业。大家买房的时候还知道去看看地段、周围学校、环境，但是买股票很多时候都是听别人说的消息，也不去研究一个企业背后的商业模式能不能持续，能持续多少年，一下子就买入，就寄希望于这个股票能上涨。

七禾网：在有效的金融监管下，中国股市变得越来越健康，一些不良的现象也日渐减少。就您看来，价值投资会不会逐步成为A股市场的主流投资方式？

但斌：我觉得现在有这个趋势，至少2017年表现出的就是这种趋势。2018年开始，很多价值投资风格的基金都是超额认购。所以我认为这种力量越来越壮大，趋势自然而然就产生了。

七禾网：前不久，您有一次主题演讲，题目是《穿越时间的河流与伟大企业共成长》。请问，如果始终坚持“与伟大企业共成长”，普通人能否成长为成功的投资家？

但斌：如果善于学习当然有机会。投资就是个持续学习的能力，每个人都是从小做大的。

七禾网：贵公司网站上有一句口号“我们的投资，就像安全的港湾”。大家都知道投资行为总有风险伴随，如何才能找到“安全的港湾”，如何才能把投资的风险最小化？

但斌：我个人认为这些伟大的公司，比如茅台，它们就类似银行，你把钱存在这些企业里，能帮助你实现复利增长。去年有个消息说，一个阿姨1973年在银行存了1200元，去年银行还给她2684元。但是如果她在1973年用这些钱买了200瓶茅台，存到现在，加上五年酿造，差不多是200瓶50年的茅台了，一瓶大概可以卖50万左右，总价值在1亿左右。所谓茅台的金融属性或者说企业价值就在这时可以充分体现出来。但是当时茅台没有上市，如果茅台1973年就上市了，把这1200元放到茅台股票里，我相信现在价值是超过1亿的。所以从理论上来说，茅台这只股票是非常安全的港湾。伟大的企业就像是安全的港湾，可以让普通投资者、机构获得价值回馈。

我认为投资的核心不是博弈，信奉的价值体系应是共赢。比如茅台上市是3.47亿元净利润，假设在2018年实现了超过347亿元净利润的话，所有人都是赢的，国家赢，企业赢，员工赢，经销商赢。当未来，仅仅是短期的量涨三倍，出厂价提一倍，茅台就能达到1620亿净利润的时候，也都是大家共赢的。如果是在长达两百年的时间当中，茅台就是个现金奶牛，就像买个房子靠房租生活一样。所以真正伟大的企业是很安全的，而且是创造财富的。很多人在过往一年的资本市场是亏损的，因为他们买的是毁灭财富，而不是创造财富的公司。这些伟大的能不断创造财富的公司，就像安全的港湾一样，能够给投资人提供稳定、可持续，甚至可以传承给子孙的财富，否则就没有伟大的巴菲特了。

七禾网：贵公司的投资理念是“发掘杰出的企业，以合理的价格投资，并长期持有”！请问，如何判断一个股票的价格是合理的或是不合理的？“长期持有”是指多长时间？

但斌：从我们的思考来说，我们觉得真正的好公司的持有时间应是无限长。至于价格，可能会有阶段性高估，比如说2007年的茅台，动态市盈率达到101倍的时候，严重透支未来五年、十年的利润增长空间，这种情况下适当卖出也是可以理解的。但是只要整体估值水平合理，像茅台这样的企业，在全球任何一个市场里，给30倍市盈率都是可以接受的。在这样的情况下，我们愿意坚守，而且随着每年利润的增长，估值就会下降。只要它能保持一定的估值水准，每年的增长利润就会体现在市值上。

七禾网：在选择公司时，有可能会选错。请问，如何评判选择的公司选错了？选错了，是否应该立刻平仓该公司的股票？

但斌：那当然。我们当年买过张裕，但是当洋酒冲击很激烈的时候，只有卖掉了。选错了就是你以为它拥有“护城河”，但是其实没有，很快就被击垮了，那你直接卖掉就行了。

七禾网：一个杰出公司的股票，以“合理的价格”买入了，但后续又下跌了，应如何处理头寸？

但斌：继续买入。

七禾网：您一般会选择“高盈利的行业”，请问“高盈利的行业”有何明显的特征？

但斌：高盈利行业的共同特征是商业模式简单、可靠，容易理解，有强大的商业壁垒，有持续创造财富的能力。

七禾网：您还会进行“动态的资产配置”，请问，如何“动态”调节？

但斌：我们会避免犯2008年的错误。比如在价值严重被高估的时候，适当做出卖出的决定。如果碰到系统性危机的时候，我们也会适当做出卖出决定。因为我们毕竟是资产管理公司，是运作基金的，所以这和很多个人投资者是不一样的。

七禾网：在贵公司2017上半年回顾与展望的文章中，你们认为：“确定性是2017年制胜的关键。”请问，这里提到的“确定性”是指哪些方面的确定性？2018年制胜的关键又会是什么？

但斌：2018 年的关键还是“确定性”，所谓确定性是指伟大的企业。2017 年东方港湾除了在 A 股取得了比较好的成绩外，在港股和美股都有良好的收益。海外的基金去年有 73.86% 的收益，在香港权威对冲基金评级机构 Eurekahedge 的排名中，在 506 只对冲基金中排名第六。去年全世界核心资产的企业都表现得很出色，在中国我们看到了各个行业的行业集中度都在快速提升，美国除了一些核心资产，其他也是很难赚到钱的。不光 2017 年是这样，未来好几年大概率都是这个现象。

关于贵州茅台和相关行业、企业

七禾网：您很多年前就看好贵州茅台（据说已经持有 14 年），当年，您为何看好这家公司？

但斌：不仅仅是 14 年，我在大鹏证券负责资产管理的时候，当时我们公司领导问我投资怎么做，我就跟领导建议，我们去买茅台、五粮液。但是领导说这两个公司的盘子太大了。当时茅台市值八十亿，35.8% 流通股比例的话，也就 28 亿，我们公司可以买光全部的流通股，但是公司当时去买了所谓的有消息的小股票。如果从那时候起，大鹏真的去买了茅台和五粮液，持有到现在茅台已经快有一万亿的市值了，后来大鹏因为各种原因倒闭了，这是个非常遗憾的事。所以可以看到理念有多么重要，对于一个公司来说，走正路和走歪路命运就完全不一样。

我之所以在那时就有这么强的信心，是因为我认为只要中华民族的白酒文化不变（要改变一个文化是很困难的，需要一百年到一千年），赤水河还在流淌，当地小红粱还在生产，茅台就像一座金山一样，毛利润 90%，净利润 50%，别人想模仿还模仿不了。而且这个企业的可以再造品牌，比如过去几年比较热销的飞天茅台，比飞天茅台还热销的生肖酒。马年的生肖酒现在的价格是 15000，羊年 18000，猴年 5000，鸡年翻了一番。去年我跟茅台高管交流的时候，我说能不能再出春夏秋冬四款酒，他说他们打算出百家姓酒。百家姓里 538 个姓氏，一个姓氏给 20 吨就是 10760 吨，给 200 吨就是 10.76 万吨。去年的销量才约 2.7 万吨，如果大家去抢百家姓酒的话，出厂价到 2000 一瓶，只改个包装就能使得价格从 969 提到 2000，另外有什么企业能够拥有这种能力？

茅台之所以有这种能力，是基于它一千多年的工艺，有巴拿马获奖，有红军四渡赤水结下的情谊，有历代领导人认同。像爱马仕那些包，可能只是被皇室用了一下，就被包装成这样。但是像我们去俄罗斯访问，送给普京的就是贵州茅台，送奥巴马的也是茅台。所以这个品牌再造需求的能力是非常强的，全世界都很少有这样的企业，茅台的“护城河”是非常宽的。可以这么说，茅台这家企业就不应该上市，上市就是给大家送钱的。理论上来说，茅台根本不需要融资，它的利润完全可以自己创造，所以这才是最伟大的公司。

七禾网：请您谈谈中国高端白酒行业的现状和未来可能的变化。

但斌：虽然很多人说年轻人不喝白酒，但是从数据上看，量还是增加的，所以很多人的担心在数据上是不支持的。现在我觉得就是茅台一枝独秀，其他都成了陪衬，但是白酒行业还是非常好的行业，不管怎么样，还是很少有企业倒闭的。因为成本就水和粮食，毛利润和净利润都有保障，只要销得出去就能赚钱。现在最强烈的变化就是茅台独占鳌头，其他品牌在进行残酷的竞争。

七禾网：撇开企业利润、净资产等因素，就您看来，茅台这个品牌值多少钱？

但斌：茅台这个品牌我认为是无价的。因为一个一千多年的公司，甚至能和中华民族同生死的公司，品牌价值是无穷的。我活不了这么久，如果我能活到一两千年那么久的话，我们才可以看到它的价值。这些话如果成了文字，就可以交给几千年以后的人来给出答案。

七禾网：2017年，您也看好美的集团，这个企业哪些方面的亮点吸引了您？您觉得这家公司还有多大的成长空间？

但斌：在所有家电的细分领域，你都可以看到美的是排第一或第二的，宽度很宽。此外，它们第二战线的开辟也是比较成功的，比如说机器人。机器人行业这几年很景气，它们能去并购第三大的机器人公司库卡，就像吉利收购沃尔沃，可能会给它们带来第二大的市场空间。

七禾网：您是否看好新能源？对特斯拉这家公司怎么看？

但斌：我们在美股市场持有特斯拉，但是持有的不是很多。

因为它们公司毕竟还没有赢利，但是我们愿意跟随马斯克，我们认为他是当代非常伟大的企业家之一，他应该是有机会创造奇迹的。而且我也问过买特斯拉的朋友，买过特斯拉之后还愿不愿意换其他品牌。他们都说不愿意换。所以我觉得这个企业虽然还没有赢利，但是应该有很大的机会成为汽车界的“苹果”。

七禾网：科大讯飞这家公司的商业模式您是否看好？它是否有被取代的风险？

但斌：这个企业有领先的技术，但是并不垄断，没有“护城河”。比如像国外的Google、亚马逊，国内的阿里巴巴、腾讯，所应用的技术都是自己的技术。科大讯飞和它们差异不大，Google要出个耳机同声传译，它们就会面临很大压力。而且现在200多倍市盈率，风险还是很大的。

七禾网：人工智能的发展空间有多大？您看好人工智能在哪些领域的应用？

但斌：人工智能我当然是很看好的，应用可能会非常广泛，人类所能达到的应用可能都会涉及人工智能。但是这个领域里领先的公司都是大公司，拥有巨大数据、研发能力、推进能力，可能会更有优势。

关于美股、港股、商品

七禾网：近两年来，港股的行情比A股好，主要是什么原因？港股好于A股的总体格局会不会延续下去？

但斌：我觉得这是个误区，看上证50和央视50，尤其是央视50，涨了40%多，比港股涨得还多。港股是成分股指数，大陆的成分股指数不亚于香港，都是好的股票在涨，内地的还涨得更多。去年从全世界范围内看，中国的好股票涨得最多。

七禾网：美国股市从2009年到2017年，9年时间涨了8年，您觉得成就美国这一轮牛市的核心动力是什么？美国股市的上涨能否延续？

但斌：美国的大公司拥有的都是全球核心资产。如果认为人类的未来是由VR、人工智能、大数据、无人驾驶等决定的，那么现在这些领域的大公司主要就是中美两国拥有的。中国是由本身人口决定的，规模比较大。美国是世界级公司。如果未来的方向是这样，那这些公司还会取得长久的发展。所以我认为美股涨势延续的概率大一些，巴菲特也预计道琼斯工业平均指数在100年内将“升破100万点”。

七禾网：特朗普减税会对美国股市和全球商品带来哪些影响？最受益的将是哪些类型的企业，哪些板块的商品？

但斌：商品我不懂。特朗普的减税主要对大企业会非常有利，包括刚刚苹果公司把钱从外面拿回来。近期这一波涨势是减税直接促成的。

七禾网：您也有参与美股和港股的投资。请问，美股您后续最看好哪些板块？港股您后续最看好哪些板块？

但斌：港股、美股我们都一样，都看好互联网，以互联网平台类的企业为主。像我们买了腾讯、Facebook，相当于买了全世界的社交、通信；我们买了阿里巴巴、亚马逊，相当于买了全世界的网购、电商；我们买了谷歌，就买了除中国以外的搜索广告业务；我们买了苹果，相当于买了手机工业；我们买了微软、亚马逊，再加上阿里、腾讯、谷歌，相当于买了所有云计算的增长潜力；我们买了英伟达，无人驾驶的芯片技术未来可能给我们带来利润。有一个共同的特征是，我们买的是世界级公司。

关于伟大的时代

七禾网：您认为中国在2025年会超越美国成为最大的世界经济体，在2049年的经济体量会是美国的两倍。您是基于怎样的逻辑做出这样的预判？如果真的实现了，像茅台、腾讯、阿里巴巴这样的公司还能成长多少倍？

但斌：这是由中美两国经济增长的数据推算的，因为中国经济增长更快，美国还是2%、3%的增速，随着时间的流逝，中国迟早会超越美国。如果没有大的变化，可能在2025年前后超越美国，在2049年中国经济规模可能会是美国经济的两倍。而且在有记载的历史中，中国有90%的时间是全世界最大的经济体，在北宋时期，中国经济占到全世界的60%~70%，不管怎么样，中国重回世界第一是常识。这是大概率事件。

我们自己算过，未来七年，茅台每年会有 21%~24% 的复合增长。腾讯我们现在看不到天花板，但是我们觉得它会大得像一个国家一样，不排除到 10 万亿元的可能性。

七禾网：到时候，全世界最伟大的 100 个公司中，中国能占多少比例？就您的分析来看，目前中国哪几家公司，有可能在 10 年后、20 年后，会在全球最伟大的 100 个公司的名单中？

但斌：我估计可能得占一半。我觉得腾讯、阿里巴巴、茅台、中国平安、招商银行、美的、吉利汽车、好未来、永辉超市、安踏，还有四大行等，这些可能会在同级别的竞争中超越其他公司。

七禾网：就您看来，腾讯和阿里巴巴这两个公司，哪一个发展前景更大一些？为什么？

但斌：我觉得是腾讯。能够把 14 亿人紧紧联系在一起，而且使用频率最高的东西，更有价值，像绑定身份证这样的事情也只有腾讯能做。

七禾网：百度、网易还有没有机会重新追上腾讯和阿里巴巴？百度和网易各自的突破点可能在哪里？

但斌：我觉得很难。过去很多大企业会倒闭，现在运作更加平台化。比如腾讯的王者荣耀可能两三个团队同时做，微信也是两三个团队同时做。扁平化运作容易基业长青，过去大企业犯的毛病一般不容易犯了。比如以前柯达，它发明了数码相片，但它不积极推广，就被淘汰了。还有诺基亚，也是一样，在平板手机向智能手机转变过程中，它丧失了原有的技术优势。现在这些大公司都吸取了这些教训，不会止步不前，所以说不是没有机会，而是更难了。现在的竞争是数据的竞争，企业越大、数据越多。

七禾网：哪些类型的公司或哪些板块的公司，可能在未来10年、20年的经济发展中，逐渐衰老？而哪些类型的公司能保持成长？

但斌：我们主要关注的都是最好的企业，衰老方面没有太过关注。能够被人工智能、大数据替代的行业都有危险，比如标准化的服务人员行业。

七禾网：中国的各个一线、二线城市中，您最看好哪一个或哪几个城市未来的发展？为什么？

但斌：中国的核心城市都会发展，只要有人口净流入的地方都可以。美国就一个硅谷，但是中国的核心城市可能每一个都是硅谷，因为中国人愿意去创造财富，而且中国的活力是非常强的。所以我认为每一个省会城市都不错，但是考虑到气候因素，可能我个人觉得南方城市更好一些。

七禾网：一个普通的中国人，应如何理解这个时代？如何把握这个时代的投资机会？

但斌：巴菲特当年在美国面临的时代和我们现在在中国面临的时代是相似的，只要对自己的国家有信心，不要犹豫彷徨，选择最好的资产和他们在一起就行了。

七禾网：对一个社会精英来说，用经营企业的方式参与这个伟大的时代，和用投资成长型企业的方式参与这个伟大的时代，哪个更有社会意义？更有人生价值？

但斌：都有意义，这与个人的性格、特点、才能相关，没有什么高低之分。中国老是有一种错误的想法，认为职业有高低，其实并没有。

七禾网：5年后、10年后，回头来看，您做了哪些事情，到了什么位置，才会觉得自己对得起这个时代，对得起自己？

但斌：我觉得现在就可以，沿着现在的逻辑往下走就行了。有些人后悔不过是因为他们不停在变。

七禾网：您的微博中有这样一句话"凡是不希望自己祖国好的，我都视其为垃圾"！这是您当时一时兴起说的，还是您内心强烈的呼喊？

但斌：我经历过非常艰难的岁月……但是我觉得任何一个时刻，我们都应该希望自己的祖国好。所以我说，凡是不希望自己祖国好的，我都视其为垃圾。现实生活中也是，一个人可能因为一些事情导致生意失败，人生失败了，他就对自己的国家充满愤懑和怨恨，怪国家腐败等等。但是其实像美国也存在这样的问题，全世界都一样。肯尼迪曾经说过：年轻人，不要问这个国家能为你做些什么，不要只考虑国家的弊端，你们扪心自问，你们能为这个国家做些什么？你们都为这个国家贡献了什么。用怎样的价值观看待自己的国家非常关键。

关于私募基金行业

七禾网：您和您的公司近期获得了一些私募基金的奖项，这是各个平台对您2017年投资业绩的肯定。2017年能取得好的成绩，您觉得是因为自己在这一年中做对了什么？

但斌：选择最伟大的企业，跟它们在一起。

七禾网：近几年来私募机构数量越来越多，但水平参差不齐，有些私募机构管理资金500亿元以上，而另一些管理规模不到1亿。您如何看待两极分化的现象？

但斌：我觉得这很正常。这个商业模式很简单，就是几个人聚在一起就可以做了，我认为也应该给这些人以机会和梦想。其实任何行业都是两极分化的，做得好的会不断壮大，做得不好的就会退出市场，这是中国市场有活力的象征。中国从来不缺乏创业的能力，只要给一个口子。所以我认为应该给这样的现象以鼓励，百舸争流，不负时代。公平竞争是很好的，千万不要去设置一些条条框框，不让人参与这样的竞争。不过，最终私募基金行业会两极分化，像房地产行业一样，房地产行业也有几万家，2004年万科销售收入大概76亿元，2007年500亿，2017年已经5200亿，房地产市场的集中度越来越高，估计，私募基金行业也会如此，优胜劣汰，2028年估计会出现5000亿以上的私募基金。

七禾网：东方港湾成立于2004年3月，是国内最早成立的私募基金之一，也是中国首批获得私募基金管理人资质的33家机构之一。贵公司刚刚获得《证券时报》“2017年度金长江奖行业典范私募基金公”司，您本人获得则获得“2017年度金长江奖年度优秀私募基金经理”。请问，您觉得私募基金管理人应承担怎样的社会责任？

但斌：在东方港湾的14年中，我们也参与了一些慈善事业。我本人也是海惠慈善基金的董事长；《时间的玫瑰》这本书的盈利也都捐给了澜沧教育基金；我们公司和我个人去年的捐款有500万左右，包括我们现在也在不断支持慈善事业。从另一个角度来说，我们觉得在中国传播价值投资本身就是最大的慈善。

七禾网：什么样的私募基金经理才是真正为客户负责、为客户着想的基金经理？

但斌：对于客户的资产要担负起信托责任，不能冒险，要坚持自己的理念，坚持全世界最好的核心资产，跟这些企业一起成长。包括我自己的钱都是投在基金里的，在最艰难的情况下，也要对投资人负责。

关于《时间的玫瑰》

七禾网：您在2007年出版《时间的玫瑰》一书，我读过两遍，书中讲得最多的一个词，应该就是“时间”。每个人一生中最宝贵的就是时间，任何物质财富和精神财富都需要用人类的时间去换取。在您的理解中，“时间”是什么？对“人”来说，“时间”的最大价值是什么？

但斌：投资这个游戏就是用生命去换取财富。每个人的生命都很短暂，要善待自己的100年，时间是会说明一切的东西。时间对优秀的人来说，会让生命升华。

七禾网：哪些东西会随着时间的推移而升值？哪些东西会随着时间的推移而贬值？一个企业价值的不断成长，本质上来讲，其增加的价值来源于哪里？

但斌：好的企业随着时间的推移能够创造出更多的价值和财富。人类本身是以指数级上升的，财富是越来越多的，但是毕竟要有一个载体，载体就是这些伟大的企业。随着时光的流逝，这些企业会更好。不能体现价值、毁灭财富、阻碍效率、虚假的东西会随着时间的推移而消逝。

七禾网：在《时间的玫瑰》一书中，有这样一句话："一个人在市场里的输赢结果，实际上是对他人性优劣的奖惩。"请问，市场奖励人性中的哪些"优"？市场惩罚人性中的哪些"劣"？很多生活中的"好人"为什么在市场中亏钱？

但斌：资本市场是奖励有远见，有智慧，有洞察力，又能够身体力行、持之以恒的人。所谓善良的人不见得有智慧，甚至有些愚蠢。人性上有什么弱点，市场就往哪里攻击你。贪婪、恐惧这些劣根性是肯定会被市场惩罚的，几千年不变，这也是资本市场波动的缘由。

七禾网：在书中还有这样一句话，“巴菲特之所以伟大，不在于他在75岁的时候拥有了450亿美元的财富，而在于他年轻的时候想明白了许多事情，然后用一生的岁月来坚守”。请问，您觉得他年轻时想明白了什么，并用一生的岁月来坚守？您本人会用一生的岁月来坚守的，又是什么？

但斌：围绕拥有核心资产、创造财富的公司，知道这些公司的可贵之处，紧跟它们在一起。很多人都是事后看到，而巴菲特是事前看到。我会用一生时间来坚守的也是这个。

七禾网：“时间的玫瑰”是北岛一部文集的名字，请问您是北岛的粉丝吗？

但斌：是的，在最艰难的岁月里，我是背诵北岛的诗《回答》度过的。

七禾网：除了巴菲特和北岛，还有哪些中外名人是您欣赏的？主要欣赏他们哪些方面？

但斌：太多了，芒格、马斯克、乔布斯等等。他们以正能量改变世界，世界上人人受益。

七禾网：您比较喜欢看书，您觉得世界上最好的几本书是哪几本？您最近在读哪一本书？

但斌：好书太多了，文学、艺术各方面都不太一样。像《战争与和平》、《论人类不平等起源与基础》这些对我年轻的时候都有很大启发。投资类的好书像《聪明的投资者》，《巴菲特致股东的信》、芒格的《穷查理宝典》、《伟大的博弈》、《失控》等等。最近在看一些科学技术类，推动人类世界变化与进步的书。

七禾网：您曾赞助过一些贫苦的学生，这类慈善举动，您如今还在做吗？就您看来，哪些类型的慈善举动，对社会的意义最大？

但斌：治疗女性乳腺癌的“粉红中国”，扶助贫困农民的薪火相传的项目，澜沧教育基金是专门针对贫困教师做定向慈善的，还有一些精准扶贫学生的项目等等，我觉得做慈善时，有时候感觉特别无助，能力太有限了，我只是力所能及地做自己应该做的事情。

第四篇
找寻巴菲特的足迹——带一双眼睛去美国

4 月 28 日至 5 月 13 日，前往美国参加 2007 年伯克希尔和 Wesco 股东大会。我希望自己能带上一双眼睛，不仅能见到当代最伟大的投资家，探寻他的投资精髓，更能感受一个真实的伟大国度，一片能够激励我们满怀信念追逐梦想的土地。

4 月 28 号将前往美国参加奥马哈一年一度的盛会。对做投资的人来说，能见一见当代最伟大的投资家也是件幸运的事。

读书的时候，就对这个世界上迄今最强大的国家充满了好奇。《联邦党人文集》、《美国历届总统演说辞》、《光荣与梦想》等书籍和 80 年代中后期各种文化思潮以及文艺复兴时期最伟大的作品一起深深影响着我。

当年，和美国最近距离的接触，就是我们同寝室的一位高大漂亮的小伙子，因找了一个来自美国的非常美丽的女留学生做朋友，由此，也能和美国人民的“代表”有一点接触。前天晚上见到了当年我们系的主任，他还在说这事：“他拿着吉他，带着个美国妞……”

想想一晃 20 年过去了，我的这位同学也经受了他人生最苦难的岁月……听说之后他整个人萎缩了——当年漂亮的小伙被折磨成了驼背的“小老头”。人需要多么坚强的意志，才能经得起最残酷的打击？！

我曾失去了很多，但拥有了更多……我的阅历让我宽容、珍惜并热爱所见的一切美好事物，我用心在聆听……在感受……

今天，我希望不仅感受自己的国家，还希望带着一颗心去感受世界，感受那个产生过托马斯·杰斐逊、乔治·华盛顿、富兰克林·罗斯福、马丁·路德·金、沃尔特·惠特曼、罗伯特·弗洛斯特、小约翰·洛克菲勒、安德鲁·卡内基、沃仑·巴菲特等等伟大人物的国家，想起他们，和那片广袤的北美大陆，我的好奇心不是满足，更多的是感动……

巧合的是，在我即将赴美之际，早晨接到一位住在加州老朋友的电话，她告诉我她刚刚听到当地最大的华语电台 1300，介绍我们公司的情况，其中提到我们选择王冠上明珠一样的企业的投资理念，我的办公桌上没有股票显示器以及我有一个很奇怪的名字——“但斌”的事。

在遥远的国度，把东方港湾和我当新闻，这有赖于国内证券市场的蓬勃发展，此次伯克希尔股东大会与我同行及约在美国见面一起前往的朋友，已有相当的阵容，确实中国人在走向世界，在投资这个领域也是如此。

当然，我的目的不仅仅是朝圣，人类对精神世界与知识的追求可以让我们的生命蔓延并谦卑……

纽约上空自由飞翔的鸽子

因为下午三点才能入住酒店，将行李放到酒店后，到时代广场旁的麦当劳边吃边等在摩根士丹利资产管理部门工作的朋友来带我们游览纽约。

窗外，是 1935 年就已矗立在 Two Times Square 大厦上的可口可乐广告牌。当知道这个广告牌已有 72 年历史时，真是让人惊讶和震撼，要知道 1935 年的中国，日本人刚刚占领中国的东三省两年，而中国共产党及红军正经历遵义会议、四渡赤水、翻跃雪山。1935 年 8 月 1 日，中国共产党发表《为抗日救国告全体同胞书》，稍后的岁月，中美两国将携手并肩迎击共同的敌人——日本。当然，在美国经历战争的同时，并没有忘记建立商业文明，耸立在 One Times Square Plaza 和 Two Times Square Plaza 大厦上的广告就是时代变迁的证明。

图 39 游览曼哈顿

上午 10 点，摩根的朋友到，他提议带我们坐观光车游览曼哈顿。车行曼哈顿，导游带着浓厚的口音介绍每一处有故事的建筑物，美国短短两百多年的历史与中华文明几千年的历史无法相比，但现存城市中央的大部分建筑物却显得比中国的普通建筑有更多的故事。我们在众多美国电影中看到的纽约景象都能在这里找到，比如《色欲都市》拍摄的场景就是我们经过的一处街景，导游还特意介绍。

有故事的城市才有历史。现代文明和艺术，再加上众多的博物馆已让纽约这样的城市有了更多韵味与记忆。而纽约中央公园也让人印象深刻，在城市的中心有这样一个让大众休憩并远离城市喧嚣的地方，让人敬佩城市规划者的远见。听说深圳五洲宾馆后的深圳高尔夫球场到期将被收回改造成城市中央公园，如果真是如此，也算深圳市民的福气。

曼哈顿街头重要的建筑物风格迥异，前面大部分地方绿树如荫、树种搭配仿佛精心设计非常有层次感，随着建筑风格、季节变幻和角度而不同，是个需要用心和时间慢慢体会才能感受的内涵丰富的城市。来不及细细品味，车行到了纽约大都会人寿大厦的楼前，听同行的摩根朋友介绍，原来这栋楼准备建的高度是现在的一倍，但因为1929到1933年的大危机，没办法只建了一半。原来听过摩天大楼和经济危机关系的一个论点——世界上最著名的高楼建成之日往往是市场衰退之时。纽约大都会人寿、帝国大厦和吉隆坡双塔等每一幢世界最高大楼与商业周期的剧烈波动高度吻合。如果德意志银行的安德鲁·劳伦斯先生的研究结论成立，那么中国上海何时能建造出新的全球最高大楼？这是否又会让我们提前对可能到来的危机有足够的警醒呢?!

“9·11”纪念地，这是无论如何都要前往的地方，我们下车步行前往。在摩天大楼中穿行，抬头仰望世贸大楼的方向，尝试着想象当年纽约人看到飞机撞击大厦、冒着浓烟与倒塌时的情景。当年的那一刻正好在看凤凰卫视，恰好看到电视镜头中第二架飞机撞向大楼，相当震撼且难以置信……今天的世贸中心遗址游人如织，工地前的铁栅栏上有死去三千多人的名单和一些记录历史时刻的照片，摩根的朋友指着上面一个个汉语拼音的字母说，他（她）们肯定是中国人……

参观完世贸中心遗址，我们转向它正面的一处教堂，教堂前是一片墓园，大部分雕刻墓志铭的石碑已风化，在一处保存较好的碑文旁看了一下介绍，下面埋葬的是一位在美国独立战争时战死的法国将军。这片全球金融中心教堂前的墓园，在“9 · 11”时成了救护伤员和纪念死去者的中心，今天还可以看到纪念离去者的黄丝带。进去教堂看介绍才知道这里也是纪念美国第一届总统华盛顿的地方。1781 年 3 月 1 日，也就是美国独立战争即将胜利的前夕，十三个殖民地的议会批准了《邦联条款》，并据此组成了邦联政府（1781—1787 年）。这个政府具有各州联盟的性质，只设一个邦联国会来掌管国家，因而实质上没有形成一个统一的中央政府。那年年底，华盛顿手下有个名叫刘易斯 · 尼古拉的上校，写了一封信给华盛顿，说他代表战友们的意见，要求华盛顿借军队力量掌握政权，统一领导全国。华盛顿见信后非常生气，严厉斥责尼古拉说：“在我的言行之中，从来没有以军政府来强制人民的意思。我们国家的命运当不至于如此。”

上天保佑美国，在可能出现皇帝的时刻，因华盛顿，她选择了自由。218 年前的 1789 年 4 月 30 日，在由大法官主持的宣誓仪式上，美国第一届总统华盛顿在纽约市华尔街的联邦大厦发表就职演说“维护神圣的自由火炬”。华盛顿誓词的最后一句话是，“我宣誓，愿上天祝我！”从华盛顿开始，历届总统就职演说大都少不了一段赞美上帝的话，它既表达对上苍的感激之情，又表现对未来的信心和希望。今天的教堂里布满了“9 · 11”时死难者的纪念物与照片，我看到几位美国少女和同行摩根的朋友邓晓立先生的眼里闪着晶莹的泪光……

再次回到等候观光车的地方，上车只有几站就到了投资人每天都极为关注而想至少有一次亲历的地方——华尔街一条狭窄的街道，两旁古老的建筑。比起着眼于21世纪，将成为太平洋西岸最为重要的金融中心之一的1997年12月19日开业的上海证券交易所证券大厦而言，1792年华尔街“梧桐树协议”至今已215年，窄窄的华尔街在仿佛静止的时间中更充满了历史感。

当然，来到这里免不了要在华尔街前的铜牛像前留影。据说矗立在百老汇大街正中央，雄视前方华尔街的大铜牛，是三位中国风水先生的杰作。1929年的金融危机时，束手无策的金融家们请来了中国风水先生，风水先生从北往南一路走来，发现北高南低，最南端——也就是曼哈顿岛的尽头，是茫茫大海，风水先生的诊断是，财气流入了大海，所以股市出了问题，开的处方是在百老汇大街的中央立一铜牛以挡住流入大海的财气。如今这座铜牛像成了金融市场蓬勃发展的标志，同行的叶萍女士说：摸摸它能给我们带来好运气！

从铜牛步行不远，就到了坐游轮参观自由女神像的渡口，长长的等候乘船的人流旁是一些街头艺人和画家，以及兜售LV包等假名牌产品的黑人“走鬼”，听说“美国城管”来时，他们也是一通乱跑，当然很遗憾这些人兜售的假货多是中国制造，而那些画家则多是不折不扣的中国人。

普通中国人对美国的了解远远多过普通美国人对中国的了解，当年我们就从书上知道自由女神的来历。自由女神像源自于法国政治。1865年，拿破仑三世即位后，法国一批资产阶级学者希望能够结束君主制，建立起新的法兰西共和国。因此，出于对大西洋彼岸的共和国的赞许，也为了增进法国人民和美国人民相互间的感情，他们筹资并委托著名雕塑家巴陶第设计了这座雕像，作为庆祝美国建国 100 周年的礼物。巴陶第与雕塑大师罗丹同时代，在创作中非常严格地遵循古典的学院派创作法则，以创作巨大体量的雕塑见长。对于自由女神像的设计，他投入了极大的热忱。这一作品深受德拉克洛瓦的名画《自由领导着人民》的影响，而女神的脸则反映了作者母亲严峻的面庞和神态。

自由女神像在法国建造完成，并于 1886 年 7 月 4 日美国 100 周年国庆日时作为法国人民的礼物正式交给了美国大使。随后，女神像被拆散装箱，用船运往纽约，再重新组装在自由岛内由美国政府出资并委托美国建筑师理查德 · 莫里斯 · 亨特设计的巨大基座上。1886 年 10 月 28 日，纽约港内轮船汽笛长鸣，烟花绽放，在 21 响礼炮中美国总统格罗弗 · 克利夫兰亲自宣布自由女神像正式在美国落成。

一百多年来，每当船只和飞机进出或经过纽约港时，首先目睹的就是这座雄伟壮观的雕像。如今，自由女神像已经成为了纽约乃至整个美国的象征。年轻的时候这个象征也曾打动过我这颗中国青年的心，一晃近 20 年过去了，今天终于在哈德逊河上目睹了她在纽约午后阳光下在自由岛上的光辉……

在哈德逊河上与纽约湾回望纽约，缺少了世贸中心大楼的曼哈顿好像少了点什么，它提醒我们此刻美国正在与恐怖主义斗争。目光所及的地方，不远的将来又将耸立起一座新的高楼，它又会

图 40　回望纽约

成为美国新的精神象征。

华灯初上，夜晚的时代广场璀璨明亮，人流、车流如梭。时代广场正中央的街头，一个大汉仅穿着一条三角裤，弹着吉他在高歌。没有人惊扰的鸽子，在街头漫步，在空中自由飞翔。

2007 年 4 月 30 日于纽约

2018年的感悟

从 2007 年到 2018 年去了美国很多次，似乎美国的问题也很多，比如在不远的将来，美国的白人总人口数将下降到 50% 以下，美国的人口结构将发生很大变化，美国的内部矛盾重重，而美国能选出特朗普这样的人，也说明美国出了一些问题。特朗普以美国优先，从自私的角度没问题，但对以自由女神像底座上的诗歌

“欢迎你，那些疲乏了的和贫困的挤在一起渴望自由呼吸的大众，那熙熙攘攘的被遗弃了的可怜的人们。把这些无家可归的饱受颠沛的人们一起交给我。我站在金门口，高举起自由的灯火！”为理想的国家而言，显然是历史的倒退……美国的价值观已经在“撕裂”……

伟大国家的象征——华盛顿

5月1日飞华盛顿，靠着舷窗注视着机翼下辽阔的美洲大地，碧绿的原野上土地被分割得整齐划一，间中点缀着乡间的别墅和看似庄园的大片土地。接近华盛顿杜勒斯国际机场10分钟左右的飞行距离里，大片大片的森林覆盖着大地，机场周围郁郁葱葱。在南京曾听朋友自豪地说南京是绿化最好的城市，但比起华盛顿，中国所谓的国际花园城市不知是以什么标准评出？

出来机场，好像有专用道路通向市中心，尽管旁边同一方向的车辆很多，但都只能在自己的车道上行驶，听朋友介绍华盛顿堵车很厉害，这可能也是照顾机场出来的客人。在接近华盛顿的地方，车子驶入了车流，缓慢前行，接近市中心首先映入眼帘的是宽阔的波托马克河，一个城市有了河流就像拥有了灵魂和生命，再看到的就是169.3米全世界最高的石质建筑——雄伟的华盛顿纪念碑。我们入住的酒店距此不远，但由于要送车上的几位客人到不同的地方，等于围着城市核心地带转了一圈。比起纽约曼哈顿，这座200多年前由法国人朗方设计的城市显得安详、恬静，车行之处，绿树掩映中一幢幢白色建筑让人记忆深刻。华盛顿是个一眼看上去，你可能就会喜欢的城市。

到酒店，不像在纽约的酒店非要等到下午三点才能入住，进房间换了衣服便开始了美国的首都之旅。

第一站便是白宫，这是对全世界产生重大影响力的地方之一。看到很多人排队，以为我们也可以参观，问了才知道需要提前很多天预约才行。没办法只能从外面看看白宫及电视上常见的美国总统接见各国政要举行仪式的南草坪。隔着栅栏眺望白宫没多久，警察过来让我们到马路对面去，一对美国父子也在被驱赶之列，警察一转身，这位父亲就开起来了玩笑，做了一个炸弹爆炸的样子……美国人的幽默无处不在。

从白宫往华盛顿纪念碑走，大片大片的绿草地，显得广场极其开阔，阳光下有几对美少女躺在草地上晒日光浴，可能是春天的原因，这里的阳光并不烤人，不像在国内，在太阳底下站得稍久就有灼热感。当然，也可能是我们亚洲人的皮肤不适合晒日光浴，在国内看到老外在深圳的骄阳下暴晒，常常感觉不可思议。登华盛顿纪念碑也需要预约，围着它转了一圈，便向林肯纪念堂进发，走过一大片草地、经过一处独具匠心代表美国51州的喷泉，我们来到了林肯纪念堂前的林荫大道。由于对植物知识的缺乏，不知大道两旁的树木是不是樱花树？一直怀疑樱花树能否长得如此之高？但听说华盛顿特区最值得一游的是在樱花盛开的四月，自从1912年日本将3020棵樱花送给华盛顿以来，经过多年精心培育，目前华盛顿的樱花树已达3700多棵，如果我们能早到20几天，就能看到缤纷的樱花和游行庆典活动。

图41　白宫前的绿草地

走在林荫大道上，伴随阵阵凉风，树上飘落下片片也许是凋零的樱花，这是久违了的一种感觉，仿佛回到了儿时北方深秋的树林中。旁边就是能将林肯纪念堂完整地映在池中的倒影池，也是1964年8月28日那个闷热的夏日，黑人牧师马丁·路德·金发表著名演讲《我有一个梦想》（I Have a Dream）的地方，也是克林顿千禧年新年祝辞的地方，同时也是《阿甘正传》主角天天跑步的背景地。累了，索性找了一处阴凉地躺了下来，闭目思想间，张弘问我在想什么？我说在想17年前，当我从几十米深的污水泵上来时，随便躺在泵房旁的地上仰望天空中南去的白云时的情景。我无论如何也想象不到17年后的今天，我会在华盛顿看着野鸭与海鸥在林肯纪念堂前自由嬉戏、飞翔……

历史总是给人沉重的感觉，但我们还是要探寻华盛顿的精神所在——国会山。从印第安人博物馆向前，经过一片草地到了一处人工湖，对岸有一组美国南北战争时两军对垒的雕塑，也许它在时刻提醒这个国家汲取教训面向未来。

顺着湖边走向国会大厦，前边就是可以容纳五万听众的国会广场，我阅读过的美国历届总统演说辞的发生地就在这里。我们先去售票窗口，可惜时间已过，这意味着此次华盛顿之行的几处重要建筑，我们只能从外欣赏它们。今天国会广场的草坪上，搭了一个演讲台，台下的观众寥寥，但并不妨碍上台的人通过高音喇叭发表他（她）们的演讲，谁都可以上台，演讲者有成人也有

图42　国会广场前

小孩。在登记顺序演讲的地方，有 100 多种语言的圣经供人阅读，不远处有一位父亲正与儿子兴致勃勃地打棒球，更远的林荫路上有人在跑步。

这是国会广场前平常的一天，但 2008 年的 11 月 2 日这里又将有人在此面对塞满宾夕法尼亚大道的国人发表慷慨的演说，他（她）将给这个伟大的国家与未来的世界带来什么？

2007 年 5 月 1 日于华盛顿

英灵的长眠地——阿灵顿国家公墓

2007 年 5 月 2 日早晨，和风煦日，在我的倡议下，一行人乘地铁前往阿灵顿国家公墓。

22 岁时，曾经在一个历史性的时刻，感受过死亡来临时的气息，在即将失去生命的瞬间我没有恐惧，更多的是遗憾。一个遗憾——我才 22 岁，生命刚展开就将凋零；另一个遗憾——还没有经历过真正的爱情，与所爱的人一起分享惊奇与喜悦，就将死去。从那之后，哪怕更艰难的岁月，我对生活都充满了感激，并带着感恩看待周围的事物和景致。但今天我们参观的地方，大部分人在青春伊始，就献出了他们宝贵的生命，他们再也无法安慰多情的母亲，享受最温柔体贴的情感……

阿灵顿国家公墓所在地，就在跨过华府波托马克河西岸的弗吉尼亚山丘上，距离林肯纪念堂与白宫非常近，此地乃于 1864 年没收李将军（Robert E. Lee）的产业后建成。在历时长达 100 多年的时间里，估计有 26 万以上的美国英雄人物及阵亡将士长眠于此地。从地铁口出来不远就到了公墓的入口，相对于难得一见聚集一起的美国人来说，这里的人可以算太多了。可今天是周三，普普通通的日子能有这么多人前来，有点出乎我们的意料。按我们中国人的理解，除非是重要的祭奠日子，陵园里应该冷冷清清、人迹罕至。

与在纽约见到的墓园一样，墓地没有悚然与诡异的感觉，就像走在公园里。一排排样式简单的白色墓碑一望无际，有种纯洁、神圣的感觉。除去乔治·华盛顿、帕克·柯斯悌司及其夫人、乔治·马歇耳将军、约翰·甘乃迪总统及罗伯·甘乃迪等少数墓地外，墓地不分等级，将军与士兵，紧密相连。在阿灵顿国家公墓你能见到真正的独立平等——所有的人生而平等、死而平等。不仅如此，更人性的一面，每块墓碑下，埋葬的不仅仅只是这些死去的

图 43　将军与士兵，不分等级

勇士，还有他们的妻子和孩子。

顺着园区的路和一群接一群的美国人一起，向着阿灵顿国家公墓最高处走去，那里有受过特别训练的士兵24小时把守的无名战士之墓。这是第一、第二次世界大战、朝鲜战争和越南战争时死亡的无名战士之墓，所立的白色大理石上铭刻着："这里安息着一位光荣的美国战士。"这里夏天每30分钟，冬天每1小时即有仪仗队表演。这是在向为国牺牲的人致敬，而且是出于对一个普通人的尊敬。伯里克利，一位古希腊著名的政治家，他在为伯罗奔尼撒战争中阵亡将士举行的国葬典礼上发表了一篇演说："每一个人在整个国家顺利前进的时候所能得到的利益，比个人利益得

图44　无名战士之墓

到满足而整个国家走下坡路的时候所得到的利益要多些，一个人在私人生活中，无论怎样富裕，如果他的国家被破坏了的话，也一定会陷入普遍的毁灭之中，但是只要国家本身安全的话，个人就有更多的机会从私人的不幸中恢复过来”。基于此，伯里克利认为，为国捐躯的英雄是“生命的顶点，也是光辉的顶点”。

今天我随着美国人，随着他们凄美的号角声，在异国他乡，我举起右手放在胸前，为了我们的、他们的无名英雄，为了他们曾经的“生命的顶点，也是光辉的顶点”而致意!!!

2007 年 5 月 2 日于华盛顿

寻找巴菲特的家

从华盛顿经停芝加哥飞奥马哈需要两个多小时。我特意要了一个靠窗的位置，想在飞临巴菲特故乡时，看看奥马哈大致的轮廓。起飞时还是蓝天白云，偏偏快到奥马哈时能见度非常低，只能在降落时，看到机场上停放着的小飞机及周围郁郁葱葱的树林。

到候机楼，张弘用中国的驾照与信用卡租了一辆车。没车寸步难行，原来以为不带英文的驾照不能租车，现在一切OK！我们便向奥马哈驶去。刚上高速公路就下起了阵雨，张弘开玩笑说按中国的俗语“贵人出门多风雨”，这雨可是好兆头啊！我们可是老巴远道而来的贵客啊。

车上我们决定先不去酒店，直接到会场认认地方，然后，再去巴菲特的家看看。张弘的方向感非常强，按图索骥很快就找到了开股东大会的会场——奥马哈最大的篮球馆 Quest Convention

Center。会场外冷冷清清，怎么看也不像有几万人要聚在这里的样子。喜欢热闹的中国人恐怕很难适应奥马哈这样清冷的小镇。

雨停了，我们开始寻找巴菲特的家——说是一个门前有对石狮子的房子。问的第一个人可能是搬运工，他正在搬报纸，他告诉了我们方位，但走了很久也不着边际，只好停车问一个正在装修房子的人，他给我们指了相反的方向，走了一半，停车去问路旁洗车厂的老板，他完全不知道巴菲特是谁！张弘很惊诧地问他："你是本地人吗？"他回答说："我已来了5年了"。去年就听兆民说他乘坐的出租车司机不知道巴菲特是谁，这次真是见识了。

曾就巴菲特在美国知名度这个问题，请教过一些对美国比较熟悉的朋友，其中一位在哈佛读过书的朋友告诉我，除非是读金融专业，哪怕是稍微偏一点的学科，比如读社会学的学生，知道巴菲特的人就很少了。巴菲特近年在美国声誉鹊起，也是因为他捐了370亿美元，否则，在普通美国人眼里他仅是一个富人、有钱人而已。在美国，人与人之间的关系非常平等，一个饭店里的招待，不会认为他比美国总统差多少，所以，你有钱那也只是你个人的事……中国人强调"人过留名、雁过留声"，但在美国这样的社会，按她的说法，如果没有奉献，仅靠财富流存长久的名声，恐怕不太可能。但在中国，如果是这样规模的一个小镇，有全球第二富有的人居住，可能方圆几十里无人不知无人不晓。

我们再到一间杂货店，去问还是不知道具体位置，但大概方向和第一位指路的接近。掉头向开始的地方行进，路旁全是一幢幢别墅，如果一间间找，怎么能找到？又分别问了4个行人，他们知道巴菲特但不知道他家在什么地方。正一筹莫展间，刚好看到一个邮局的人，让张弘赶快过去问，他很热情地告诉我们门牌号码及方位。也许是奥马哈的治安太好了，美国人真是一点戒心都没有，如果在中国有一帮人在一个社区中不断问一个非常富有人的家，早有了警惕。我的一个朋友开玩笑：美国人都用信用卡，家里不放钱，抢也没用。但我心里想，如果真有人敢抢劫巴菲特的家（平常没有保镖），敢抢一个把几乎全部财富都奉献给社会与民众的人，那可真是与全世界为敌了！

有了邮局先生的指点，找起来容易了许多，但就是这样看着门牌号码转了几圈也未找到，只好又问正在溜狗的一位女士，她指给我们方向。又转了一圈，刚好来到一处丁字路口，看到有一家门口有一对石狮子，而且有点深宅大院的意思。就在我们以为找到了巴菲特的家，停车下车之间，刚好旁边房子里出来一位非常漂亮的小姐，张弘赶快去确认，话还没等说完，她就指着“石狮子”隔壁那一家说，那就是！（据说可口可乐公司的主席，就住在距巴菲特家50英尺的地方，这个房子走出的女士也许就是他的女儿或孙女。这些世界级富豪的家按中国标准来说，是太朴素了！）

怪不得有人会认错，在我们中国人眼里，世界第二富豪住在一个有院落的房子里天经地义。但奥马哈的圣人恰恰住在临路的、没有院落的、在整个社区中怎么看都属于最差、最朴素的房子里……

第二天再去巴菲特的家，同行的沃华医药董事长赵炳贤先生

图 45　巴菲特的家

说："我要带我的女儿来这里看看……"我也有同感，甚至我在想如果条件允许，希望我的朋友们有机会都来看看，也许你不一定感动，不一定认同这种朴素的价值观……但站在这里，可以让我们思考得更多……

2007 年 5 月 3 日 ~4 日于奥马哈

巴菲特常去的牛排店

有点像追星族追寻明星的足迹，我们从巴菲特家出来，直接去找他差不多每月都要去两次的牛排店。

路过巴菲特上中学的地方，今天正好是毕业典礼，少男少女打扮的像新郎新娘，穿戴隆重，一对对盛装出场。这种场面我们只在电影里见到过。人生中有些事情只能经历一次，所以弥足珍贵。听说毕业典礼在美国那可是头等大事，举家欢庆。想起我们毕业时的情景，虽然毕业了，但还要惴惴不安地等待高考消息，而学校也不会有什么典礼安排，你只能告诉自己：又要有另一个新开始。

还算顺利很快就找到了牛排店，小小的门面和这个小镇一样朴素，但挂在门口的招牌——“这是全世界最好的牛排店”，不知是不是巴菲特给他们带来的灵感。饭店 5 点才开始接待客人，但招待说座位已预订满了。可能是出于对不远万里来此的中国人民的友好，张弘稍许努力，她们就答应给我们一个位置。心定了，

图 46　巴菲特就读的中学，是全镇最好的建筑之一

回到车上。快到 5 点回到饭店门口，有几位客人已等候在门口。

我们遇到的美国人非常友好，当几位满头白发的老人知道我们来自中国并将参加伯克希尔－哈撒韦股东大会时，惊讶的同时问了一些中国及中石油的情况，他们也是来参加股东大会，但好像他们对巴菲特在中石油上赚了多少钱并不清楚，也许他们采取的是信任投资法，信任巴菲特！不过出乎意外的是，虽然不清楚巴菲特在中石油上赚了多少钱，但他们表示将和其他股东一起，做一个提案，反对巴菲特投资中石油，还问我们是否投票，张弘说："我们不投票，我们是来学习的。"

五点进入雅致的牛排店，女招待热情地接待我们，还和我们开着玩笑。巴菲特现任妻子原来就是这个牛排店的招待，按中国人的理解，这有点不可思议——潜意识当中我们会想：老巴怎么会找一个女招待？其实仅就地位来说，这些招待可不是我们中国人理解的低人一等在城里打工的农家女。看着女招待和客人们融洽相处的细节，回想中午在流经奥马哈一条主要河流 Platte 河旁的餐厅用餐时，非常漂亮的服务生和客户互动的情况，心想美国确实是一个人人平等的国家，这种平等的信念是发自内心的。听女招待说，沃伦·巴菲特 2006 年 8 月 30 日与长期共处的阿斯特丽德·曼克斯举行婚礼后，还来此吃了牛排。

按常规理解，当巴菲特的妻子也不容易。巴菲特 1952 年与苏珊·汤普森结婚时告诉妻子："我一定会很有钱。"但在巴菲特变得真的非常富有的时候，怎样使用金钱也许会让两口子产生不少的口角。有很多人是以一生占有并花费了多少财富作为人生成功的标准，而你看看巴菲特家里停的车和他住的房子，我们能想象，

图 47　牛排店的味道也很美妙

像巴菲特第一任妻子苏珊·汤普森可能感受的委屈甚至是愤怒，特别是在年轻的时候，当然，我们只是猜测。不过，巴菲特处理婚姻的技巧丝毫不亚于投资……

巴菲特吃什么，我们点什么，在牛排上来之前，张弘和临桌的四位当地老人聊天谈巴菲特。他（她）们说："我们知道他，他人真的非常好。他经常来这里，像我们和你一样聊天……"

牛排上来，甜美多汁的牛排口感非常棒！比我吃过的靠按摩、喝啤酒、听音乐养大的在口里感觉能融化的日本神户牛肉还好吃，不愧为招牌上所宣称的全世界最好的牛排店。特意问了一下这牛是如何饲养的，是否也按摩、喝啤酒、听音乐？他们说不是的，就是按常规养的。

太好吃了！如果哪个精明的中国人也去巴菲特的家乡，把这个店用合资的方式引入中国，开在北京、上海或深圳，我相信一定会很成功，不仅仅是因为巴菲特的名声，确实是它的味道太美妙了！连我们不想吃美国菜的叶萍女士也赞不绝口！

2007 年 5 月 3 日 ~4 日

奥马哈今夜星光灿烂

奥马哈的酒店早已被定满，我们下手晚了，没办法只能住在51英里以外、我们在中西部电影中常看到的高速公路旁的汽车旅馆中。

同行的叶萍女士，咳嗽得非常厉害，怕影响会场里的人不想去。能为别人着想当然是好的，但千里迢迢来此，不就是为了见识一下世界上最盛大的股东大会并亲眼看看奥马哈的圣人吗？76岁的老人今天不见，也许以后就永远没有机会了，在我们的劝说下她同意与我们前往。

凌晨4点多钟起来，冒着瓢泼大雨、伴随着惊天地的雷声我们向奥马哈的Quest Convention Center进发。闪电划过长长的夜空，照亮了广袤的中部大平原的夜晚，有些仿佛就打在车前，让人感叹大自然神奇的同时也有些惊恐。看资料说美国大平原地区干旱少雨，年均降水量不到20英寸，没想到我们来的两天能下这么大的雨。到 Quest Convention Center 已经 6 点多，门口已排起了长长的队伍，没有伞只能站在大门口的屋檐下，心想起得这么早算白辛苦了，只能最后一个进去了。

7 点 30 分，大门打开，一个朋友反应极快，伸手去推一个残疾人的车，美国对残障人士的关怀真是无微不至，商场、博物馆和餐馆等公共场所都有专用的残障人士通道和座位，这样一个场合也不例外，残疾人及其伙伴可以先进去。这个聪明的中国式的举动，让坐在轮椅上的老太太连连摇手，但借机我们差不多第一批进到了会场里面。也许是靠近巴菲特的愿望过于强烈，我们有些惭愧地原谅了自己这种中国式的小聪明。不过，这种事如果发生在中国，排队的人肯定大喊大叫了，利益大一些的事，比如 1992 年深圳股票风波，排号都不行，为了不让插队，不分男女抱在一起，但最后还是被银行内部人先下手为强，拿走了部分抽签表，导致风波发生。从某种意义上说，美国人真是太老实了，但换另一种说法，美国的文明程度真的比中国高了许多，残障人士的生存状态或许是一个国家文明程度最实际的反映，中国要达到美国现今的程度，恐怕至少需要一代人以上的努力。

冲进会场，我们占据了差不多最靠前的位置。美国人占位置很简单，拿起事先放在座位上的纸，将写有“预留坐位”一面往椅子背上一粘就是你的了，如果想多占位置，拿起透明胶布将几个位置粘在一起也算你的了，甚至是任何一样东西只要放在座位上位置就是你的，之后，你人离开，也不会有人来占你的位置，没有我们中国常见的争抢位置时的纷争。看美国的西部片，骑马圈地，好像就是这样的先到先得，当然，起点要公平。今天，我们偷步跑了……惭愧！

图 48 在伯克希尔股东大会现场

差不多 9 点多钟，大会开始，与以往一样先是放映由巴菲特女儿拍摄的宣传影片，片中最幽默诙谐的是一段巴菲特与 NBA 骑士队的球星“小皇帝”詹姆斯比赛篮球的片段，你能想象老巴一身短打扮、运球过詹姆斯上篮得分的情景吗？片后，更有趣的是，巴菲特从幕后走出，弹着吉他与另一位吉米·巴菲特，一位著名歌手引吭高歌，相比我曾经经历过的无数次的股东大会，唯有这次充满了嘉年华的气息，可能世界上也许只有巴菲特的股东会，才有如此丰富的想象力，而他的股东们也乐于如此享受整个过程。

曲后，问答环节开始，巴菲特边吃点心边喝自己直接拉开口的可口可乐回答问题，芒格则文明许多，将可乐倒在杯子里，自己加冰进去（没有专门的服务人员为此服务）。

两万多人的体育场里座无虚席，每块区域有一个提问话筒，按顺序轮流提问。过去几年东方港湾的同仁都翻译了股东大会问答录，但比起像摩根士丹利的译稿还是差了很多，从现场的感受看，除非是在北美生活很多年，而且愿意了解当地的风土人情，理解语言背后的寓意，否则，你只能看着美国人哈哈大笑，一无所知。巴菲特幽默，但芒格更幽默，差不多每次只要芒格一发言，会场就哄堂大笑。巴菲特 76 岁、芒格 82 岁，除去中间休息的一个小时，两位老人回答问题的时间差不多有 5 个小时，我们到了他们这样的年龄也能保持如此敏捷的反应力吗？但愿，上帝还能给两位老人足够长的时间——10 年还是 20 年，也许辉煌人生的最

图 49　大会现场座无虚席

后时光，对智者而言贡献最大。

整个提问环节，其中一个印象最深刻，分别来自提问区 12 与提问区 5，提问的关于 Klamath 河坝问题。提问区 12：伴随四位印第安少女吹奏着民族乐曲缓步走向主席台，一位女士哭着提问，希望巴菲特旗下的太平洋电力公司（巴菲特去年收购）拆除一条河流上的六座用来建水电站的 Klamath 水坝，因为它导致溯流而上的鲑鱼丧失了洄游地与产卵地，也破坏了当地的生态环境。提问区 5：另外一位女士也提了同一个问题，大坝的建立，让她以捕鱼为生的丈夫的生意额下降了 90%，濒临失业。

关于投资的问题，有几个提问非常有意思，巴菲特与芒格回答得也精彩。

提问区 10：来自旧金山 17 岁的少年

成为一个好的投资者的最好方法是什么？总的来说，成为 MBA，看《穷查理宝典》（Poor Charlie's Almanac）这本书的时候就能懂得更多吗？

巴菲特：尽可能多地阅读。拿我来说，我在 10 岁的时候就把我在奥马哈公立图书馆里能找到的投资方面的书都读完了，很多书我读了两遍。你要把各种思想装进你的脑子里，随着时间的推移，分辨出哪些是合理的。一旦你做到这样了，你就该下水（尝试了）。模拟投资和用真金白银投资的区别就像你读浪漫情爱小说和你做点什么的区别是一样的。越早开始阅读越好。我在 19 岁的时候读了一本书，形成了我基本的投资思维方式。我现在 76 岁了，做的事情就是基于我 19 岁时从那本书得来的同样的思维方式。阅读，然后小规模地亲身实践。

提问区 2：来自慕尼黑

你能不能点醒一下我们投资时是怎么决定内在价值的？你是用什么样的数量方法的？

巴菲特：我明白你的问题，但要装不明白，由查理来回答。

芒　格：在尝试决定内在价值、安全边际等，没有一个简单的办法。你需要一个多重的方法。我觉得你成为一个出色的投资者不会比你成为一个鸟类学家来得快。

提问区 5：来自堪萨斯城

关于中国经济，中国的银行看起来和日本银行 90 年代的情形差不多，你们担心中国会经历和日本 90 年代那样的崩溃吗？

巴菲特：老实说我不知道。我不清楚日本经济在崩溃前发生的事情。我对中国银行业也一无所知。我基本没什么概念，也许查理知道。

芒　格：如果你不考虑过去 15 年中国的进步，中国银行业的状况能吓得你发抖。央行除了监管之外，总是注资帮银行（度过难关）。他们一路都是这么做的，但现在会好一些。

巴菲特：强劲的经济能克服这些问题。你看看房屋贷款的情况，你会觉得对美国经济来说是很可怕的事情，但美国经济历史上还是度过了很多金融危机的。

提问区 10：

我今年 23 岁，很有进取心，也有一点资本，你觉得未来 50 年甚至 100 年最好的机会会在哪里？

巴菲特：尽可能地阅读。我大概在 4 到 5 个小时内读 Lorimer Davidson 的书学到的东西比我在大学里学到的东西还要多。我和查理用各种不同的方式赚到过钱，很多是我们在 30、40 年之前没有想过的。你不可能有一个固定的模式，但你可以积累你的思想，同时关注不同地方、各种不同的证券等等。最重要的是你的行为模式里面要有那种能避免你的行为会带来灾难的东西。

提问区 4：来自肯塔基的 10 岁女孩

一个 10 岁小孩的最好赚钱方法是什么？

巴菲特：我必须说这是我 10 岁时考虑了很多的一个问题。派送报纸是我最喜欢的方式，但是你可能还是小了些。我肯定是尝试了 20 种不同的工作。最好的就是我的弹球生意，但是我如今不会再推荐了。一份我读过的研究人的才能与成功相关性的报告，它考查了学分、商学院等等。最好的相关性是你第一次开始你的第一份生意的年龄是多大。

芒　格：当我年少的时候，我读了《巴比伦最富有的人》。它教给我开销不要超过收入，将余额投资。我在这个观念上融会贯通到心智复利，因此我决定把一天中最好的时间用于提升我的智力。

另一个按我们中国人理解的不和谐声音，则来自与我们中国相关的中石油的问题。作为专门的一个提案，问答环节结束后，共有五位发言人其中包括一位前议员，希望伯克希尔停止投资中石油，因为中国的石油公司在苏丹开采原油。巴菲特回答："一个生意很难影响一个国家和政府的决定，如果我们便宜地卖掉中石油，对我们也没有帮助，它还会在苏丹投资。美国政府曾阻止中海油购买美国的石油公司，我们有什么资格阻止中国的石油公司在非洲投资？我们印制美元购买中国的产品，降低了生活成本，但中国也需要原料来生产（大意）。”巴菲特的回答，摆事实讲道理，很客观。提议表决，98% 的股东对该提议投了反对票，我们在牛排店见过的老人，经过巴菲特这一番解释，不知最终是否还在这 2 %的股东中。

会后，巴菲特与芒格要面见 600 多位国际投资者。轮到我们进去见面签字时，我们告诉他：“您在中国有很大影响力，您看待财富与处理财富的方式影响着很多人，您应该来中国看看，中国会非常欢迎您！”他回答说：“我 1995 年，和比尔 · 盖茨一起到过中国，今年 10 月份，我也许会再到中国去。”

华灯初上，恬静的奥马哈因 27000 名财富的拥有与支配者的到来而略显热闹。今夜奥马哈不仅拥有巴菲特与芒格，还拥有全世界最富有的人伯克希尔董事——比尔 · 盖茨，但今夜的奥马哈在我的心里，并不因财富而受世人关注，它因一位富有远见、无私、高尚的智者，一位朴素的老人，而让它的夜空星光灿烂。

璀璨的洛杉矶

离开拉斯韦加斯，迎着晚霞飞向洛杉矶，到达时夜幕降临。隔着舷窗眺望洛杉矶大地，脚下群山起伏，一眼望不到边际的城市，处处灯火璀璨，这就是天使之城洛杉矶。张弘感叹：这个城市真大啊！

候机厅外在高华证券工作的朋友邓伟已在等候，原来我们约在奥马哈见面，因机票难定只能在洛杉矶相会，9号他将与我们一起前往参加芒格Wesco公司的股东大会。他送我们到达PASADENA的WESTIN酒店后离开。拿好房间钥匙，到4楼302房门口，但无论怎样就是打不开门，以为房卡没有加磁，张弘到楼下前台去换钥匙。等候的时刻，过来一位住在303房间的中国人，他看到我手里拿着伯克希尔开会时的袋子，就问：你从奥马哈来？我说：是。他说：我也刚从那里来。交换名片，看到他的名字，真觉得这是上帝的安排。本来这次来有意回避他，但这就是命运。与他相识是在

18年前的一个晚上，开完会的那天我对朋友讲，这个人不是天才就是克格勃。18年后，他证明自己是个天才，他是我知道的在美国事业做得最出色、人生最精彩的朋友。来不及叙旧，约好第二天晚上 Wesco Financial 公司年度股东会后再聊。

张弘加完房间的磁卡回来开门，打开看见里面居然有客人的衣物与东西，赶紧退出房间，再到前台，原来该房间已有人居住，是前台小姐给弄错了。换了另一楼的房间。人生真是奇特，如果不是阴差阳错，我想还不知多少年后，才能见到那位18年前的朋友。正在感慨人生的时候，原来大鹏证券的年轻同事带着我敬重的一位老领导过来，几年没有见面，两位同事也有了一些人生变化。老领导带着我们去“小台北”吃夜宵。这里原来是巴顿将军的故乡，现在已经完全是中国人的聚居区了，路旁的招牌是中国字，饭店里全是中国人，也都说普通话。老领导说：他强迫自己不在中国人的圈子里转，他住的地方全是外国人。是啊！人都有自己的舒适区，离开它重新开始，需要多么顽强的意志力。约好他后天领我们去游览洛杉矶。

9日原来约好在奥马哈见面，未成行的景林资产管理合伙人陈亦骅先生，也赶来参加 Wesco 公司的股东会。一行5人前往，在门口买了一本朋友托带的《穷查理宝典》一书，据说这部借用富兰克林的名著《穷查理年鉴》为题目，讲述另一个查理——查理·芒格投资智慧的书，是投资者最值得一读的投资类书籍，希望它能早日被翻译出来，但听翻译的朋友讲译起来很难。芒格这位造诣深厚的投资大师，博览群书，知识渊博，某种意义上是一个哲学家和思想家，有朋友评价：单就思想而言，百年之后查理·芒格会比沃伦·巴菲特的影响力更大，巴菲特的成功和芒格密不可分，美国《财富》杂志将芒格称为“巴菲特的化身”。

等候股东大会开始的时候，先请芒格给帮朋友带的书上签了个名，巴菲特这方面非常讲原则，芒格就随和了很多，不仅可以签字，还可以和他照相。转身，看到那位 18 年前的朋友，坐在芒格正前方的嘉宾席上与旁边的嘉宾谈笑风生，能在这里坐嘉宾席，可见其已融入美国最上流社会，并且某种意义上讲，一定是在投资领域有相当成就。打个招呼，一起照个相，然后分别坐下。听邓伟介绍，来参加芒格股东会的约 1000 人，大多数都是专业投资者，有些很有成就了，他指给我看几位正在与人交谈的大师级人物，其中一位是巴菲特管理财富有可能的继承者之一。

图 50　查理·芒格在给《穷查理宝典》签名

股东会差不多两点开始，会上委托我原来的同事蔡津向芒格提了两个问题：一是你一生中，特别是年轻的时候，在处理投资或公司事务时，遇到的最困难的事是什么？二是我来自中国，在发展中国家投资总会面临重大危机，你有什么好的建议给中国年轻的投资者？芒格只回答了第二个问题。今年的股东大会，芒格对一些问题有非常精彩的回答，在国内做PE的邓航先生译出了几个经典回答。

第一个问题：为什么沃伦·巴菲特和他所创造的伯克希尔—哈撒韦取得如此非同寻常的成功？

芒　格：为什么一个人从零开始，且没有信用评级，却完成了这种奇异的资产积累：价值1200亿美元的现金和有价证券。而这一结果开始于沃伦接手经营时仅1000万美元的资产和大约同样数量的流通股。这的确是达到了一种极致的结果……

汇集于同一方向的多种因素导致沃伦的成功，这种（通过将专注，好奇心，坚定不移，和自我批评有机的结合并应用于一个多学科知识聚合体而产生的一种临界状态）极致出色的效应并不是来自其他任何方面。这里，让我们来看看导致这种极致结果的因素：

第一个因素是智力。沃伦是非常聪明的，但从另一个角度看，他也不可能在盲棋比赛中击败所有的对手。所以，沃伦正是超越了通常意义的智力范畴。从他十岁时就意识到这一点并保持至今，从而形成今天的良好效果。

通向成功是相当困难的，直到你能够在你所强烈感兴趣的领域迈出第一步。沃伦没有觉得有任何其他领域能替代他对投资的兴趣，并且在他非常年轻时就迈出了第一步。

成为善于学习的机器是至关重要的一点：沃伦是这个地球上最好的学习机器之一。在龟兔赛跑中赢得比赛的乌龟就是善于学习的机器。如果在当今的世界你停止学习，这个世界将从你身边飞驰而去。沃伦是幸运的，因为即使在他已过接近退休的年纪，他仍然能够有效的学习和巩固他的技巧。因此从他六十五岁至今，沃伦的投资技巧取得了显著的增强。对沃伦整个成功过程的观察，我可以在这里汇报的是假如沃伦只是停滞于早期他所了解的知识，那么今天所能得到的结果无非只是那些苍白知识的倒影。

伯克希尔至今的经营主要是来自于一个人的头脑主导。当然，其他人也做出了一定贡献，但伯克希尔的成功极大地反映出一个伟大的头脑所能做出的贡献。在投资行业或是物理学中想通过委员会的决定来取得巨大成功是很困难的，许多人都忽略了这一点。看看约翰·伍登，有史以来最伟大的篮球教练：他的比赛记录在后半生得到提高的原因是他明白了一个伟大的观念：减少平等主义。在他团队的十二个队员中，排在最末的五名队员是从不参加比赛的，他们的角色只是陪练。约翰只专注于训练排名靠前的队员。在伯克希尔也同样是这样的——专注的训练和比赛时间。

这不是我们通常的生活方式：在民主社会中，人们轮流做出决定。但是，如果你真的想实现许多明智的行为，那么最好还是将做出决定以及具体实施都集中于一个人。

在通过考试和做迅速计算中，许多人是非常非常聪明的，但由于可怕的偏执，他们却做出一个又一个愚蠢的决定……但你会发现沃伦是非常客观理智的。

所有的人都会工作得更好，当他们得到了心理学者称谓的强化剂。如果你能取得持续的投资回报，即使你会成为沃伦·巴菲特，那么你将会做出的回应是——没有几件事的回报能超过作为一名伟大的投资者。

第二个问题：读书与阅读的重要性？

芒　格：伯克希尔的成长记录是怎样发生的？如果你是一个观察者，你的确能注意到沃伦花费大量的时间读书。如果你想取得非凡的成就，那你只需要坐在那里花大量的时间去阅读。但是我们往往会因此而被解雇。

看看现在的一代人以及他们拥有的所有电子产品和因多重的工作而浮躁不专注。我可以自信地预见他们最终不会像专注于阅读的沃伦那样成功。如果你想得到智慧，你需要安静地坐下来读书，这就是智慧的来源。

第三个问题：关于思维模式？

芒　格：如果你有足够的意识使自己成为一个智力健全的人，你就足够有能力超越那些比你聪明的人。你只需要从所有那些聪明人的想法里找到关键的几点，你就已经比他们更有智慧了。但是从查理·芒格的早期经验来讲，这种意识并不是一个很好的社交手段。将某个领域里的专家当成不成熟的小孩，这不是一个好的社交策略。我年轻的时候也经历很多艰难挫折，你现在可以辩解说我当时是被迫进入投资领域的，但是如果你在别人的领域里评头论足，是不会有人赞赏你的。

我绝对相信要想解决难题，就必须把所有可能的和不可能的答案都列出来；否则你有可能忘掉重要的东西。

第四个问题：如何评价伯克希尔？

芒　格：芒格家族在伯克希尔持有的价值大约二十亿美元，因此一直都有一些顾虑关于这项投资是否是个好的主意。我的回答是我非常满意我现在所持有的股份并且我希望我的家族成员能长期持有其中绝大多数的比例。他们将无法取得像我从很小的投入开始并得到今天这样规模的回报，而且他们也没有必要取得同我一样的投资回报。

伯克希尔已成为一个令人称道的地方，它是由具有实质价值的一群称职的人组成的。如果你的预期收益是适度的而且你喜欢晚上睡的安稳，相对于其他的股票，投资于伯克希尔倒是一个不坏的选择。如果你想得到的是在未来几年里能取得每年30%的复利收益，那我们的股票是不适合你的。相对于其他可选择的股票，伯克希尔的股票在今天和将来都是不错的选择，即使沃伦和我离开这个世界以后……

如同我在早些时说的，如果你在四十年里有沃伦·巴菲特帮你理财并且这个家伙最终为你工作到死，那你的确没有任何的权利再抱怨了。

第五个问题：董事会在伯克希尔中是什么样的角色？

芒　格：董事会是起一种保险开关的作用，以防止当我完全的失去理智而沃伦却对此状况无所作为。董事会的成员都是杰出的人士。我们被要求拥有一个有独立董事参加的董事会，而因为我们是被要求有这样一个董事会，所以我们认为我们还是搞一个较好一点的。是否还会存在董事会如果我们不会被要求呢？不，我们将不会有董事会。

第六个问题：是否存在私募股权生意的趋势？

芒　格：这种趋势是当然存在的。融资收购基金的规模正变的越来越大，并参与收购越来越大的生意，所以这会是一种很大的趋势。

融资收购是与伯克希尔的生意模式不同的。我们几乎从来不卖空——实际上我们不想那样做。我们不想同我们的朋友玩拉米牌游戏，抛售掉五个生意又买入五个新的生意。我们从不为倒卖而投资。

热衷于通过融资来并购股权的人群正逐渐变得越来越大。而所发生的实际情况是捐赠和退休基金却迷恋于精灵的魔力出现。随着资产的价格被炒高，正常投资于股票和债券已不能带来足够的回报。然后那些巧舌如簧的人来找你并游说你为避免招致低回报：“将您的钱交给我们，我们能将钱增值，付给我们一定的报酬，我们将给您15%而不是5%的回报。”这种做法是有效的——当然并不像所宣称的那样好；只用统计的数据不是完全可靠的——但作为投机者，这种方法是有效的。

然后，嫉妒开始到处弥漫，耶鲁不能容忍哈佛赚了更多。嫉妒是一种强大的促进因素，虽然其作用几乎不被承认。在我的一生中，还从来没有遇到有人对我说：“查理，我这样做是出于嫉妒。”

在风险投资的行业，除了屈指可数的几家顶级公司，普遍的回报是不敢恭维的。这种情况最终也会出现在融资并购的行业。上帝还没有决定谁期望 15% 的投资收益就一定可以得到。

第七个问题：价值投资的观念是否正变得普遍？

芒　格：我认为以我们的方式来看待事务将变得越来越普遍。事实上，价值投资的观念已经比几十年前变得普遍。过去我看接受这一观念的团体不过是二十人。这种投资风格的逐渐普遍却不会使它变得更容易操作，而让你们所有人赚取更多的金钱。所有聪明人的竞争会使价值投资变得较为困难，但这也不是一件坏事：也许你们中的一些人会比我们的过程赚得钱少但却比某些工程师赚得要多。

第八个问题：如何得到你所希望的？

芒　格：判断出什么是你不想要的并回避掉它，那你就会得到你所希望的。沃伦具有和我同样的本能。我们还未遇到人生中失望的那一部分，愤怒的人会毁坏许多的人生希望。而陷入这种境况却是很容易的。问这样的问题："你怎样能以最好的方式得到你想要的？"答案是：付出应有的努力并实现你所希望！除此外还会是其他方法吗？

会议 5 点结束，带着脑力激荡后的满足与喜悦，会后 8 个人找了一家餐馆小聚，不尽兴又在酒店的咖啡厅里续聊。人生真是奇妙，我们的生命何以充满这么多的奇迹与变幻?!

10 日早起来，老领导已在楼下等候，他说先去盖蒂博物馆，然后去他所在的大学——加州大学洛杉矶分校以及一所私立大学，最后去海边看看。

圣巴巴拉山顶上的盖蒂博物馆，是由美国的亿万富翁保罗·盖蒂从自己32亿的财产中拨出22亿美元建立的，这使得该馆成为全球资金最充裕的收藏和研究机构，而且一直免费对公众开放。我们到达停车场，坐上缆车向山顶进发，沿途老领导指着周围一处处立于山上的别墅，介绍着大概的价格，这一带应该是富人居住的地方。很快达到山顶，一座现代式样的白色建筑矗立面前，老领导说我们脚底下的大理石都是古老的化石，极其珍贵。因赶时间，我们原准备走马观花快速参观，但当看到印象派的巅峰之作——莫奈的《日出印象》，还有凡高、伦勃朗等大师的手笔时，不由自主放慢了脚步。这是一个能让喜欢艺术的人待上很久的地方。一个城市有人文和艺术，才会璀璨。这里让人流连忘返，但还是要按计划进行下去。

美国的大学没有校园，学校就是社区的一部分，怎样为社区做贡献，也是大学的责任。老领导带我们去了学校的一个东亚图书馆，收藏有中国图书28万册、杂志2800种，我们这些分别毕业于南开、上海交大、中国人民大学、武汉大学、厦门大学的5位参观者，在国内高校都没有见到过如此完整的图书和期刊的资料。听毕业于复旦大学的馆长解释，他们这里同样的书只收藏一本，不像国内的可能要5本，所以，同样的地方收藏的书会显得多些。这里的地方志最全、县志都有，尽管如此，他们在全美收藏中国图书的大学中也仅排第十位，前面还有如普林斯顿大学葛思德东方图书馆等。

从图书馆出来，我们去学生食堂吃饭，想感受一下学生生活，这里的学生食堂已完全社会化，饭菜种类还算丰富。一人一样的快餐吃完，我们往回走，路过加州大学洛杉矶分校的大学体育荣誉纪念馆进去看了看，这让曾在大学体育系里学习的我大吃一惊，如果让加州大学洛杉矶分校的学生单独组一个队参加奥运会，它至少有前十名的水准，而且其篮球、田径及美式足球的成绩可以说是非常优异。美国人非常重视体育，大学里尤其如此，而我们的大学，体育可有可无，地位低下。

上车，继续向另一所私立大学进发，老领导介绍这是一所基督教大学，比较虔诚的教徒宁可让自己的孩子来这里上学，也不去哈佛等名校，这里的校风非常好。学校紧临太平洋，快到学校就能看到高高的十字架，以及在阳光照耀下漫步在校园草地上的梅花鹿，美国人对动物的保护体现在每一处，我的纽约朋友形容：美国的苍蝇都笨笨的，更不用说麻雀都能在你的身边漫步而毫不畏惧。开车直接到了山顶最高处，下车走入英雄花园——这是为纪念该校一位学生在 9 · 11 时与联航 93 航班上的劫机犯搏斗牺牲而建立的。据说第四架飞机的原定攻击目标可能为白宫，但由于乘客的殊死搏斗，飞机最终坠毁于城市郊外。站在山顶，远眺无际的蔚蓝的太平洋，老领导开玩笑：游过去就到深圳了。可这边是清澈见底的海水，等游到深圳湾不被累死，也被臭臭的海水给熏死了。

从这所基督教大学出来到海边，沙滩上有非常多的沙滩排球网，如果能在这里生活就好了，从小学三年级开始打排球打了十几年，在深圳到处找打排球的地方也没找到。如果当年学足球就好了，深圳到处都踢足球，老了踢不了也能去当当足球裁判。海滩边有一个码头，上面有百年以来的照片反映这一带的变迁，美国是个历史不太悠久的国家，但它们更重视历史走过的脚步。中国历史悠久，但中国的城市化某种意义上，对历史缺乏怜悯之心。

11 日睡个懒觉。中午周群、王颂斌（笔名千岛，早年在深圳很有名）夫妇前来，然后我们与邓伟、邓航兄弟一起在一个优雅的餐厅吃牛排，邓航讲，周末美国人常常在这里一坐就是大半天。吃完饭，约好明天颂斌夫妇陪我们，然后邓航开车带我们去世界著名影城——好莱坞游玩，去之前邓航说你们可能会失望。

好莱坞，一条感觉非常破落的街道，因为有名人的印迹，还是人来人往，但这比想象中的好莱坞差了十万八千里，的确“看景不如听景”，而这次是我看到的景致中最差的。不过照片中刻在地上的这句话：“how some of us got here”——“我们中间的某些人就是靠着有梦想才来到这里”，让我印象深刻。参观完好莱坞，我们驱车前往比华利山庄，想看看举世闻名的比华利山庄，全球富豪心目中的梦幻之地到底是什么样子？但坐落在不太生长树木的洛杉矶山脉上的比华利山庄，没有我想象中类似西方油画当中那种鲜活的色彩，当然，我们无法进到山中一处处的私家小路上，无法近距离观看。据说香港大明星成龙在比华利山庄就有一处千余平米的豪宅，可以踩着细沙铺就的前院小路，面对着太平洋欣赏日升日落的美景。

12 日早上 10 点，周群女士送我们去亨廷顿图书馆。美国很多博物馆都是由富豪捐赠的，亨廷顿图书馆也不例外。美国铁路大王亨廷顿夫妇在 1919 年时签署了一份契约，把他们占地 130 公顷的庄园及馆藏转给一个非营利的教育托管会，由此创建了亨廷顿图书馆、艺术馆和植物园综合体，并贡献给了社会。热衷于收集世界各地文化精华的亨廷顿在 60 岁时退休，致力于珍版图书、手稿及艺术品的收藏。亨廷顿夫人爱书，也爱艺术，当年亲自主持，派人到欧洲收集采买古书和名画，然后从纽约装满几个车皮运来南加州，其中不少是珍本、孤本，还有 19 世纪前的欧洲绘画。在我们参观的过程中，也曾看到过珍贵的莎士比亚手稿。

建这么大的庄园需要雄厚的财力，“只有贫富巨大的差异，才能让某些人的住房体现出人类文明最精致的艺术成就”，但问题是中国的乔家大院或苏州园林多是以土改方式收归国有的，但 19 世纪末美国铁路大王、钢铁大王的别墅豪宅大部分已经变成博物馆，而这只需要制度安排。盖茨曾表示要把 95% 的财产捐出去，不会给自己的继承人所有遗产，那么他的依山面湖，占地约两公顷，建筑总面积超过六千一百三十平方米，用七年时间、花费六千万美金与无数心血，结合了美丽的自然生态与先进的资讯科技的独一无二的豪宅，也将最终成为公众免费参观的博物馆。中美两国都有财富聚散的故事，但这个过程是否自然，体现了文明与治理国家的水平。

从亨廷顿图书馆出来，我们前往此次美国之行的最后一站——水晶大教堂。1968 年的春天，一分钱也没有的罗伯·舒乐博士决心在美国加州建造一座水晶大教堂。1980 年 9 月，历时 12

年，用掉 2000 万美元，可容纳一万人的水晶大教堂竣工，成为世界建筑史上的一个奇迹。后来，罗伯·舒乐博士经常这样讲：“不是每个人都应该像我这样去建造一座水晶大教堂，但是每个人都应该拥有自己的梦想，设计自己的梦想，追求自己的梦想，实现自己的梦想。梦想是生命的灵魂，是心灵的灯塔，是引导人走向成功的信仰。有了崇高的梦想，只要矢志不渝地追求，梦想就会成为现实，奋斗就会变成壮举，生命就会创造奇迹。”

今天，我终于来到了梦想中的水晶大教堂前，我跪在水晶铸就的上帝影像前祈祷——有了崇高的梦想，只要矢志不渝地追求，梦想就会成为现实，奋斗就会变成壮举，生命就会创造奇迹……

第五篇
绽放我们的生命

每个人都是要死的，有的人想到这些免不了感叹要及时行乐，但是我们还要努力、奋斗，不仅仅是因为有一颗不屈服的心……

新的人生篇章

再到中欧，想不到这一次竟然让我开始了一段新的人生篇章。

第一次到中欧国际工商学院还是2000年，当时正在国泰君安研究所工作的我，接受中欧MBA班同学的邀请，做了一次有关证券投资的演讲。转眼间整整7年过去了，很惭愧，希望当年以技术分析为主题进行的演讲，不要耽误了青年学子未来的前程。

33岁到40岁，是一个男人走向成熟的年龄。芒格说：他从不见40岁以下的投资人。头顶的依稀白发，也许真的意味着我的投资生涯刚刚开始。但到了40岁，越发觉得不懂的东西更多，当年人大法学院硕士毕业时，曾想这辈子再也不要参加考试了，可人生实际上一辈子都在考试，每一个历史关头，每一次重大抉择，都需要你用历练的心、积累的知识来帮助你选择，进而有更高的境界。回头看，恰恰是当年的知识积累，才让我有了更好的工作、更好的未来。40岁，我将怀着一颗年少的心，再次展开求知的旅程。

2007年3月20日是中国农历的春分，和暖的阳光照耀在中欧的校园里，流水潺潺，正好感悟人生。查理·芒格在2006年Wesco股东大会上，回答股东提问时说：“我没有太多的遗憾。唯一的遗憾就是我快要死了。我以犹太人的方式来看待这个问题（死亡），我幽默地看待它，有点儿像宗教。”

如果人能活100岁，人生最美好的光阴只有几十年，然而当你真正学习并懂得如何生活和工作时，已没有多少时间来让你完成更伟大的事业。我也像许多人一样感叹人生短暂，如果我们真的像某些科学家说的，能活到800岁那该多好啊！如果那样，在40岁成熟，我们还有760年的时间来实践我们的理想和信念，当然，有一万年更好！

可惜，眼下的我已经历了快一半的人生，我们没有更早地站在格雷厄姆与费雪的肩膀上，像巴菲特与芒格一样尽早开始投资的旅程。无论是在哪个行业，如果能将世界上最伟大的人大脑中的精华储存、下载，制造成人脑芯片，让人类的后代减少学习的时间，该有多么美妙啊……

是啊，我们每个人都是要死的，有的人想到这些免不了感叹要及时行乐，但是我们还要努力、奋斗，不仅仅是因为有一颗不屈服的心……

2007年3月21日凌晨于景缘国际酒店

所有的星星都将离我们远去

为什么指数会呈螺旋式上升？按万有引力定律，无论指数上涨多高，最终必然回到起始位置。有关这一问题的思考困扰了我很久，这实际上是一种哲学的解析过程，它给了我有关投资的价值倾向、价值选择与价值设定的思索。在更广阔的意义上，这是有关永恒与死亡的话题。

所有的星星都将离我们远去

从孩提时代，我便对深远的夜空产生了浓厚的兴趣。这璀璨的天空是怎么来的？这灿烂的美会是永恒吗？其最终的归宿又将指向哪里？

还小的时候，看着天上的北斗星，听大人讲牛郎织女的故事，以为这美丽深邃的天空是永恒的。但天文学家观测到的事实却是，遥远的恒星正离我们远去，在宇宙中有90%的物质是不能为人类所直接观测到的暗物质。人类不仅不处于宇宙的中心，甚至也不由在宇宙中占主导地位的那类物质构成。地球及在夜空中闪烁的繁星只是宇宙汪洋的一点。

科学家认为，暗物质的存在有助于解释宇宙的膨胀速度——我们的宇宙正以接近于区分坍塌和永远膨胀的临界速率膨胀。宇宙的终极命运到底怎样？这是科学家要回答的问题。对我而言，要思考的则是，从自然的角度，是什么力量引领指数螺旋上升？这是否导致这样的结论，只要人类存在螺旋上升，就是永恒?！假如是，那么，对天性乐观的人们来说，是否就占有了博弈的先机？

永恒与完美便是死亡

1986年夏天，准备上大学的我，突然对死亡的问题产生了兴趣。不仅仅是那些伟大诗人关于死亡的诗歌让我感动，在那个时期，一位校友的离去让我第一次感受到生命的短暂。在那个时期，每天独自到离家一公里远的乱墓岗跑步，我想感受死亡的气息，想了解有关生死的意义。可能有的人无法接受死亡的概念，而且认为这与股市的价值判断无关，但我相信作为人类感受最深的情怀之一，有关思考会渗透到我们的情感、思想与意识的各个方面。

我知道我的名字能够停留多久。“罗马将军凯旋，阿庇亚大道旁欢声如潮……智者却说‘这一切只是过眼云烟’。”股市是自然的一部分，有些人却赋予了它太多的含义，就像是演绎音乐。其实在纷繁多彩的乐曲中，那些旋律本身是悲凉的，刚刚演奏的音节就会成为永逝的一部分。音乐，我深情的感受是悲凉的，对股市亦然。所以，对资本市场我只寻求最本质的事物，愿意从自然的角度倾听、理解和思考问题。

我们的未来

“死亡的观念无所不摧：死、生及其所关连的一切事物都将因此而丧失意义。”但就死亡的事实，如果我们认真地探求过有关生的意义，便不会对死产生恐惧。宇宙已经存在150亿年，如果把这么长的时间浓缩，人类的全部文明历史至今可能还不足10秒钟。因此，从宇宙的观点看，一个世纪的时间不足一瞬。即使宇宙与人类最后都要毁灭，从现在看，以后的路还长。也许人类能存在多久，资本市场就能存在多久。如果笔者具有科幻小说家的想象力，一定会根据宇宙的生命力画一幅股市走势图，也许现在只是开始。

我难以想象自己给出的问题，有人能替我解答吗？

2000年9月20日

我为是河南人而骄傲

2007 年 5 月 10 日上午，我们一行 5 人在美国洛杉矶的盖蒂博物馆参观，一位管理员微笑着问："你们是哪里人？日本？韩国？"当我们说是中国人时，他说了几句生硬的汉字："不要摸！不要喧哗！"就差"不要随地吐痰"了。我知道绝大多数美国人不会由此就鄙视中国人，也许，他们只是好心地提醒。

但在我自己生活的国度，似乎有一种氛围，只要你是河南人，某些人的心理就会有种异样的感觉。我的同事曾好心提醒我：不要说自己是河南人，你也不是。确实，我不是地地道道的河南人，我出生在浙江东阳夏程里一座时间仿佛永远静止的古老房子里，旁边就是家族的祠堂和江南水乡常见的池塘。母亲是江苏常州人，每次去常州，还能到母亲出生、成长的地方走走（常州的城市化，已将母亲生活的乡村变成了城市），到舅舅家里看看。我的养父是四川乐山井研人，他和我的养母（我的姑姑）给了我无私的爱与支持，某种意义上，我更愿意说自己是四川人，他们的爱是我动力的源泉，我为拥有他的姓氏而骄傲！

但此刻，我不想说我是浙江人、四川人，我想说——我是河南人！河南是我脑海里的故乡，我三岁以后的童年、少年、青年——21 年都在这里度过，我的成长、思想、记忆、理想与梦想都与黄帝的故乡有关，这块土地带给我正直、诚实、信用、勇敢、坚强、善良、正义、奋进与拼搏，当然，我知道，无论我在哪里成长，无论是中国，还是世界上其他任何一个角落，只要有文明存在的地方，这都是普世的价值观，而非某个地区或国家所独有。每个地方的人民都希望他们的儿女拥有这些品质与美德，当然，每个地方都有不具备如此品行的人。

为什么我们常常会根据地域、种族和文化背景，甚至性别去评判一个人？为什么生活在信息时代的中国人，会因你是河南人、湖北人、东北人、广东人、北京人、上海人等而产生偏见，对人刻薄？哲学家兼教育家伊莱·西格尔曾经认为，人只有认识和尊重他人才能称之为“人”。曾在《参考消息》上看过一篇报道韩国记者鄙视“龌龊的中国人”的文章，但当这位记者将他在中国火车上所见所闻发表在韩国报纸上的时候，却遭到了 85% 的韩国人的质疑，认为他有辱一个不断进步的伟大民族。

美国弗吉尼亚理工大学枪击事件的守夜仪式上，美国人点燃了 33 根蜡烛，为 33 个生命祈祷（凶手打死了 32 个人，并饮弹自尽）。牧师看着 33 根蜡烛说：“那名凶手在开枪的时候，我相信他的灵魂在地狱里，而此刻，我相信上帝也和他的灵魂在一起，他也是一个受伤的灵魂。”当韩国侨民甚至是亚裔普遍担心复仇的烈火熊熊燃烧的时候，一个社会却以爱来承担罪恶与不幸，这多么神圣和高贵！

在美国，无论我们来自河南、浙江、湖南、福建、广东、香港、台湾，还是来自中国的其他什么地方，都被统称为中国人。当我们尖酸刻薄地鄙视别人的时候，我们也是在鄙视自己，我们不会因我们的偏见、狭隘而变得高贵，只有当那陌生的爱与宽容进入我们的灵魂，我们中国人才能真正变得高贵！

2007 年 6 月 10 日于北京至深圳飞机上

蔚蓝美丽的星球为什么会有战争？

稍懂点事，大人问："长大了你想干什么？"我毫不迟疑地回答："当兵！打仗！"我成长的少年期正值20世纪70年代，那时对男孩子来说，能拥有一套绿军装，是非常骄傲的事情。在我生活的城市河南开封，抢军帽，甚至为一顶军帽打群架是常有的事。我隔壁班的初中同学，就因为戴着军帽到城墙上玩，被抢军帽者刺死在开封一段已显露黄土的古城墙上。也许是因为年龄小，对死亡的事不太敏感，也许是古城的民风，当时只是觉得这位同学还挺有"种"，敢于面对多个对手奋起反击。后来听说在场的还有一位女同学，如果是真的，也许是青春的萌动让他那一刻变得如此勇敢坚强。

那时侯，常常独自玩一种个人"游戏"——指挥蚂蚁打架。在两窝蚂蚁的旁边分别放一块骨头，等蚂蚁爬满了骨头再慢慢移到一起，直至双方接火演变成一场蚂蚁间的战争。浩浩荡荡的蚁群冲向战场，接火的地方很快出现一团黑色的蚁球，短暂的相互冲锋之后，便是残酷的拉锯战。遇到两窝实力相当的蚁群，能连续战斗几天，第二天醒来常常看见蚂蚁鏖战的地方蚁尸遍野。当时沉浸于这种“游戏”当中，只是感到好玩，到我真正能思考的时候想起这少年的往事，才深怀歉意。

1979 年，对越自卫反击战，血染的风采让我对战争、对军旅生涯充满少年的幻想。读高中以后，法国人拿破仑成了我的偶像，“不想当将军的士兵不是好士兵”更激励我要成为一名将军驰骋疆场，哪怕马革裹尸。高考第一志愿是石家庄陆军学院，第二志愿是信阳陆军学院。也许是命运，上天并没有遵从我成为一位战士的意愿，让我第二年去了一所综合性大学，让我知道了卢梭、孟德斯鸠、伏尔泰等文艺复兴巨匠，让我获得了对人类理性、和解的精神、现代国家和现代政治权力的起源、民主自由之源泉的认真思考。

很庆幸有知识去思考国家、政党、军队的终极价值与意义。记得有一位宇航员，他从太空中看到地球时曾发出这样的感慨：“多么蔚蓝美丽的星球……但为什么人类要在这样的星球上划出一个个国家并相互残杀？”是啊，为什么要用战争来相互屠戮？

人类最好不要有战争。如果时光倒流，重当一回少年，如果不经意间发现鏖战的蚁群，我一定会泼上一盆水，让它们结束战争！

2000 年 9 月 11 日

绽放我们的生命

早上坐公共汽车到公司加班，途经沙河立交，许多人停下车，眺望深圳湾跨海大桥。2007 年 7 月 1 日是纪念香港回归十周年，胡锦涛主席参加剪彩仪式、大桥通车的历史时刻，如果自己开车，一晃即过，而坐公共汽车出行，更有心境停留片刻来凝视自己与周围的普通生活。有些东西现在和过去一样，但也有一些东西，就如同岁月铭刻的印记，它存在过，就是不一样的时光。

这两天，在看一位老朋友的书——《狼图腾》，作者很多年前曾和我睡在一个通铺上，他给我们讲故事，讲第一、第二、第三国际，讲他在蒙古插队时的艰难岁月，甚至差点儿失去生命的故事。而我正阅读的这本书，厚重深沉，凝聚了让他感动的生命中的青春岁月与对民族命运的思索……

图 51　2010 年 11 月 28 日，在《狼图腾》作者姜戎家里，与他及他的太太著名作家张抗抗女士，一起合影留念。

我在想如果他早早失去生命，我们就永远见不到这本被誉为世界上迄今为止唯一一部描绘、研究蒙古草原狼的“旷世奇书”。当年的老朋友，让我们从哀伤、低沉的情绪中走了出来，而今天，我也差不多到了我们相识时他的年龄。

此刻，这位老朋友也让我联想起英国圣公会主教墓碑上的一段话：当我年轻自由的时候，我的想象力没有任何局限，我梦想改变这个世界。当我渐渐成熟明智的时候，我发现这个世界是不可能改变的，于是我将眼光放得短浅了一些，那就只改变我的国家吧！但是我的国家似乎也是我无法改变的。当我到了迟暮之年，抱着最后一丝努力的希望，我决定只改变我的家庭、我亲近的人——但是，唉！他们根本不接受改变。现在在我临终之际，我才突然意识到：如果起初我只改变自己，接着我就可以依次改变我的家人，然后，在他们的激发和鼓励下，我也许就能改变我的国家。再接下来，谁又知道呢，也许我连整个世界都可以改变。

老朋友，他在沉静中绽放着自己的生命……

2018年的感悟

2017 年十一假期期间，东方港湾组织全体员工到英国旅行，特地到英国圣公会教堂游览并询问了教堂里的工作人员，想找到那段墓碑上的话，不过很遗憾，工作人员说这里没有。但即便如此，这段闪耀着智慧光芒、打动无数人的话，还是会留在许多人的记忆里！

残酷是生活的一部分

2007 年 12 月 28 日早晨，我的大学同学翟宏伟先生给我发来短信："知道吗？贝 · 布托遇刺，一只美丽的铁蝴蝶逝去了……生为蒺藜死为花，让人感伤！"我回复："知道了，这就是真实的世界，残酷是生活的一部分！"

上午，君安的老同事胡大平博士来看我，他看到我办公室门口的墙上有一幅字——爱永不止息！他问我："这句话怎么解释？"我说："这是来源于基督教的一句话，其实所有的事业，人与人的关系，都源于你怎样看待'爱'这个字。这是成就自己、造福社会与他人的根本所在。""那么你认为比'爱'更高层次的是什么？"胡大平博士问。我回答："是'自然'，我们眼见的所有事物，包括残酷，都是我们生活的一部分。为什么要仰望星空？这个世界一定有超出人类爱和恨的更永恒的事物！"

邪恶、阴谋、卑微等，是人类生活的一部分。知道它不可缺少，也许它就不可能再肆意伤害我们。即便它能伤害我们的肉体，但它伤害不了我们的心灵。

贝·布托说："我的生活反映了这里的动乱、悲剧与胜利。"但愿,2007年12月27日（当地时间）18时16分巴基斯坦发生的悲剧，能带来贝·布托所希望的胜利！

2007年12月28日随笔

持续努力奋斗，希望就会永存

贫富差距产生的根本原因是什么?

曾看过让·雅克·卢梭的《论人类不平等的起源与基础》，卢梭认为私有制的出现是人类不平等的起源。人在未开化的自然状态中是平等的；当人类力求生活、技术、文化发展时，文明向前一步，不平等也就向前一步。年轻时这本小册子对我有很大的影响。从它开始又读了法国18世纪启蒙思想家孟德斯鸠《论法的精神》等书籍。

我的理解是，从大的轮廓来看，也许个人拥有的财富数量，根本原因在于社会的分配法则，但在自由经济环境下，财富会向勤奋、智慧的人群流动。

我出身于工人家庭，当年怀揣几百元到深圳从无到有地奋斗、拼搏。曾经为了节约3块钱，走二十几里路回家；和太太到菜市场买够一星期吃的土豆；为了能给家中的父母多寄点钱，多跑路买便宜的盒饭。就算此刻想起早年的艰辛岁月，眼泪还禁不住在眼眶中打转……

这些年来我尝试着让自己保持乐观、开放、积极进取的精神，不抱怨、不依赖任何人，当然也没有任何可让我依赖的东西，但我相信在这样的国家里，勤奋、努力工作一定会有回报。

人的世界观、勤奋程度和机遇决定了一个人的一生，我相信世界不会让人不劳而获，我坚信持续努力奋斗，希望就会永存。

就这么孤独地想下去

2007年7月26日傍晚8点，收到老同学李瑞华的短信："我正在海口一个只能建一家宾馆的小岛上，面对大海喝酒，我眼前的沙滩上有几个大男孩在打排球，背后有慵懒的歌手在慢慢地唱歌，太阳一点点地从天上落到海里，把云染成暧昧的粉红色。海风轻轻吹，海浪轻轻拍，把歌声散到你四周。我想一直就这么孤独地坐下去。"

多么美好的感觉……我们终日忙碌，人有时候确实需要什么都不做，就静静躺着、待着、看着……

不过，这条让人静思的短信，却让我思绪万千。如果我在那里，我会希望这美好的瞬间变成永恒吗？如果这个属于自然的地方，没有孩子、没有歌手、没有音乐、没有我们，会怎样？60亿飞速繁衍的人类改变了大地、改变了天空、改变了海洋，如果没有我们，是否又会万物自由生长，是否又会是动物的天堂？天空中大群大群的鸟儿飞翔，海滨浴场里满是鱼儿游荡……

窗外，高楼林立、灯火阑珊，不知道这些人类的奇迹还能屹立多久？不知道这个世界复原起来会是什么样？星期五周末的晚上，这些问题和投资无关，但此刻我就想这么孤独地一直想下去……

2007 年 7 月 27 日随想

您希望这张礼券上写的是什么？

2007 年 8 月 27 日，我的一位在美国做基金的朋友打电话来，问我有什么问题问巴菲特，他的一个记者朋友要采访巴菲特。我们凝练了 5 个问题，请巴菲特先生回答：

1.（信念，挫败感和恐惧心）您投资生涯中最艰难的时刻是什么？您是怎么渡过那个难关的？当您还年轻，不像今天这样拥有如此财富和盛名，您会不会害怕在核战争或其他灾难中失去所有，只剩下信念？

2.（价值观，财富的终极意义）我们看到，在您坚持简单生活（比如说，一直住在同一所房子里，吃汉堡，喝可乐）的同时，您的财富实现了梦幻般的增长。是什么促使您执着向前，去争得明摆着花不完的财富？在这个过程当中，您心中也会有些什么东西是一直坚持，不曾改变过的吧？有哪些人或者事又曾巨大地改变过您的想法呢？

3.（生活伴侣与投资伙伴）作为一个成功的投资者，您是从投资中得到的快乐多，还是从家庭生活中得到的快乐多呢？您认为好的人生伴侣（家庭成员）需要具备什么样的特质？对于正在寻找自己的另一半，或者刚刚开始婚姻生活的年轻人，您有什么建议吗？这些建议也同样适用于交友，寻找合作伙伴和接班人吗？

4.（关于中国）您多次在公开场合提到您作为一个现代美国人的幸运。不那么幸运的中国投资者在熬过了 5 年的漫漫熊市之后又经历了两年指数涨幅超过 100%的牛市。您曾到过中国，您认为中国投资者的不幸主要体现在哪里呢？中国正在经历巨额贸易顺差、本币升值及高通胀，繁荣会长期持续吗？我们能做什么来回避潜在的风险吗？

5.（祝福，以及心愿）您的一言一行鼓舞了这个世界上的许多人。感谢您的捐赠，祝福您拥有健康快乐的生活。我们同时意识到捐钱并不能解决所有的问题。假设您关于消灭核威胁的心愿感动了上帝，神帮您实现了这一梦想并且附送您另外一张超能礼券，用来帮助世界上那些不如你幸运的人，您希望这张礼券上写的是什么？

在太行山上歌唱

2007 年 8 月 26 日，一位老同学、《河南人惹谁了》一书的作者翟宏为先生给我发来短信，说他获得了飞天奖戏曲类一等奖。替他高兴之余，也让我回忆起 1990 年金秋十月，我们二十几个刚刚毕业的同学，登太行山、露营小河边的往事。

1990 年，位于林州市区北部，豫、晋、冀三省交汇处的红旗渠名胜游览区刚刚开始建设。当年人烟稀少，我们一路行来，两旁沟壑纵横，远山如黛，巍峨起伏；盘绕在太行山腰悬崖绝壁之上的红旗渠雄伟险要；满山的山楂树、柿子树、核桃树一片火红。

车子在盘山公路上疾驰，翩翩少年、婷婷少女纵情高歌。1990 年毕业的我们，绝大多数人被分配在最基层工作，那时的我刚刚经历过一段蹉跎岁月，凝望着车窗外的山楂树，不禁轻声唱起苏联歌曲《山楂树》："歌声轻轻荡漾在黄昏的水面上，暮色中的工厂已发出闪光，列车飞快地奔驰，车窗的灯火辉煌。山楂树下两青年在把我盼望。当那嘹亮的汽笛声刚刚停息，我就沿着小路向树下走去。轻风吹拂不停，在茂密的山楂树下，吹乱了青年旋工和铁匠的头发。啊，茂密的山楂树呀，白花满树开放，我们的山楂树呀，它为何要悲伤……”这首歌曾伴我度过了最艰难的时光，在万籁俱寂让人忧虑的夜晚，它给我信心和力量。1990年的太行山之旅，这首歌的旋律也符合大多数同学的心情。“……秋天大雁和歌声已消失在远方，大地已经盖上了一片白霜……”

下午两三点钟，我们终于到达一处河谷之地。河面并不宽阔，清澈的河水让人一眼就能看清河底细小的沙砾。我们在河滩支起帐篷，几个男同学上山拾柴。对于成长在黄淮海平原之豫中大平原的我来说，身临高山雄险之处，本身就是一件新奇和有意境的事情，所以，捡柴之余奋力登高。登顶临近河谷的一座小山，上面有几户农家，每户农家外长着叫不出名字的花，房屋是就地取材，用山上的石头建造。纯真淳朴的农民请我们到家里看看，印象最深的是黑乎乎的家徒四壁的房子墙上贴着一张毛主席的画像。太行山上英雄多，据说在抗日战争和解放战争时期，焦作北部的太行山都是重要的战场和革命根据地，游击队员们在这里神出鬼没地打击日伪军。这里的老百姓对八路军与毛主席怀有深厚的感情。

下山，天色已黑，一轮皎洁的明月挂在河谷与群山之上。我们点起篝火，朗读、歌唱。忘记是谁背诵王蒙的《青春万岁》。“所有的日子，所有的日子都来吧，让我编织你们，用青春的金线，和幸福的璎珞，编织你们。”“是单纯的日子，也是多变的日子，浩大的世界，样样叫我们好惊奇，从来都兴高采烈，从来不淡漠，眼泪，欢笑，深思，全是第一次。”我也唱了《当我们年轻的时候》与《雪绒花》……

1990年到2007年的金秋，已经是整整17年了。一个人的青春岁月往往能引发最美好的回忆。2007年6月5日，当我们太行山之旅的部分同学相聚北京时，大家对这段岁月格外珍惜，席间，还打电话给定居英国的同学，请她分享老同学相聚的快乐并缅怀那个难以忘怀的青春岁月。

1990年的太行山之旅后，我们各自开始了真正的人生旅途，17年，我们每个人都发生了翻天覆地的变化。但庆幸的是，生活的磨难并没有泯灭我们中多数人对美好事物的向往与追求，正如叶赛宁的一首诗：不惋惜，不呼唤，我也不啼哭。金黄色的叶子已堆满我心间，我已不再是青春少年……

是啊！我已不再是青春少年！

2007年9月18日

舷窗下的中国

2007年8月22日下午4点，办完事匆匆赶往首都机场。打电话给携程订到去上海的机票，没想到8月6日由五大航空公司联手的“京沪空中快线”开通后，在每半小时就有一个航班的情况下，几个航班也全满，和我从深圳到北京的情况一样。如果这是常态的话，只能说明中国的经济与商务活动太活跃了。还好剩下一个19点20分到浦东机场的头等仓位置，赶紧订下。

夜幕降临，19点登机，随手拿了三份报纸。19点20分飞机准时起飞，除非是天气原因，最近坐飞机感觉准时了许多，不像以前坐飞机时间没谱，有时候只能傻等。起飞过程中我一直在看报纸，飞机平飞后，透过舷窗可以看到天边一道落日的余辉。

看完三份报纸，飞机已飞过石家庄，转头望向窗外，远方不停地有闪电在目之所及的远处划破夜空，有种震撼与恐惧的感觉。据说闪电发生时的瞬间最高温度可达2.7万摄氏度，是太阳表面温度的4倍，可见其力量与危险。不过很奇怪的是：虽然天边有不同形状的闪电忽现，但侧向上看，一轮皎洁的明月挂在天空上，大地上一簇簇闪亮的地方是一座座村庄。闪电、月亮、夜幕下大地上一簇簇的灯光，构成了很美的画面，让我久久凝视。

飞机飞临江苏境内，透过舷窗看到大地灯火的海洋，比在洛杉矶看到的灯光更璀璨，以前很少夜间飞行，也想当然地认为舷窗下面漆黑一片，只是偶尔有灯光闪烁，就像我前几天在《国家地理》节目上看到卫星拍摄的朝鲜夜晚的大地。没想到祖国的大地似乎就在一夜之间散发出来了它的光芒。飞临上海，如银河般绚丽、灿烂的灯火映红了天地。一座座高耸的大厦，折射出璀璨的光芒，景致令人迷醉，这是一个多么充满活力、朝气与想象力的城市！

少年的时候，曾梦想着中国有这样的未来，20年过去了，祖国的大地有了巨大的改变。如果我是摄影记者，我会在每一年差不多相同的时间，找一个晴朗的夜晚航拍上海与北京、上海与深圳之间的大地，我们可以从飞机经过的地方，通过灯光看看祖国每年的变化，这也许是件有意思、有意义的事。国外不知道是否有投资机构或投资家从投资的角度，租卫星拍摄地球表面的灯光，从灯光的亮度变化寻找投资的方向和区域。

很庆幸，透过舷窗能看到自己的国家正在发生巨大变化，这块土地上的每一盏灯都是明亮的眼睛，她的每一次闪烁和每一个跳跃无不展示着整个国家的今天与未来……

2007年8月23日~25日于上海

但斌诗五首

有些诗是天赋带来的，有些诗是命运赐予的……就我的平凡而言，这些诗，应该是命运赐予的。世事沧桑，世界总是在跌跌撞撞中前进，中国也是如此……读着青春岁月留下的诗行……感慨万千，也许它们只属于我们的青春时代。

向我的爱情致意

收下它吧 姑娘 请怀着挚诚的爱
祈迎我用心的生命培育的　经过漫长冬天
将要在春天里绽放的悲欢
这是我的祈求　并非缺乏勇敢
而坚定　执着正是我一生成就的基础
我要爱　敢于诉说

为了烈焰般的热情而诞生　为了爱情在颤动
我知道我该怎么做
面对你？　不！
一闪而过的冲动有时不负责
我想使你的思虑和抉择更加成熟而冷静
我愿你最终成为我的力量
成为我的起伏可怕风暴的伙伴
愿你亲切的气息　难以忘怀的容颜
时常呈现我的眼前
两颗心真是心心相依
即使结缘的路途不能一同走完
我要听从虔诚的神灵和命运的安排
我的脚步将永远驻足在闪着蓝色光芒的天穹之外
我不能再让心灵顾盼与流连
我要在惴惴不安和忧郁的苦痛中等待
但 我决不害怕你的婉言
我需要爱无暇　不畏惧不怜悯
互爱恒长　经得起考验
还有 我要告诉你　我所有的一切
特别是我一生的困难
我生来　为的是整个世界
我曾歌唱过希望和光荣 悲痛祖国的命运和不幸
我的使命　也许会使我的未来困苦不堪

当然这只是预见
但是 抛开这一切　假如这和爱情无关
我要告诉你　当你老了　孤苦和遭人厌烦
我也会在阴郁的沉重的梦境中
为我的爱情存至久远　我是用心和生命爱着

我们是不败的中国花

中国请握住我们的枝干一直伸过天空
春夏将通过花朵显示你的光荣在我诗歌的中央
我们每个人就是一朵花因你的形象一生光彩照人
我们关怀你的冬天想使你的春天丰盈如金
我们是相互交换的礼品愿把洁白的果实奉献给神灵
我们听过长江欢歌灵魂像黄河一样古老深沉
我们的根须即是你的生命我们歌唱你的美丽
岁月更替的青藤你是推动世界前进的爱情

云啊　请轻轻将她唤起

云啊 我梦想的云
汹涌的鸽群
徐徐穿行在北国的天穹
天国里一片安宁

快 快越过这片枯树林
在黑夜抵达前接近星辰
不要给四季的变换以节奏
你在黑夜里默默无闻
云啊 我痛苦的眼睛噙着泪水
我曾久久期待你逗留在半空
然后沿着南方的尽头消失
落下你的呼吸 带走我的气息
隐着痛苦的土地 向故乡的田野走去
深长的岁月 记录着你的足迹
在远方 悠久而无光泽的地域
珍藏着 我母亲温柔的鼻息
云啊 拜托你 将她轻轻唤起

不为养育你沃土的高贵

不为养育你沃土的高贵 我爱你 只为爱你
如今 隔着冬天 我在谛听
深蓝色的火焰南来北去 你的礼品
像星星闪耀在我俩头顶
你曾听说 我的青春一贫如洗
在这光荣而勤劳的土地上 生命只是苦难的延续
我可不敢指望一点啊 凭这给你带来幸福

无际的风 滋养着心灵广阔的荒野
我是多么欣慰 只因心里充满着爱情
寂静的夜里 当我驰念你 我多想为你而歌唱
将忧伤的心放逐在月神的树下徜徉
可是啊 我怎能忘记 明朗的日子正在飞逝
我的往昔 覆盖着秋天的残酷和艰难
我一生中的一个时代已经结束
我将默默无语 在浩渺广大的宇宙深处
可是我知道：
我的祖国 命运多舛的祖国
依然拥抱着一个梦想的民族 在寻找出路
这片自古繁忙的土地 还有多少诗章
和梦中的希冀
我的夜莺 春天的忠贞是我唯一的信仰
你肯和我同往？
站在东方地平线的枝头 为新生的希望和我们的光辉欢唱

路边盛开的小蓝花

从你身边走过
深秋开满路旁的小蓝花
我的深心波动
仿佛刚才重见天日的感觉

我的血液
像心醉神秘的春天的祖国
以新生的叶蔟在欢舞
这是最后的花朵了
真想俯下身去亲吻你
但这只是一瞬间啊
有人叫我排队赶路

时光流逝，生命的诱惑一直延伸。我漫步于我的河流之中，寻觅我的歌和不断流动的景物。人生短暂又漫长，但信念和理想，是一个可以在生命中不断积累的东西。迄今为止的经历告诉我：无论处在多么艰难的岁月，要相信一切美好的事物，对生活不谴责、不抱怨，努力做事，我们就能和我们的国家一样有光明的未来。

延续一个民族的骄傲和传统

2008年4月5日下飞机，到酒店，然后直奔八宝山公墓，祭拜姨公——黄经耀将军。

长辈1915年8月出生于江西省于都县曲洋乡桐溪陂坑村。1931年刚满16岁就参军入伍，在红3军第7师，参加过第四、五次反围剿。作为红1军团2师5团中央红军的一员，参加了二万五千里长征，两次翻雪山、过草地。作为八路军115师343旅685团的一员，参加过平型关、广阳、午城等对日军作战；皖南事变后，这支从井岗山下来的老部队又被整编为新四军第三师第7旅，继而粉碎了1941年中开始的日军对苏北以盐城为中心的“大扫荡”和1942年冬日军对苏北根据地发动的拉网式大“扫荡”并作为第三师第8旅的一员，1945年年末入关参加了解放东北的一系列战役；沈阳战役后他们被整编为东北第4野战军第39军115师并担任主攻天津的作战任务；之后南下，前些日子在吴法宪的回忆录中，还看到我的这位亲属1949年5月带领他的115师南下路过河南罗山以北的铜钟镇，救护打猎受伤的吴法宪的故事；在完成了解放广西及剿匪任务之后，1950年他又调动到42军入朝鲜参与一系列战役，直至停战。

长辈作为主力红军主力部队的一员，有22年是在行军打仗“生离死别”的烽火年代中度过。直到朝鲜战争后，到了苏东坡所说“年来四十发苍苍”的年岁生活才稍微安定下来。少年时代，这位亲属一直是我的榜样，我希望有一天能成为像他一样出色的人，这曾经是我儿时的梦想，也是我内心一种奋斗力量的源泉。

献上一束鲜花，在二老的墓前静静伫立。前后左右一排排，是一个个铭刻着熟悉或陌生的将军名字的墓碑，不远处是与这些将军墓有很大不同的，设计极其独特的文化大家老舍先生的衣冠冢。在这里，你能感受到一种历史，一种时光凝滞、岁月沧桑变迁的挚重。

相比其他墓地，老舍先生的衣冠冢前，鲜花特别多，我相信除了老舍先生的亲人外，有些有心的人，也会在清明在人们祭奠祖先、缅怀先人的时刻，对那些对整个民族、社会贡献极大的人表示他们的崇敬之情。当然，这些鲜花也告诉我们一个真理：相比权力和财富，思想和文学有更久远的生命力和影响力！

对墓地文化非常有兴趣，沉下心来慢慢看，一片墓地就是一个圣地，更不用说那些有深远影响力人们的墓地。时光流逝，一个民族一定有些东西是不朽和永恒的，它代表着一种巨大的推动力量，延续着一个民族的骄傲、精神和传统。

非常赞同清明节放假，这个节日是中华民族认祖归宗的纽带，更是一个催护新生的祈祷仪式，正确看待死亡，我们才能体验“生”的意义，更加珍惜有限的光阴和高贵生命的传承。

2008 年 4 月 6 日清明节于清华园随笔

致天予

亲爱的天予：

你知道吗？在夜深人静的雨夜于一盏温馨的灯下给你写信的感觉真的很好，柔柔的灯光软软地罩着，妈妈的思想似乎与你的思想在空灵中和谐交融。温润的晚风预告着春天的来临，淅沥的雨滴彰显着大地母亲的恩赐，妈妈似乎看到，我的宝贝女儿天予——这颗青涩的果子，在大地母亲的怀抱里正抽出嫩绿的枝芽，昂头快乐地成长着……

春节，是中国人一家团聚的日子，在这样的日子里，爸爸妈妈舍不得你离开我们，这还是你第一次没有和家人一起过春节，但为了你的进步，我们只能把我们的爱深深埋在心里，让你展翅高飞，用自己的方式过一个特别的春节。在这最温暖的时刻，我们希望你手捧这封信，犹如我们降临到你的身边，让我们的爱围绕着你，希望你能感知到我们对你的那份深深的爱。

14 年来，聪明懂事的你给我们带来了无限快乐！上初中后，学习压力很大，你却克服了种种困难，一次次战胜了自己，我们为你感到欣慰！我们知道，你已经深深感受到来自父母、长辈、老师还有同学们给你的关心、爱护、教育、支持、体谅和宽容，并将这些深深铭记在心！也知道你已经深刻体会到，一切进步必须依靠自己的努力去争取！

我们还要感谢你！你的成长和进步让我们很欣慰；我们惊喜地发现在家里不仅有一个好女儿，还有一个好朋友！我们很忙，有时无暇顾及你和妹妹，你以你的行动，不仅让我们由担心变为放心，还使我们越来越觉得家里多了一个帮手，你对妹妹无微不至的关心和爱护更是让我们感到你是一个宽厚、仁慈、有爱心的女孩！你也会调皮，有时还会小小地任性；我们也会急躁，也会霸道，对你还犯过不少错误，可这些都在我们共同的努力下化解为家庭生活的趣事，从中你成长了，我们也成长了！谢谢你，衷心地谢谢你！现在，你长大了，更成熟、更自主了！如同你已清楚看到的一样，前面展开了一条崭新的路。在你充满信心地走在这条路上的时候，你一定会感受到成功的喜悦，也一定会遭遇到各种困难和挫折。我们坚信，你无论在顺利或不顺利时都能把握住自己、战胜自己！也坚信你在任何时候都不会忘了和我们分享你的喜悦、烦恼，分享你的成功与挫折！我们在任何时候、任何情况下都会十分乐意地与你分享！

你是一个美丽、善良、孝顺的孩子。听到爷爷病重，你哭得那样伤心，现在爷爷离我们而去，希望你化悲痛为力量，好好学习。请记住你带着同学在爷爷遗像前所许的愿，爷爷也会在天堂祝福你！

在爸爸妈妈心中，你是最聪明、最可爱的孩子，看着你一天天成长，我们很为你高兴。妈妈想请你原谅，原谅我有时把工作中的烦恼情绪带到与你的交流中；原谅我更多的时候像你的老师而并非像妈妈；原谅我有时过于严格，丝毫没有商量的余地；原谅爸爸妈妈回家后忙工作的时间多过关心你的时间，我们没能让你形成好的学习习惯。希望我们共同努力，在以后的学习中严格按照计划执行。

关于学习，也再谈几句。学习，是贯穿人一生的任务，只要想象一下50岁的学打字，70岁的学怎样操作家电，就会明白一个道理：时代一直在进步，学习，是人的一项基本技能。当然了，在不同的年龄段，侧重点是不同的。人的一生中，有几个关键期，一旦错过，机会就永远失去了，甚至人生的轨迹也就此改变。正确的学习方法，严谨的学习态度，必要的学习能力，大量的学习时间，熟练的解题过程，是获得最佳学习效果的必经之路。

没有梦想，也就不会有理想，某种程度上，也是人生的动力。其间要付出多少努力，多少汗水，你自己要有心理准备。凡事从大处着眼，从小处着手。关键是要有行动。动了，至少有成功的机会；不动，连机会都没有！

只有有文化素养、知书达理、品学兼优的人，才能立大业、成大器。愿你做一个自强不息的生活中的强者！

十天的时间虽然很短暂，但是你会收获很多。十天的军事化管理，十天的魔鬼式训练，这是大家一起吃苦一起进步的十天，这是一生难忘的十天，这是奠定成功根基的十天。希望你能利用这宝贵的寒假时间，投入巨大的热情，坚定自己的信心，我们相信：你一定能讲一口流利的英文，掌握好英文的学习方法，进而推广到其他学科的学习中。爸爸妈妈张开双臂期待你学成归来！

亲爱的女儿，你即将走进一个更为广阔、更能自由驰骋的世界。请你在任何时候、任何地方、任何情况下都别忘了，在你的家中，不仅有始终关爱着你的父母，还有始终支持着你的两个朋友！

爱你的爸爸、妈妈：但斌　黄晶

2010年2月8日

太太写给女儿17岁生日的信

亲爱的女儿：

无论妈妈身在何处，你都是妈妈的挚爱！在你生日之际，我一直在想送什么礼物给你，我想你最需要的是妈妈的爱，是精神的食粮。

上帝为我们创造双脚，是让我们靠自己的双脚走路。我希望你能了解：上帝给人们的都是公平的，至于你如何使用摆放在你生命前的刀叉，如何品味命运天使奉上的每一道菜肴，那完全要靠你自己抉择。在这个世界上，任何事情都不可能世袭下去，包括贫穷、富贵、成功、失败。这个世界上只有“我奋斗；我成功”的真理。请坚信：我们的命运由我们的行动决定，勤奋是不可代替的。

我自然是希望你做一个幸福快乐的人，做一个能够享受自己创造的果实的人。千万不要像海绵那样只取不予，因为这样你将无法从奋斗中获得快乐！我希望你能懂，我并不是想要过多干预你的生活，无非是想把你推向学业的高起点，我相信这对于你来说是至关重要的，因为你知道，孩子人生的起点都是父母决定的。

世界上没有不渴望过上快乐、高贵生活的人，但真正懂得高贵生活从何而来的人却并不多。我想告诉你的是：高贵快乐的生活，不是来自高贵的血统，更不是来自高贵的生活方式，而是来自高贵的品质——一颗独立进取的心，看看那些赢得世人尊重，处处施展魅力的高贵的人，必定都是具有自立精神的人。

你的外公曾将“艰苦奋斗，自强不息”这八个字贴在书架上。这句人生格言一直伴随我成长，影响了我的一生，愿你也能明白。读书使人富有，交谈使人机敏，写作使人沉静。这是不可或缺的三件法宝。经常读书可以培养写作能力，这样你可以跟很多人推心置腹，要有向一切可以学习的人学习的精神，学习能力非常重要，博览众长才能丰富自己的内心。

我坚信你温柔善良，你拥有优异的品格，这比世上任何财富都更有价值，妈妈希望你能有自己的信仰，它定将帮助你铺设一个美好的前程，帮助你拥有乐观幸福而又充实有爱的人生。

永远爱你的妈妈

2013 年 6 月 24 日

查尔斯河畔

多年的好友也是东方港湾长期伙伴的歌力思董事长夏国新兄2006年力荐我读中欧，他说你读一定不会后悔。由此，开始了我商学院的学习之旅。确实，一路走来，从读中欧EMBA班，到CEO班，再到哈佛CEO班，收获的不仅有知识还有满满的人生。在这个年龄除了向教授学习，向同学们学习到的东西更多。

2017年9月当漫步在哈佛校园，看到哈佛商学院中国CEO+进阶班88个同班同学的名单，还是有些出乎意料，许多同学的名字已经非常熟悉，伊利的潘刚、唯品会的沈亚、好未来的张邦鑫、安踏丁世忠等等，而投资界的嘉实基金赵学军、东方证券资管陈光明、君和资本王国斌、诺亚汪静波、正心谷林利军，这些都是活跃在一线、各行业的中国精英企业家。

88位企业家中有些学历并不高，但能成为各行业的精英企业家、人生历练、成功难度不知有多大？这些企业家成长的过程，

图 52　和 88 位中国精英企业家以及哈佛大学教授，在哈佛商学院图书馆前合影留念！

面对的是大社会出的一张大考题，需要自己独立完成，也没有人改卷，做错的就大浪淘沙给淘掉了，淘剩下的继续做下一张考卷。所以必须知进退，知分寸，知历练，知时势，知学习，知益友，知畏惧，知羞耻，知艰难。在这个纷繁复杂的社会中为什么只有极少数人更有成就？如果我们看成长关键的 30 年。从学习毕业开始的第一个 10 年，往往是以一技之长求生的阶段；第二个 10 年则靠人际关系的处理，靠团队，靠处理与他人关系来成就自己；第三个 10 年及以后靠性格，你需要更强的承受力，要有面临更大压力时做出痛苦决定的能力。真正的领导力，取决于性格。内心自我不断激励的过程，对一个人成长很重要，遇到比别人多的困难，知道自己的差距，只能提高自己的自省能力和换位思考并保持持续奋斗的精神，这可能是这批人的一个共同特征。当然，也需要上帝的祝福！

我读中欧国际工商学院EMBA时有一句话曾引起我内心的共鸣和激荡——我们为哪一句话而活——我追求什么？我想留下什么？我该改变什么？今天，88位已届不惑之年、事业有成的同学齐聚查尔斯河畔的校园，除了提高自己，更好的经营企业之外，不少同学也希望向西方优秀的文化学习也思考着中国的命运，无数个世纪以来，中国人追求国家富强和幸福生活的愿望像一股生命之流从未间断。中国近40年改革开放的历史和记忆，是中华文明兼容并蓄，不断凝聚新的生命力的过程。

200年前，拿破仑曾经对觊觎中国的欧洲国家发出警告："要同这个幅员广大、物产丰富的帝国作战是世上最大的蠢事。开始你们可能会成功，你们会夺取他们的船只，破坏他们的军事和商业设施，但你们也会让他们明白他们自己的力量。他们会思考；他们会建造船只，用火炮把自己装备起来……以今天看来，狮子睡着了连苍蝇都敢落到它的脸上叫几声。中国一旦被惊醒，世界会为之震动。"2017年的此刻，靠着勤劳中国人包括我们88个企业家的共同努力，中国已经在一场物质赶超游戏中获得了令人欣喜的成功，但是，中国是否已经完全"苏醒"？在不远的将来，它是否也将表现出与经济实力对等的"令世界为之震动"的精神气质？今天和风熙日，明日可能乌云密布，一个国家和一个个人一样，不可能永远顺境，但2017年的此刻，在查尔斯河畔，我祝愿中华文明变革之后结出的硕果，能让我的国家更加自由、更加辉煌。这是我一直梦想的，远不止我们这一代。

2017年9月于哈佛查尔斯河畔